COURS
D'AGRICULTURE PRATIQUE

PUBLIÉ PAR UNE SOCIÉTÉ D'AGRONOMES

SOUS LA DIRECTION

DE A. YSABEAU

AGRICULTEUR, ANCIEN PROFESSEUR D'HISTOIRE NATURELLE

IV

ÉCONOMIE RURALE

Comptabilité agricole. — Industriel rattachées à l'agriculture

Commerce des denrées agricoles.

QUATRIÈME ÉDITION

Ouvrage autorisé pour les Bibliothèques scolaires par arrêté de S. Exc. le Ministre de l'Instruction publique en date du 28 février 1863.

PARIS

LIBRAIRIE CLASSIQUE DE PAUL DUPONT

41, RUE J.-J.-ROUSSEAU (HÔTEL DES FERMES)

1876

COURS

D'AGRICULTURE PRATIQUE.

CLICHY. — Imp. PAUL DUPONT, 12, rue du Bac-d'Asnières.

COURS

D'AGRICULTURE PRATIQUE

PUBLIÉ PAR UNE SOCIÉTÉ D'AGRONOMES

SOUS LA DIRECTION

De A. YSABEAU

Agriculteur, ancien Professeur d'histoire naturelle

IV

ÉCONOMIE RURALE

COMPTABILITÉ AGRICOLE. — INDUSTRIES RATTACHÉES A L'AGRICULTURE. —
COMMERCE DES DENRÉES AGRICOLES

QUATRIÈME ÉDITION

Ouvrage autorisé pour les Bibliothèques scolaires par arrêté de S. Exc. le Ministre de l'Instruction
publique en date du 28 février 1863.

PARIS

LIBRAIRIE CLASSIQUE DE PAUL DUPONT

41, Rue Jean-Jacques-Rousseau, 41

1876

Il est presque aussi nécessaire au cultivateur de
savoir aménager avec intelligence les produits de
ses champs que de savoir les faire sortir du sol
par de bons procédés de culture : ce volume est
principalement consacré à l'éclairer sur les moyens
à sa portée pour atteindre ce but.

Dans le chapitre consacré spécialement à la
tenue de la ferme, la part de la ménagère est
aussi développée que celle du chef d'exploitation ;
elle y verra combien il dépend de ses soins et de
son industrie d'accroître le bien-être de tout ce
qui l'entoure, en augmentant sa propre aisance et
celle de sa famille. La laiterie, avec les meilleurs
procédés pour l'extraction du beurre et la préparation des fromages les plus estimés, mérite dans
ce chapitre toute son attention. Quand elle réussit
dans cette branche si profitable de l'industrie rurale

(et avec un peu de soin elle réussit toujours), elle n'y gagne pas seulement de l'argent; elle est plus estimée, plus considérée de ses égales; elle gagne en importance personnelle, on la consulte, on l'imite, et tout cela fait essentiellement partie de son bonheur de tous les jours.

Le chef d'exploitation trouvera dans le chapitre suivant l'exposé des procédés les plus récents et les plus perfectionnés des industries qui, sans faire directement partie de l'agriculture, s'y rattachent par des liens intimes, et sont pratiqués avec avantage dans un grand nombre d'exploitations rurales: ce sont la meunerie, la féculerie, la distillerie et la fabrication du sucre de betteraves.

Dans le chapitre rempli par la comptabilité agricole, on expose, sous le titre de *comptabilité simplifiée*, le système qui permet au cultivateur, avec le moins possible de dépense de temps et de peine, de se rendre le plus exactement compte de ce qu'il reçoit, de ce qu'il dépense, et de voir toujours clair dans sa situation à un moment donné.

Un chapitre spécial est rempli par les données les plus essentielles à connaître sur le commerce des denrées agricoles, y compris les usages du commerce des bestiaux et les vices rédhibitoires. Ce chapitre a été écrit dans le but de faciliter l'application du précepte posé par Matthieu de Dombasle, lorsqu'il disait aux élèves de Roville : « Quand vous cultiverez, ne produisez que ce que vous êtes sûrs de vendre, et de bien vendre. » Or, bien vendre, ce n'est pas toujours vendre le plus cher possible; c'est placer les produits du sol dans les conditions qui concilient le mieux les intérêts du producteur et ceux du consommateur.

Des notions de droit rural et de police rurale terminent ce volume. Le cultivateur compulse rarement le Code, et il a bien raison; mais il lui arrive assez souvent, lorsqu'il se croit lésé, même pour des objets de peu d'importance, de prêter l'oreille aux suggestions des gens qui, vivant des procès, les font germer et pulluler partout où ils parviennent à se faire écouter ; de là le trouble dans les familles, et bien souvent, pour conclusion, la ruine complète et sans remède. C'est sans exagération que Racine montre dans les *Plaideurs* un homme qui, de procès en procès, finit par payer

Quatre bottes de foin cinq à six mille livres.

On en peut citer à qui des objets de moindre valeur ont coûté encore plus cher. On croit donc rendre service aux habitants des campagnes en les éclairant sur les limites de leurs droits, et en cherchant à leur inspirer une juste aversion pour le métier de plaideur ; ils ont toujours tous quelque chose de mieux à faire que de plaider.

Il ne leur importe pas moins de connaître et d'observer à la rigueur les prescriptions de la police rurale, afin que chacun, à la campagne, s'empresse de seconder l'autorité locale dans la tâche toujours honorable, et si souvent difficile, de faire régner l'ordre, la sécurité, le respect de la propriété d'autrui. En cela, comme en toute chose, il n'y a jamais opposition entre le droit et le devoir ; l'un est la conséquence de l'autre. Le cultivateur qui, par son habileté dans sa profession et son talent à tirer parti des produits de l'agriculture, aura conquis l'aisance par le travail, s'il est en outre animé d'un esprit conciliant, observateur scrupuleux de la loi, pénétré de respect pour les droits d'autrui, trouvera, quelle que soit sa position dans la grande, la moyenne ou la petite culture, ce bien-être, cette satisfaction intérieure qui constitue ce qu'on peut nommer l'à peu près bien, dont tout homme de sens doit savoir se contenter en ce monde.

AGRICULTURE PRATIQUE.

ÉCONOMIE RURALE.

CHAPITRE PREMIER.

TENUE D'UNE FERME.

L'Économie rurale, sans trop forcer le sens de cette expression, comprend, à la rigueur, toute l'agriculture, et l'on doit en effet appliquer à toutes les parties d'une exploitation agricole les lois de l'économie rurale. Dans le sens plus restreint de ce terme, tel qu'on l'emploie habituellement, on entend par économie rurale tout ce qui, dans la pratique de l'agriculture, ne comprend ni les opérations agricoles proprement dites ni les végétaux utiles et leur mode de culture, ni les animaux domestiques et les soins qu'ils réclament, objets traités avec l'étendue que mérite leur importance dans les trois premiers volumes du *Cours d'Agriculture.*

Ainsi limitée, l'économie rurale offre encore un sujet d'études assez vaste au cultivateur de profession; car, pour lui, ce n'est pas tout de produire, il faut utiliser les produits, veiller à ce que chacun de ses subordonnés fasse son devoir, à ce que rien ne se perde des denrées agricoles obtenues de la terre par le travail incessant du laboureur, enfin, bien gouverner ce que le sire de Pradelles, Olivier de Serres, le père de l'agriculture française, nommait le *ménage des champs :* tout est là. A part ses applications diverses, le mot économie, d'après son étimologie, signifie la *règle de la maison;* quand tout est bien réglé à la ferme, tout prospère, sinon, les fruits du travail le plus intelligent se dissipent par le gaspillage, et les sueurs du laboureur sont en pure perte.

On voit par cet exposé rapide quelle influence décisive exerce sur le succès d'une exploitation agricole ce qu'on nomme vulgairement la *bonne tenue d'une ferme;* c'est en effet le pivot de toute l'économie rurale. Mais, avant d'entreprendre une exploitation, il faut la bien choisir : c'est le premier point.

CHOIX D'UNE FERME.

Le choix d'une ferme est l'acte le plus important de toute la vie d'un jeune cultivateur dont le dessein bien arrêté est de consacrer son existence entière à la carrière agricole. Avant de s'engager, il doit apprécier avec maturité les qualités des terres qu'il va cultiver, se rendre compte exactement de leurs avantages, de leurs défauts, des moyens de les améliorer par l'emploi judicieux des amendements. Il peut, muni de ces notions, se former une idée assez précise des produits qu'il lui est permis d'espérer de la terre et des frais qu'il aura à supporter pour obtenir ces produits. Il doit, en outre, avant de se déterminer, avoir égard à un certain nombre de considérations secondaires, desquelles dépend en grande partie le succès de son entreprise. On fait observer que l'instruction agricole pro-fessionnelle peut être acquise par un petit nombre seulement, dans les fermes-écoles, et dans les écoles régionales d'agriculture; les autres, c'est-à-dire presque tous, deviennent fermiers parce qu'ils appartiennent à des familles de cultivateurs; ils ne connaissent en général que l'agriculture telle qu'elle est pratiquée dans leurs cantons. Quand même, ce qui arrive très-rarement, ils auraient pu se donner par l'étude et par les voyages une instruction agricole assez étendue, leur agriculture locale est toujours celle qu'ils connaissent le mieux, celle qu'ils peuvent pratiquer avec le plus de chances de succès. On doit donc conseiller au jeune fermier de s'éloigner le moins possible de la région agricole où il a fait ses premières armes en agriculture, et surtout de ne pas s'embarquer, au début de sa carrière, dans des cultures qu'il ne connaît pas du tout. Par exemple, une exploitation de laquelle dépendent des vignes ne convient pas à un fermier du nord de la France, qui, n'étant pas vigneron, connaissant nécessairement la culture de la vigne moins bien que plusieurs de ses subordonnés, sera plus ou moins à leur discrétion jusqu'à ce qu'il soit devenu lui-même vigneron, avec le temps.

Les facilités de communication, l'état des routes et chemins, le voisinage ou l'éloignement d'un centre de population, sont encore des objets qui doivent influer sur le choix d'une ferme. Dans toute exploitation agricole de quelque importance, il y a presque toujours ce qu'on nomme vulgairement une *fuite*, d'abord inaperçue, par laquelle s'écoule le plus clair des bénéfices de la culture. Cette fuite consiste trop souvent dans les frais trop élevés des transports agricoles, rendus excessivement coûteux par le mauvais état des chemins, ou même, quand les chemins sont passables, par les trop grandes distances à franchir. Une ferme peut réunir beaucoup de conditions avantageuses; les terres en sont de bonne qualité, mais le corps de ferme, au lieu d'occuper une position centrale par rapport aux champs qui en dépendent, est placé à l'une des extrémités. Cela seul double les frais de transport des fumiers et de l'enlèvement des récoltes ; cela seul rend plus difficile la surveillance du travail sur les champs les plus éloignés ; il peut y avoir là une source de difficultés , de frais et d'embarras : il y faut regarder de près avant de s'engager.

Celui qui inspecte une ferme qu'il se propose de prendre à bail donne en général plus d'attention aux bâtiments d'exploitation qu'à ceux d'habitation; devant passer dehors la plus grande partie de ses journées, le fermier n'est pas exigeant quant à son logement personnel, et il a raison. Mais il doit songer aussi qu'il a une famille; il faut que la ménagère soit logée au moins passablement, pour qu'elle puisse se plaire dans son intérieur, dont elle doit rarement s'éloigner. Il faut surtout, et c'est le point le plus essentiel, que le logement du fermier soit bien aéré et bien éclairé, à l'exposition de l'est ou du sud-est, et que les chambres du rez-de-chaussée soient élevées de 40 à 50 centimètres au-dessus du sol environnant. Ces conditions, non de luxe mais de salubrité, sont indispensables au maintien de la santé de la famille du cultivateur, et, il le sait d'avance, tout ira chez lui de travers s'il y a des malades.

Le jeune fermier, plus ou moins hardi et aventureux, perd trop souvent de vue un autre point non moins capital. Il lui importe au plus haut degré de ne pas se charger d'une exploitation trop lourde par rapport à ses ressources en argent; en un mot, il ne faut pas, comme on dit dans la Beauce, *que la ferme soit plus forte que le fermier.*

C'est pour cela principalement, c'est pour ne pas s'embarquer imprudemment dans des dépenses auxquelles il ne pourrait faire face, qu'il doit donner toute son attention aux détails qui peuvent rendre une exploitation plus ou moins dispendieuse. C'est ainsi qu'il doit s'assurer si l'étendue des prairies naturelles ou artificielles est en rapport avec le nombre de bestiaux qu'il aura à nourrir; il doit aussi vérifier l'extension qu'il lui sera possible de donner à la culture des racines fourragères. La qualité des eaux et la facilité d'en avoir en toute saison pour abreuver les bestiaux sont encore un objet important à vérifier pour le fermier entrant dans une exploitation. Quand l'eau manque en été pendant les longues sécheresses, et qu'il faut, comme cela arrive si souvent dans les grandes plaines de la Beauce et de la Brie, envoyer le bétail boire à de grandes distances, d'une part, on perd un temps énorme, de l'autre, la santé des animaux peut se trouver très-sérieusement compromise. Elle l'est bien plus encore quand, pour éviter ces déplacements incommodes, les bestiaux sont abreuvés avec l'eau plus ou moins corrompue des mares bourbeuses, cause de maladies graves, par conséquent de pertes considérables.

Lorsqu'il y a un puits dans la cour de la ferme, le fermier entrant s'informera s'il fournit de l'eau en toute saison, en quantité suffisante pour les besoins journaliers, et si cette eau est de bonne qualité. Dans le cas où la cour de la ferme manque de puits, et où le propriétaire consent à en faire creuser un, l'emplacement en sera choisi de manière à ce que l'eau du puits ne puisse recevoir les infiltrations de la fosse au fumier.

Si bien que soit construite une ferme, il est rare que quelque partie des bâtiments d'exploitation ne laisse pas quelque chose à désirer. Pourvu qu'il dispose d'un bon emplacement pour établir les meules de céréales et de fourrages, le fermier peut ne pas se montrer trop exigeant quant à la grandeur des granges; mais il lui faut absolument des greniers spacieux, ou des chambres à grains de grandeur suffisante; autrement, dans les années abondantes, il se trouvera dans la nécessité de laisser ses céréales en gerbes exposées à toute sorte d'accidents et de causes de détérioration dans la grange ou les meules, tandis qu'une fois battus et serrés dans le grenier, les grains sont à la fois faciles à conserver, et disponibles pour la vente au moment le plus favorable.

Un grand hangar pour abriter les instruments aratoires et les instruments de transport, qui ne doivent jamais rester à l'air libre quand on ne s'en sert pas, est un accessoire nécessaire dont le fermier peut demander la construction s'il n'en existe pas dans la ferme dont il prend possession.

ÉTAT DES LIEUX.

Quand son choix est fixé d'après les considérations qui viennent d'être exposées et qu'il a signé le bail, le fermier ne doit pas manquer de faire dresser un état des lieux aussi complet et aussi détaillé que possible. Cet état doit comprendre non-seulement le corps de ferme, les bâtiments d'exploitation et d'habitation avec leurs dépendances, mais encore les plantations, fossés, barrières, haies de clôture, et généralement tout ce qui peut faire partie de l'exposé le plus exact de l'état de toutes les parties de la ferme, à l'extérieur comme à l'intérieur. Il y a pour cela une raison légale : si la formalité de l'état des lieux a été négligée, le fermier, à l'expiration du bail, est légalement supposé avoir reçu le tout dans le meilleur état d'entretien ; il lui faudra donc supporter des dépenses fort lourdes pour rendre dans le meilleur état de réparation et d'entretien ce qu'il aura reçu vieux et dégradé. Lorsqu'il existe un état des lieux, on ne peut obliger le fermier sortant qu'à rendre la ferme dans l'état où il l'a reçue, rien de plus.

DIRECTION DE LA FERME.

Il y a deux parts distinctes dans la direction de la ferme, celle du fermier, et celle de la fermière. Tous les travaux extérieurs sont du domaine du fermier; presque tous les travaux d'intérieur regardent la fermière.

Deux soins importants préoccupent avant tout le fermier; il lui faut, d'une part, des serviteurs capables et dévoués, sur le concours desquels il puisse compter; de l'autre, des animaux de service assez nombreux et assez robustes pour que nulle partie des travaux ne soit exposée à rester en souffrance.

S'il est assez heureux pour réunir autour de lui de bons valets de charrue, labourant avec amour-propre, soignant et ménageant les attelages, exempts des vices et de l'esprit de dissipation et de désordre qui gâtent les meilleurs serviteurs, c'est à lui de ne pas reculer devant les sacrifices nécessaires pour se les attacher; il importe surtout qu'il les maintienne dans la bonne voie, en leur donnant l'exemple de l'amour du travail, et d'une régularité de conduite à l'abri de tout reproche. Ce n'est pas qu'on doive conseiller au fermier de dépasser à l'égard des serviteurs à gages les conditions ordinaires du pays; il y a partout une moyenne établie par l'usage : il ne faut, pour être bien servi, ni dépasser cette moyenne ni rester au-dessous. Mais, à la fin de l'année, une légère gratification, d'autant mieux reçue qu'elle n'est pas obligatoire, peut être donnée par le chef de l'exploitation à chacun de ceux qui l'ont secondé avec zèle et activité, et qui sont, en définitive, les auteurs directs de la bonne situation de ses affaires : il n'y a pas pour lui de dépense plus judicieuse et plus profitable.

Quant aux attelages soit de bœufs soit de chevaux, selon l'usage local, il ne faut pas craindre de sacrifier un peu au luxe, afin de n'avoir que des animaux de service vigoureux et de bonne apparence. Ce dernier point importe plus qu'on ne le croit généralement. Quand le charretier et le laboureur ont à conduire des rosses, fussent-elles assez fortes pour la besogne qu'elles ont à faire, ils s'en trouvent humiliés. Il n'en faut pas davantage pour les faire déserter; ou bien, s'ils restent à la ferme, ils servent sans goût, ils maltraitent les attelages, et tout va de travers.

Dans ses rapports journaliers avec ses subordonnés, le fermier doit savoir être toujours bienveillant sans excès de familiarité, et surtout d'une fermeté inflexible quant à l'accomplissement des devoirs de chacun. Il vaut mieux cent fois congédier un serviteur utile, sauf à prendre soi-même temporairement, s'il le faut, les mancherons de la charrue, que de laisser la porte ouverte à tous les abus, en gardant un domestique coupable d'une infraction grave à ses devoirs. L'un des moyens les plus certains d'assurer l'exécution ponctuelle des travaux en temps opportun, c'est d'inscrire la veille sur un tableau la besogne de chacun pour le lendemain, afin que tous sachent d'avance ce qu'ils ont à faire, et que tout le travail soit fait sans hésitation, sans confusion et sans perte de temps. C'est en suivant cette ligne de conduite avec persévérance que le fermier peut espérer de conserver longtemps des serviteurs exercés qui finissent par se regarder comme faisant partie de la famille de leur patron, chez lequel ils vieillissent sans songer à chercher une position meilleure. Cet attachement réciproque du fermier et de ses domestiques, fondé sur de bons rapports habituels et sur une estime partagée, est la meilleure garantie qui puisse être donnée à la bonne tenue d'une exploitation agricole.

ATTRIBUTIONS DE LA FERMIÈRE.

Un proverbe encore plus vrai à la ville qu'à la campagne dit que c'est la femme qui fait ou défait la maison. En effet, c'est à la fermière qu'il appartient d'opposer, par une surveillance incessante, une digue au gaspillage, cette cause de ruine que le fermier tout seul, sans cesse occupé des travaux du dehors, n'est pas en état de prévenir. Toujours levée la première et couchée la dernière, elle veillera à ce que la régularité la plus ponctuelle préside à l'exécution des travaux d'intérieur spécialement confiés à sa direction. Elle aura soin que les distributions de vivres aux bestiaux ainsi qu'aux animaux de basse-cour se fassent à heure fixe, et que tout soit prêt pour les repas des charretiers et laboureurs, aux heures où ils reviennent du travail.

La cuisine des serviteurs de la ferme, conformément aux usages locaux, sera, sous sa direction, faite de manière à éviter à cet égard tout sujet de plainte fondée. Une ferme où l'on sait que les ouvriers et domestiques sont mal nourris n'est jamais pourvue d'un bon personnel, et sans un bon personnel une exploitation rurale ne peut prospérer. La fermière doit donc apporter un soin tout particulier à veiller au choix et à la bonne qualité des aliments de ses domestiques, à commencer par le pain.

LE PAIN DE MÉNAGE

La bonne qualité du pain de ménage, base de la nourriture du patron comme de celle de ses ouvriers et domestiques, est fort importante pour le bien-être et la santé de tous les gens de la ferme. Rarement, la fermière doit acheter de la farine ou du grain pour le pain de ménage; en bonne économie, rien ne doit être consommé à la ferme qui ne soit le produit des terres de l'exploitation. La proportion d'un cinquième ou même d'un quart de farine de seigle sur quatre cinquièmes ou trois quarts de farine de froment rend le pain plus facile à conserver frais, sans le rendre moins nourrissant; c'est encore un point sur lequel, pour ne mécontenter personne, la fermière doit s'en tenir aux usages du pays. Partout où le pain de ménage n'est pas de pure farine de froment, il ne faut pas que le froment et le seigle soient moulus ensemble, comme cela a lieu dans les pays où l'on suit la coutume défectueuse de semer ensemble du froment et du seigle, pour récolter ce qu'on nomme du méteil. Le pain de ménage est meilleur, sans augmentation de frais, quand les deux farines sont d'abord pétries séparément, puis réunies et incorporées exactement l'une à l'autre par un dernier pétrissage très-soigné. Le soin dans la préparation du pain influe beaucoup sur sa qualité ; une ménagère maladroite, qui épargne un peu trop sa peine, peut parfaitement faire de mauvais pain avec de bonne farine. On recommande aussi à la fermière de ne pas craindre de *cuire* un peu plus souvent, afin de n'avoir pas à donner à son monde du pain moisi en hiver, ou dur comme une planche en été. Si le pain, étant plus frais et meilleur, excite un peu plus l'appétit, on travaillera d'autant mieux; ce sera, non de la perte, mais du profit.

LE LARD ET LE PORC SALÉ.

Il y a beaucoup de fermes où il n'entre jamais ou presque jamais de viande de boucherie autre que celle de porc. Cette viande est en effet celle de toutes qu'il est le plus facile de produire en abondance et à bon marché dans chaque exploitation, de sorte que le lard et le porc salé jouent toujours un rôle important dans la cuisine de la ferme. La conservation de cette viande dans les meilleures conditions réclame tous les soins de la fermière. Il y a deux méthodes de salaison pour la viande de porc; la plus usitée consiste à déposer les morceaux dans le saloir après les avoir largement saupoudrés et frottés de sel sur toutes leurs surfaces. On commence par le lard coupé en grandes pièces, qui s'empilent exactement les unes sur les autres, sans laisser entre elles d'intervalle vide. Chaque lit de morceaux est recouvert d'un lit de sel ; on pose sur le lard les plus gros morceaux, et l'on termine par les moins volumineux ; ce sont en général ceux qui contiennent le plus d'os et le moins de chair, et qui, pour cette raison, se conservent le moins facilement et doivent être livrés les premiers à la consommation. La quantité de sel à employer n'est point arbitraire ; la proportion reconnue la meilleure est celle d'un kilogramme de sel pour 8 kilogrammes de porc. Le lard et la viande sont suffisamment pénétrés de sel au bout de cinq ou six semaines ; passé ce terme, quand on puise dans le saloir pour les besoins journaliers de la cuisine, les morceaux, avant d'être employés, doivent être préalablement dessalés pendant 12 heures dans de l'eau froide deux fois renouvelée. Après un séjour de 5 à 6 semains dans le saloir, les pièces de lard sont ordinairement accrochées aux poutres du plafond de la cuisine; elles s'y conservent en très-bon état d'une année à l'autre.

A Paris, les charcutiers emploient pour la salaison du lard et de la viande le procédé plus expéditif du *lessivage*, procédé également praticable à la ferme ; voici en quoi il consiste. Dans un baquet de bois blanc posé sur son trépied, et pourvu d'un trou comme un baquet ordinaire à lessive, les morceaux de porcs frottés de sel sont déposés lit par lit, comme ils le seraient dans le saloir, et avec la même proportion de sel. Chaque lit est recouvert d'une couche de thym, de sauge, et de feuilles de laurier, avec quelques baies de genièvre; on termine par un lit de sel recouvert .les mêmes substances aromatiques. On verse alors sur la surface du baquet complétement plein la quantité d'eau strictement néeessaire pour fondre le sel et produire une saumure très-concentrée, qui s'écoule lentement par l'ouverture du fond du baquet; elle est reçue dans une terrine, et reversée sur la viande, comme la lessive bouillante est reversée sur le linge à blanchir. En deux jours de ce lessivage, le porc est suffisamment pénétré de sel; alors on en retire le lard pour le faire sécher à l'air libre, et les jambons pour les exposer à la fumée; les autres morceaux, bien égouttés, puis légèrement saupoudrés de nouveau sel, sont serrés dans le saloir. Cette manière de saler le porc, outre qu'elle fait gagner du temps, présente l'avantage d'arrêter la salaison au point désiré, en prolongeant plus ou moins le lessivage à volonté.

CHOUCROUTE.

La conservation des légumes frais, asperges, petits pois, haricots verts, fonds d'artichauts, n'est pas du domaine de la fermière, si ce n'est pour avoir de petites quantités de ces conserves végétales à l'usage de sa cuisine particulière. Pour celle des gens de la ferme, il suffit qu'elle veille à la conservation des carottes, navets, pommes de terre, choux et poireaux à l'état frais, dont elle ne doit manquer en aucun temps de l'année. Dans les parties de la France où la choucroute est en usage, elle offre un moyen peu coûteux de varier en l'améliorant le régime des gens de la ferme en hiver. Voici la recette qui passe pour la meilleure pour la préparation de la choucroute.

Tous les choux à feuille lisse, particulièrement les gros choux blancs connus sous les noms de *chou quintal d'Al-*

sace et de *chou de Brunswick*, méritent la préférence pour la préparation de la choucroûte, à l'exclusion des espèces et variétés à feuille plus ou moins frisée ou cloquée. Il est bon de laisser passer quelques jours dans une cave saine ou dans un cellier aux choux qu'on se propose de convertir en choucroute, afin qu'ils y perdent une partie de l'eau de végétation qu'ils contiennent toujours en excès. Quand ils semblent suffisamment ressuyés, on enlève les feuilles vertes extérieures, et toute la partie blanche de chaque pomme est divisée en tranches minces, en taillant le chou comme on taillerait un pain pour tremper la soupe. Quand la provision de choucroute doit être assez considérable, au lieu de se servir d'un couteau de cuisine ordinaire, on se sert d'un couteau à plusieurs lames muni de deux poignées, et qu'on nomme couteau à choucroute. Cet instrument expédie cette besogne très-rapidement.

A mesure que les choux sont coupés, on les jette dans un tonneau cerclé en fer, d'une capacité proportionnée à l'importance de la provision. Quand le tonneau en contient une couche d'environ un décimètre d'épaisseur, on y répand un peu de gros sel et quelques baies de genièvre ; puis, au moyen d'un *fouloir*, pièce de bois pourvue d'un long manche, les choux coupés sont fortement comprimés avant de remettre par-dessus une seconde couche assaisonnée et foulée comme la première. On continue de même jusqu'à ce que le tonneau soit plein. Quelques recettes suppriment le sel et les baies de genièvre ; mais le sel, pourvu qu'on ait soin de n'en pas trop mettre, est un ingrédient indispensable de la choucroute, et il contribue à sa bonne conservation. S'il est en excès, la choucroute n'est pas seulement trop salée, elle devient coriace et cuit difficilement. Ordinairement l'eau de végétation après le foulage est assez abondante pour que la choucroute en soit complétement noyée ; on pose à sa surface, soit un linge blanc de lessive, soit un lit de feuilles de chou entières, après quoi il ne reste plus qu'à placer par-dessus le couvercle du tonneau, qu'on charge de grosses pierres. Ce couvercle doit entrer à frottement dans le tonneau, de manière à suivre la choucroute sans laisser de vide, à mesure que sa masse diminue pour la consommation journalière. Le jus doit refluer par-dessus le couvercle et le baigner entièrement, sinon il faut ajouter assez d'eau fraîche pour qu'il en soit bien couvert. Il s'établit bientôt dans la choucroute ainsi préparée un mouvement lent de fermentation acide qui lui communique la saveur qui lui est propre, en assurant sa conservation. Ce mouvement est complet en 20 ou 25 jours ; au bout de ce temps, la choucroute est faite, et l'on peut commencer à la livrer à la cuisine. Chaque fois qu'il s'agit de prendre de la choucroute dans le tonneau, après avoir déplacé la charge de pierres du couvercle, on enlève à l'aide d'une éponge le liquide qui le surcharge ; puis, après avoir ôté le couvercle et le linge ou les feuilles de chou, on met à découvert le dessus de la provision ; cette première couche est colorée en brun et fortement acide : elle n'est bonne qu'à être donnée aux porcs. Après avoir retiré du tonneau la quantité de choucroute dont on a besoin, on remplace le premier linge par un linge propre, et l'on remet par-dessus le couvercle du tonneau avec sa charge de pierres. S'il arrive que la provision ne doive pas être entamée pendant un temps assez long, il faut, tous les mois, ôter avec l'éponge l'eau qui inonde le couvercle, et la remplacer par une égale quantité de nouvelle eau fraîche. Moyennant ces soins, la choucroute se conserve aisément en bon état d'une année à l'autre.

BOISSONS.

Le vin, le cidre et la bière, ainsi que les diverses boissons économiques qui peuvent plus ou moins en tenir lieu, sont souvent, dans les grandes exploitations rurales, l'objet d'un déplorable gaspillage. La fermière ne peut réussir à le prévenir qu'en assignant à chacun sa ration de boisson sans prodigalité, mais sans parcimonie. Il y a, dans l'année, des époques où de rudes travaux coïncident avec de fortes chaleurs ; telles sont en particulier les deux opérations capitales de la fenaison et de la moisson.

Partout où les circonstances locales le permettent, la ménagère prévoyante doit mettre en réserve, pour les faucheurs, faneurs et moissonneurs, une provision suffisante de piquette ou de petit cidre. Dans les cantons où ces deux ressources manquent, la fermière est sans excuse de laisser boire aux travailleurs de l'eau pure pendant les fortes chaleurs de l'été ; elle doit leur fournir pour boisson de l'eau acidulée avec du vinaigre, à la dose d'un litre pour un hectolitre d'eau, ou bien de l'eau alcoolisée avec un demi-litre de bonne eau-de-vie pour un hectolitre d'eau. La présence de l'un de ces deux liquides à la dose indiquée, corrige la crudité de l'eau ; elle en fait une boisson inoffensive, totalement exempte de propriétés nuisibles, et cela à si peu de frais que la dépense, dans une exploitation de quelque importance, passe inaperçue.

Quant aux soins, très-importants dans les pays vignobles, que réclame le remplissage des tonneaux dans les caves et dans les celliers, ils rentrent dans les attributions du chef d'exploitation. De même, dans les pays à cidre, c'est au fermier plutôt qu'à la fermière à surveiller et gouverner le cidre en tonneaux, considéré comme objet non de consommation, mais de commerce, et comme l'un des produits les plus importants de l'agriculture locale.

LESSIVE.

Dans beaucoup de grandes fermes, on ne fait la lessive que deux fois par an, quatre fois au plus. Il vaut mieux, même quand on est amplement pourvu de linge, couler la lessive à des intervalles un peu moins éloignés. Le linge sale, quand il attend trop longtemps son tour pour être blanchi, s'altère et se détériore autant ou même plus que s'il était continuellement porté et fréquemment lavé.

La fermière doit apporter l'attention la plus minutieuse dans le choix des cendres destinées à couler la lessive Celles du four sont toujours les plus pures et les meilleures pour cet usage. Les cendres du foyer de la cuisine contiennent souvent des clous ou des débris d'os à demi calcinés; tous ces corps étrangers sont des causes de taches toujours difficiles et quelquefois impossibles à faire disparaître. On sait que toute la théorie du lessivage repose sur l'action exercée par la petite quantité de potasse contenue dans les cendres. Cette substance convertit en un savon soluble, que l'eau de lessive entraîne avec elle, les matières grasses insolubles du linge sale. La lessive commence le blanchissage du linge; elle ne suffit pas pour le compléter. Chaque pièce lessivée est reprise séparément, enduite de savon de place en place, lavée à l'eau chaude, puis rincée à l'eau froide, qui entraîne les parcelles de potasse demeurées dans le linge passé à la lessive et au savonnage. Dans tout le nord de la France, où l'on ne brûle que de la houille, et où, par conséquent, les cendres de bois font défaut, l'usage de couler la lessive est inconnu. Le linge, savonné avec du savon de potasse ou savon noir, ou bien soumis a l'ébullition dans une eau très-chargée du même savon, est ensuite rincé à l'eau fraîche, puis étendu sur le gazon et arrosé à mesure qu'il sèche, à moins qu'une pluie durable ne le maintienne constamment mouillé. Cette manière de blanchir le linge le rend parfaitement propre et le ménage beaucoup plus que ne le fait le savonnage succédant à la lessive usitée dans tout le reste de la France.

CHAPITRE II.

LAITERIE.

LE LAIT ET LA CRÈME.

Le lait est de tous les produits d'une exploitation agricole celui qui appelle au plus haut degré l'attention de la fermière ; la laiterie bien gouvernée donne des bénéfices élevés, réalisables tous les jonrs de l'année ; mal gouvernée, son compte se solde en perte. Le choix d'un bon emplacement pour la laiterie est très-important ; dans toute ferme rationnellement construite, il doit y avoir pour la laiterie un local approprié spécialement à cette destination ; une cave saine, voûtée, ayant ses soupiraux à l'exposition du nord, éloignée des fosses à fumier, des étables, de la cuisine, de tout ce qui peut y introduire un air vicié et corrompu, est l'idéal d'une bonne laiterie. Mais, en cela comme en tout, la fermière doit seulement tirer le moins mauvais parti possible de ce qu'elle a à sa disposition, et c'est ce qui a lieu dans presque toutes les vieilles fermes construites en vue d'une agriculture et d'une économie rurale depuis longtemps dépassées, mal adaptées, par conséquent, aux exigences d'un système agricole progressif. Dans ce cas, on fait choix comme laiterie d'une chambre basse, dont les fenêtres ouvrent au nord, réunissant autant que possible les conditions ci-dessus énoncées,

et dans laquelle une surveillance assidue doit maintenir la plus rigoureuse propreté. Il faut en outre que la chambre affectée à la laiterie soit carrelée ou, s'il est possible, dallée en pierres plates, qui seront fréquemment arrosées pour que l'atmosphère intérieure soit tenue constamment humide et fraîche, condition essentielle pour la bonne conservation du lait.

Il y a trois manières d'utiliser le lait : on peut le vendre en nature à l'état frais, en extraire le beurre, ou le convertir en fromage. Partout où la proximité d'un grand centre de population permet de vendre le lait en nature, c'est la manière la moins embarrassante et en même temps la plus avantageuse d'en réaliser le prix ; jamais la vente du beurre ni celle du fromage ne donnent des bénéfices égaux à ceux du lait vendu directement aux consommateurs. Notre réseau de chemins de fer, en diminuant les distances, a triplé l'étendue du rayon d'approvisionnement en lait de nos grandes villes ; il y a néanmoins encore bien des cantons où la valeur du lait ne peut être réalisée que par la vente du beurre ou du fromage. La fermière doit tenir à honneur de bien établir chez sa clientèle de la ville la réputation de son lait. Dans ce but, elle ne doit rien négliger pour que le lait arrive chez le consommateur à l'état le plus parfait possible, exempt de tout mauvais goût et de tout commencement d'acidité, ce qui n'est pas toujours facile à l'époque des grandes chaleurs. Il faut, dans ce cas, faire coïncider le plus exactement possible les heures de la traite avec celles des départs, le matin et le soir. Le lait passé par une étamine suffisamment serrée, tandis qu'il est encore tiède, est versé dans de grands vases de fer-blanc qu'on plonge dans de l'eau très-fraîche ; ils y restent jusqu'au moment du départ ; le transport, en été surtout, s'effectue dans de meilleures conditions la nuit que le jour. S'il y a près de la ferme une source d'eau vive, et que le lait doive attendre plusieurs heures avant de partir, soit en charrette, soit par le chemin de fer, on peut élargir le bassin de la source de manière à y plonger les vases de fer-blanc remplis de lait ; aucun procédé n'en assure mieux la conservation.

Dans une ferme où tout le lait peut être ainsi débité, le matériel de la laiterie ne comprend que les seaux en bois ou en zinc pour la traite, plus les vases en fer-blanc pour la conservation et le transport du lait. Les seaux en zinc sont préférables aux seaux de bois cerclés de fer ou de cuivre ; ils sont d'un entretien plus facile, et pourvu qu'on ait soin de les échauder de temps à autre à l'eau bouillante, ils ne contractent aucune odeur, résultat plus difficile à obtenir avec les seaux ordinaires, à cause de la porosité du bois. Quant aux grands vases ou *boîtes* servant au transport du lait, dans tout le Nord, ils sont en laiton ou cuivre jaune, étamés à l'intérieur ; les laitières mettent une sorte d'amour-propre à arriver chez leurs pratiques avec de belles *dames-jeannes* de cuivre jaune reluisantes de propreté. Mais le moindre défaut, souvent inaperçu, dans l'étamage intérieur des boîtes, peut produire du vert-de-gris, et compromettre la santé des consommateurs. Le fer-blanc, qu'on peut d'ailleurs rendre aussi reluisant que le cuivre, n'a pas les mêmes inconvénients. On insiste sur cette vérité, que la bonne qualité du lait, sa réputation près des consommateurs de la ville, et en dernière analyse, tout le profit qu'il est possible d'espérer de la laiterie, dépendent entièrement des soins de la plus minutieuse propreté. Que les consommateurs aient reçu seulement deux ou trois fois du lait qui tourne quand on le fait chauffer, adieu la bonne renommée du lait de la ferme, adieu sa clientèle ; la fermière ne peut plus faire du lait de ses vaches que du beurre et du fromage.

Un autre genre de produit, la crème fraîche, peut être

vendu très-avantageusement aux amateurs des villes ; il a une clientèle toute faite dans les hôtels fréquentés par les riches voyageurs et dans les cafés du plus grand ton. Mais la crème fraîche ne peut se placer de cette manière que quand elle est parfaitement douce ; du moment où elle a contracté le plus léger commencement d'acidité, elle a perdu toute sa valeur gastronomique. Or, on sait que, dans la plupart des fermes, on n'enlève la crème pour en séparer le beurre par l'opération du barattage que quand on l'a laissée monter pendant trois ou quatre jours, quelquefois plus, de sorte qu'elle est alors parfaitement aigre. Pour obtenir la crème à la fois épaisse et douce, il faut d'abord faire refroidir le lait le plus vite possible après la traite par les moyens indiqués ci-dessus, puis déposer le lait dont la crème doit être vendue fraîche dans des terrines très-évasées, en grès ou en terre vernissée. Les meilleurs vases pour cet usage sont ceux qu'on nomme dans la Belgique wallonne des *crâmeux* (jattes à crème), de la contenance de trois à cinq litres, en forme de cône renversé, munis d'un goulot pour l'écoulement du lait quand la crème a été enlevée.

LE BEURRE.

A l'exception des fermières du Calvados, celui de nos départements qui produit le meilleur beurre en plus grande quantité, les ménagères à la campagne ne se doutent guère du rôle important que joue le beurre dans la consommation et dans le commerce extérieur de la France. Il suffit de rappeler que Paris seul absorbe annuellement 30 millions de kilogrammes de beurre, valant au delà de 70 millions de francs, et les besoins de la consommation, par conséquent la demande, augmentent d'année en année ; la France exporte en Angleterre pour 25 millions de beurre par an, et pour environ 17 millions dans le reste du monde. C'est d'ailleurs un de ces produits dont l'abondance et le prix modéré augmentent indéfiniment la consommation, et pour lesquels les débouchés ne manquent jamais quand ils sont bons : malheureusement le beurre ne l'est pas toujours. Sans doute, on ne peut pas partout produire du beurre aussi bon que ceux de la Normandie et de la Bretagne, qui doivent à la qualité des pâturages leur finesse de saveur ; mais, même dans les cantons aux pâturages maigres, aux prairies médiocres, on peut faire du beurre au moins très-passable, et c'est ce que le plus souvent on ne fait pas, faute de soin.

Il y a bien des manières de faire le beurre ; les meilleures méthodes ne sont pas les plus usitées. La plus simple consiste à laisser monter la crème sur le lait, qui ne tarde pas à devenir aigre. Quand on juge qu'on a assez de crème, elle est enlevée avec une écumoire, et versée dans la baratte commune. On sait que cette baratte consiste en un baril dont la forme est celle d'un cône tronqué ; le couvercle est percé d'un trou pour laisser passer le long manche du *ribotton* qui plonge dans la baratte et sert à agiter ou *battre* la crème.

On trouve dans les traités d'économie rurale et domestique diverses recettes pour augmenter le rendement du lait en crème ; ces recettes ne tendent qu'à faire rendre au lait la totalité de ce qu'il en contient, car aucun procédé ne saurait en ajouter au lait qui en est dépourvu. Le plus usité de ces procédés consiste à verser dans le lait un demi-verre d'eau par litre ; l'eau doit être très-claire, tiède en hiver, et aussi fraîche que possible en été. La richesse du lait en crème peut varier dans de fortes proportions selon les races des vaches laitières, et aussi selon la manière dont elles sont nourries. La fermière en position de vendre le lait en nature recherche les vaches les meilleures laitières, même quand leur lait ne contient qu'une faible proportion de beurre; celle qui se propose de vendre principalement du beurre et du fromage accorde la préférence aux vaches dont le lait fournit le plus de crème, même quand leur rendement en lait est un peu moins élevé. Une vache est réputée bonne *beurrière*, quand 24 à 25 litres de son lait donnent 1 kilogramme de beurre; les moins bonnes sous ce rapport ne fournissent que 1 kilogramme de beurre par 30 ou 35 litres de lait.

Tout le monde connait le procédé vulgaire pour battre le beurre, opération qui souvent exige beaucoup de temps et de patience. Plus la crème est ancienne, épaisse et acide au moment où elle est versée dans la baratte, plus elle cède difficilement son beurre; quand elle est à son état normal, le barattage ne doit pas durer plus de 20 à 25 minutes; il dure quelquefois plus d'une heure dans le cas contraire. De tous les appareils qu'il est possible d'employer pour séparer le beurre de la crème, la baratte commune d'un usage général en France est assurément le plus imparfait. La figure 1 montre réunis les modèles les plus usités de cette baratte, les uns à mouvement vertical, les autres à mouvement horizontal. La méthode la plus rationnelle, celle qui conserve le mieux au beurre toutes ses qualités, consiste à baratter le lait à l'état frais sans laisser monter la crème; la pratique de cette méthode exige l'emploi de barattes d'une grande capicité. Une heure avant de battre le lait, on place dans l'intérieur de la baratte, à moins qu'il ne fasse très-chaud, un vase rempli d'eau bouillante, afin que la baratte, sans être trop chaude, ne soit cependant pas froide. Le lait de la traite du matin est alors réuni à celui de la traite du soir, et le tout ensemble est versé dans la baratte. Le beurre, qui ne tarde pas à se séparer du lait,

est d'une saveur délicate, analogue à celle de la **crème.**
S'il doit être salé pour en assurer la conservation, **le sel,**

Barattes communes Françaises. (Figure 1).

à la dose voulue, est ajouté au lait avant le barattage; on
évite par ce moyen très-simple la nécessité du pétrissage
du beurre pour y incorporer du sel en poudre, comme on
le fait communément. Dans tout le nord de l'Europe à partir
de la Hollande, on ne connaît pas l'usage de laisser monter
la crème pour en extraire le beurre; le lait est baratté

tous les soirs, sans lui laisser le temps de contracter la plus
légère trace d'acidité. La Suède, où souvent l'intensité du

Baratte de la Campdue (Figure 2.)

froid rend le barattage plus ou moins difficile, posséde
plusieurs très-bons modèles de barattes; la plus parfaite

extrait le beurre directement du lait en 4 ou 5 minutes; elle commence à être usitée en France. Pour l'extraction directe du beurre sans laisser monter la crème, la meilleure baratte française est la baratte Girard, à mouvement horizontal; cette baratte plonge dans un réservoir qu'on remplit d'eau chaude en hiver et d'eau froide en été; le beurre s'y obtient presque en aussi peu de temps que dans la baratte suédoise.

Une autre méthode, peu différente de la précédente, est en usage dans toute la partie de la Belgique nommée *Campine* ainsi que dans tout le Brabant hollandais, pays qui font un grand commerce de beurre renommé pour la supériorité de sa qualité. On baratte tous les deux jours, par conséquent la baratte reçoit le lait de quatre traites; le lait, dans lequel on a versé un peu d'eau fraîche en été, chaude en hiver, est caillé au moment où il est jeté dans la baratte avec la crème qui en couvrait la surface : le barattage du lait en cet état est assez long. Dans les grandes fermes, le ribotton de la baratte, toujours construite sur de grandes dimensions, est mû par un manége que fait tourner un bœuf ou un cheval. La séparation du beurre est aussi complète que possible, et il n'en reste pas une parcelle dans le lait battu. La figure 2 représente la baratte de ia Campine avec le mécanisme qui la fait fonctionner.

Une autre baratte belge, très-utile en Belgique, convient également pour baratter la crème seule ou avec le lait caillé; c'est la baratte du Hainaut représentée fermée dans la figure 3, et ouverte dans la figure 4 pour en laisser voir les dispositions intérieures. Avec cette baratte, le beurre s'obtient un peu moins vite que dans la baratte suédoise et la baratte Girard, mais elle exige peu de dépense de forces et sépare complétement le beurre du lait ou de la crème, sans en rien laisser dans le petit lait; c'est un instrument qui convient surtout aux exploitations de second ordre, où l'on entretient seulement six à huit vaches, sans dépasser ce dernier nombre.

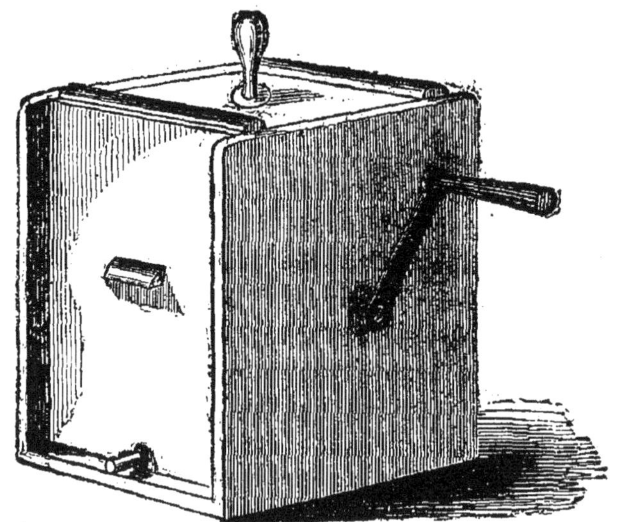

Baratte du Hainaut fermée. (Figure 3.)

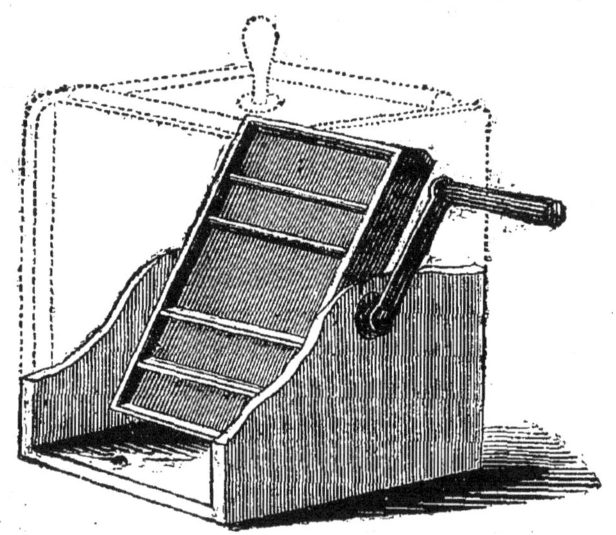

Baratte du Hainaut ouverte. (Figure 4.)

En Angleterre la plus grande partie du beurre est faite selon les procédés ordinaires usités en France; dans

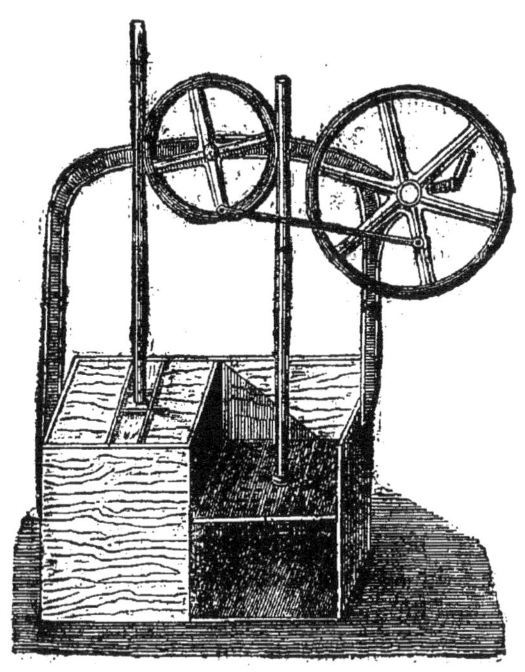

Baratte écossaise à pistons. (Figure 5.)

quelques comtés seulement le lait est exposé dans des vases de terre à une chaleur douce sur des cendres chaudes, et amené près du point d'ébullition, puis refroidi lentement, ce qui fait monter la crème sous forme d'une croûte épaisse, presque solide. Cette crème, barattée immédiatement, donne un beurre extrêmement fin, aussi estimé en Angleterre que le sont en France les meilleurs beurres de Bretagne et de Normandie. On se sert habituellement pour ce beurre de la baratte écossaise à pistons, figure 5, dont un compartiment est représenté fermé et l'autre ouvert. Les pistons, qui tiennent lieu du ribotton des barattes françaises, sont armés d'une planchette percée de trous, qui sépare rapidement et sans grands efforts le beurre de la crème.

La méthode de saler le lait dans la baratte, au lieu d'incorporer le sel au beurre, n'est usitée nulle part en France, quoique ses avantages soient incontestables. Quand le beurre livré immédiatement à la consommation ne doit pas être salé, il est pétri et lavé à grande eau, afin qu'il n'y reste intérieurement aucune parcelle de lait battu; quand il y a lieu de le saler, le sel doit y être ajouté aussitôt après le lavage. La dose varie selon les goûts et les usages locaux; en France de même qu'en Belgique et en Allemagne, elle se balance entre 50 et 70 grammes de sel par kilogr. de beurre; la fermière doit surtout avoir égard aux goûts et aux habitudes des consommateurs; il y a des cantons où le beurre trop ou trop peu salé se vendrait difficilement. En Angleterre on fait grand usage pour saler le beurre de la recette du docteur Anderson; elle consiste à pulvériser ensemble 50 grammes de sel blanc, 25 gr. de sucre et 25 grammes de nitrate de potasse: 60 grammes de ce mélange suffisent pour la conservation d'un kilogr. de beurre. Cette préparation donne au beurre un goût différent de celui du beurre salé, mais fort agréable; sa consistance devient grasse et onctueuse, même pendant les grands froids, ce qui en rend l'emploi très-commode pour les tartines qui accompagnent le thé, dont nul Anglais ne peut se passer. Le beurre préparé selon la méthode du docteur Anderson, mis dans des pots de grès de moyenne grandeur et recouvert d'une couche de sel placée entre deux linges fins, se conserve en bon état d'une année à l'autre, et peut même se garder pendant deux ans sans contracter aucune rancidité.

Lorsqu'il s'agit de saler une masse considérable de beurre, au lieu de pétrir à la main le beurre avec le sel en poudre,

selon l'usage ordinaire, il vaut mieux l'étendre par portions sur un marbre humecté, le saupoudrer de sel, et incorporer le sel à la masse en se servant d'un rouleau à
pâtisserie; le mélange est plus intime et il s'opère avec plus
de propreté. Dans les campagnes, on pense généralement
que le beurre préparé pendant le mois de septembre est
meilleur pour recevoir le sel que celui qu'on fait pendant
les autres mois de l'année. Sans aucun doute, le beurre
du mois de mai est aussi bon, sinon meilleur, que celui de
septembre pour être salé; mais, si l'on salait au printemps
le beurre destiné à être consommé en hiver, la provision,
ayant à traverser les fortes chaleurs de l'été, serait dans
de moins bonnes conditions de conservation que le beurre
salé en septembre.

FROMAGES.

La préparation du fromage, soit avec le lait pur, soit avec le lait écrémé en tout ou en partie, ou simplement avec le lait de beurre qui ne contient plus de crème, peut offrir, selon les localités, des avantages égaux, quelquefois supérieurs à ceux de l'extraction du beurre. Pour n'en citer que quelques exemples, le lait employé avec toute la crème pour fabriquer les fromages de Brie, ceux de la Franche-Comté, imitation des fromages suisses de Gruyères, et les excellents fromages de Neufchâtel, est payé par la vente de ces fromages aussi cher que par la vente du beurre le plus délicat.

Le lait abandonné à lui-même, écrémé on non, ne tarde pas à se coaguler et à se changer en caillé par la séparation du fromage et de la partie séreuse du lait connue sous le nom de petit-lait. Si l'on attendait que le lait fût caillé naturellement, on perdrait en hiver un temps énorme; en été, le lait serait caillé en moins de 24 heures, mais il aurait contracté un excès d'acidité toujours nuisible à la bonne qualité de fromage. Il est donc de beaucoup préférable de recourir à un moyen artificiel pour faire *prendre* le lait immédiatement; on y parvient aisément à l'aide des diverses préparations connues sous le nom de *présures*. Deux substances communes et à bas prix, qu'on peut se procurer partout, sont la base de toutes les présures : ce sont la vessie de *cochon* et la *caillette*. On nomme caillette, en raison de ses propriétés pour faire cailler le lait, l'estomac d'un jeune veau tué avant qu'il ait eessé de teter.

Pour faire de la présure avec la vessie de cochon, on coupe en petits morceaux environ le quart d'une vessie de cochon de moyenne grandeur; on verse par-dessus un demi-

litre de vin blanc et un verre de vinaigre, avec 15 grammes
de sel. La préparation est tenue dans une bouteille bien
bouchée, et remuée plusieurs fois par jour pendant huit
jours ; au bout de ce temps, elle est passée, mise dans une
bouteille propre, et conservée à la cave. Une cuillerée de
cette présure suffit pour faire cailler en quelque minutes
5 à 6 litres de lait. Quand le liquide est décanté, on peut
remettre une nouvelle quantite de vin, de vinaigre et de
sel sur les morceaux de vessie, et répéter l'opération
4 ou 5 fois de suite ; la dernière présure ainsi obtenue
est aussi bonne que la première. Il est bon de remarquer
que la présure à la vessie de cochon, d'une saveur et d'une
odeur très-prononcées, ne peut servir que pour les fromages blancs dits *à la pie*, et les autres fromages communs ;
ce genre de présure ne convient pas pour faire les fromages fins et délicats, il leur communiquerait un goût désagréable.

La présure à la caillette est la plus usitée ; lorsqu'elle est
bien faite, elle produit très-promptement son effet, sans
altérer en rien la saveur des meilleurs fromages. Après
avoir lavé soigneusement à plusieurs reprises dans de l'eau
fraîche l'estomac d'un jeune veau, on le saupoudre des
deux côtés d'une forte dose de gros sel, et on l'enferme
dans une terrine munie de son couvercle. Au bout de trois
jours, la caillette est trempée pendant une heure dans
l'eau-de-vie, puis égouttée, et salée de nouveau, cette fois
avec du sel finement pulvérisé. D'autre part, on pile ensemble trois grammes de poivre, deux grammes de gérofle, et
deux grammes de noix muscade ; c'est la dose nécessaire
pour bien aromatiser une caillette, en répandant très-également cette poudre sur ses deux surfaces. La caillette, en cet
état, est replacée dans la terrine couverte ; on l'y laisse encore
trois autres jours. On la suspend alors dans une chambre
bien aérée, jusqu'à ce qu'elle soit à moitié sèche ; c'est l'état

où elle doit être employée pour la préparation de la présure liquide. Sur une caillette coupée par petits morceaux et placée dans une cruche de grandeur convenable, on verse deux litres et demi de vin blanc ou de petit-lait clarifié. Ces deux liquides peuvent être remplacés par de l'eau filtrée, à laquelle on ajoute un verre de bonne eau-de-vie et quelques cuillerées de fort vinaigre. La caillette doit tremper pendant huit jours, au bout desquels la présure est filtrée et mise en bouteilles; elle n'est bonne à employer que quand elle a 20 ou 30 jours de bouteille, c'est-à-dire 5 ou 6 semaines après que la préparation a été commencée. Cette présure est employée à la même dose que celle de vessie de cochon. L'habitude enseigne promptement à proportionner exactement la dose à la quantité de lait à faire cailler; on risque, en en mettant trop peu, de n'obtenir qu'un caillé en grumeaux, difficile à séparer du petit-lait, et, en en mettant trop, de rendre le fromage trop sec et de le prédisposer à se corrompre très-promptement. On doit toujours augmenter un peu la dose de présure en hiver, et la diminuer pendant les fortes chaleurs de la belle saison. Il y a des fermières qui, pour s'épargner la peine et l'embarras de faire de la présure liquide, achètent de la caillette toute préparée, et en jettent quelques morceaux dans le lait qu'elles veulent convertir en fromage: c'est une coutume vicieuse, qui ne peut donner, avec du lait excellent, que du fromage médiocre et de mauvais goût. La présure liquide, faite d'après la recette qu'on vient de donner, ne produit jamais cet effet; c'est celle dont font usage de préférence à toute autre les fermières flamandes et hollandaises pour la préparation de leurs fromages renommés à juste titre.

PRÉPARATION DES DIVERS GENRES DE FROMAGES.

On fabrique en France une grande quantité de fromages tres-différents entre eux, dont les plus estimés sont : 1° le *fromage à la crème*, ou *fromage frais* ; 2° le *fromage de Neufchâtel*; 3° le *fromage de Brie*; 4° le *fromage d'Epoisses*, en Bourgogne, et, 5° le *fromage d'Auvergne:* tous ces fromages sont faits avec du lait de vache. On fait, en outre, avec le lait de chèvre, le *fromage du Mont Dore*, et, avec le lait de brebis mêlé au lait de chèvre, le *fromage de Roquefort*. Parmi les innombrables fromages fabriqués à l'étranger, on imite parfaitement en France, dans nos départements de l'Est, *le fromage suisse dit de Gruyères*, et passablement, dans nos départements l'Ouest, le *fromage de Hollande*. Comme objet de commerce à l'intérieur et au dehors, nos fromages façon Gruyères fabriqués en Franche-Comté ont une importance industrielle peu inférieure à celle du beurre.

FROMAGE FRAIS.

On fait prendre le lait non écrémé avec une petite quantité de présure liquide; le caillé, divisé par tranches, est mis dans une passoire percée de trous très-fins; au moyen d'une cuiller de bois, on le force à passer par les trous de la passoire, ce qui le réduit en une pâte fine parfaitement homogène. Cette pâte est mise dans des moules d'osier garnis de linge blanc fin, pendant quelques heures, pour égoutter la plus grande partie du petit-lait. Ce fromage, qui ne se conserve pas et doit être consommé le jour où il est fait, au plus tard le lendemain, est habituellement saupoudré de sucre blanc et délayé dans une petite quantité de lait doux ou de crème fraîche. C'est le fromage blanc ordinaire, très-bon quand il est préparé avec de bon lait, et qu'il est servi sans lui laisser le temps de s'aigrir. Le même fromage préparé de la même manière est très-blanc, compacte, d'une saveur peu délicate et doué de propriétés laxatives quand il est fait avec du lait complétement écrémé: c'est le fromage à la pie. Pour faire, par le même procédé, de vrai fromage à la crème, on laisse monter la crème pendant 5 à 6 heures, dans un local très-frais, afin qu'elle reste parfaitement douce. La crème est enlevée et mise à part, puis l'on retranche la moitié ou les deux tiers du lait écrémé. La portion conservée est réunie à la crème, puis préparée et servie comme le fromage frais ordinaire. C'est le meilleur, mais aussi le plus cher des fromages frais; aussi en fait-on rarement usage, tandis qu'il se vend dans les villes des quantités énormes de fromage à la pie et de fromage blanc ordinaire improprement nommé fromage à la crème.

FROMAGE AFFINÉ.

Si, après avoir préparé le fromage blanc comme on vient de l'indiquer, avec du lait conservant sa crème en totalité ou en partie, on le laisse complétement égoutter, en ayant soin de le saupoudrer de sel sur ses deux surfaces, de le retourner de temps en temps et de le conserver dans un local frais, bien aéré, il fermente lentement et *s'affine*, selon l'expression reçue. Le fromage affiné, très-usité dans les campagnes, est de qualité variable, selon la qualité du lait employé et le soin apporté à sa préparation : c'est un aliment sain et nourrissant, d'une conservation facile, et qui facilite la digestion du pain grossier avec lequel il est mangé dans ceux de nos départements où le pain de froment est un objet de luxe dont on use rarement.

FROMAGE DE NEUFCHATEL.

Rien de moins compliqué que la recette du fromage de Neufchâtel ; cependant, c'est un de ceux qu'on manque le plus souvent lorsqu'on tente de le contrefaire. C'est que le canton de Neufchâtel (Seine-Inférieure) est un des plus fertiles de l'ancienne Normandie ; l'excellente nourriture des vaches de ce canton donne à leur lait une richesse en crème rarement égalée par le lait des vaches du reste de la France. A Neufchâtel, dès que le lait a été trait, il est passé, tandis qu'il est encore chaud, à travers une étamine serrée, puis versé dans des cruches de grès contenant ordinairement 20 à 25 litres. La quantité nécessaire de présure liquide est aussitôt ajoutée au lait, puis les cruches sont enfermées dans une caisse sur laquelle on étend une converture de laine, afin que le lait se refroidisse très-lentement, condition essentielle pour le succès de l'opération. Au bout de trois jours, le contenu des cruches est vidé dans des paniers d'osier blanc, pour laisser écouler le petit-lait. Le lendemain, le caillé égoutté est enveloppé d'un linge clair ; on pose par-dessus un morceau de planche qu'on charge de pierres, afin de soumettre le fromage à une forte pression, prolongée pendant 24 heures. En cet état, le fromage de Neufchâtel est terminé ; il ne reste plus qu'à le pétrir comme de la pâte pour le rendre homogène, en répartissant très-également par le pétrissage le beurre qu'il contient dans toutes les parties de la masse. Quand il est au point convenable, on le moule dans des cylindres de fer-blanc ; chaque fromage, du poids d'environ 60 grammes, est enveloppé séparément dans une feuille de papier joseph mouillé ; les fromages sont aussitôt emballés dans des caisses, dont chacune en contient une ou deux douzaines, et livrés à la consommation. Les mêmes fromages salés, affinés pendant environ cinq semaines, prennent le nom de *bondons*; ils sont très-recherchés et d'un goût fort délicat. Lorsque, dans un canton aux pâturages médiocres, on veut imiter les fromages de Neufchâtel, frais ou affinés, on doit ajouter au lait non écrémé une certaine quantité de crème levée sur le lait des quatre traites des deux jours précédents, pourvu que cette crème n'ait pas cessé d'être parfaitement douce; mais alors il arrîve le plus souvent que le prix de vente du fromage de Neufchâtel imité dans ces conditions n'égale pas le prix de revient.

FROMAGE DE BRIE.

Pour obtenir le fromage de Brie avec l'ensemble de ses qualités gastronomiques, il faut, quelque gras que soit le lait employé, y ajouter aussitôt après la traite la crème montée à la surface du lait trait la veille. Comme toute la crème du lait ne monte pas en 12 ou 15 heures, le lait écrémé ainsi une première fois en faveur du fromage de Brie pourra l'être une seconde fois le surlendemain, et fournir encore un bon contingent de crème pour la préparation du beurre. Le lait passé encore chaud et additionné de crème douce est mis dans une cruche qu'on plonge dans de l'eau à la température d'environ 40 degrés. La présure est mise dans la cruche, qui reste couverte jusqu'à ce que l'eau dans laquelle elle est plongée soit complétement refroidie; le lait doit être alors entièrement caillé. Sans le retirer de la cruche, on y plonge la main et la moitié du bras, et on le remue pour en rendre la pâte très-homogène; cette partie de la préparation est très-importante, elle ne peut être faite avec trop de soin. Le caillé est ensuite retiré de la cruche et mis dans des moules plats, ronds, d'un grand diamètre, où il est soumis à une forte pression , afin d'en faire écouler tout le petit-lait.

Pour que la pression produise sur le fromage de **Brie** tout l'effet désiré, il faut que chaque fromage enveloppé de linge blanc, et muni d'un convercle, soit changé de linge et rechargé de nouveaux poids *toutes les heures*, jusqu'à ce qu'il n'en sorte plus de petit-lait. Parvenu à ce point, le fromage est frotté de sel blanc fin sur ses deux surfaces deux jours de suite ; alors on porte tous les fromages sur des planches recouvertes de paille ; il n'y a plus qu'à les retourner de temps en temps pour les faire bien sécher, en attendant le moment de les affiner. C'est habituellement dans un tonneau qu'on procède à l'affinage des fromages de Brie; on les y met, lit par lit, en les faisant alterner avec des couches de balle d'avoine; ils n'arrivent au degré convenable qu'au bout de quelques mois, plus promptement en été, plus lentement en hiver. Les dimensions qu'on donne ordinairement aux fromages de Brie sont 60 centimètres de diamètre, et 25 d'épaisseur au début de l'opération.

FROMAGE D'EPOISSES.

Le fromage d'Epoisses (Côte-D'or) est un des meilleurs, sinon le meilleur, des fromages fabriqués dans les départements de l'ancienne Bourgogne. Dans le lait passé aussitôt après la traite, on verse une cuillerée de présure à raison de dix litres de lait. Dès que le lait caillé est formé, il est versé dans des moules pour le faire égoutter ; à mesure que les fromages diminuent de volume par l'écoulement du petit-lait, on ajoute par-dessus de nouveau caillé, afin que les moules soient toujours pleins. Les fromages, quand ils ont acquis assez de consistance, sont retirés des moules, frottés de sel fin sur les deux surfaces, et déposés sur la planche couverte de paille où ils doivent s'affiner. Chaque semaine on les retourne, afin que l'air agisse successivement et également dessus et dessous. Au bout d'un temps dont la durée varie selon la température de la saison, les fromages deviennent verts; on les frotte alors avec un linge imbibé d'eau salée; au bout de quelques jours, ils passent du vert au rouge: ils sont alors terminés, et peuvent être livrés à la consommation.

FROMAGE D'AUVERGNE

La fabrication des fromages d'Auvergne ne ressemble que de loin à celle des autres fromages; basée sur une pratique séculaire, elle donne des produits d'autant plus importants qu'ils constituent dans toute la haute Auvergne la seule manière d'utiliser le lait de vaches: la totalité du lait est convertie en fromage. La première condition pour que le fromage d'Auvergne possède l'ensemble des qualités recherchées des consommateurs, c'est que chaque fromage du poids de 50 kil. environ soit fait avec du lait *de la même traite*; il en résulte que la fabrication de ce genre de fromage n'est possible que dans les exploitations assez importantes pour nourrir de 30 à 40 vaches. La présure est jetée dans le lait tout chaud dès qu'il a été trait et passé dans un tamis de crin. La séparation du caillé et du petit-lait est complète au bout d'une heure; le caillé est égoutté dans des baquets dont le fond est percé de plusieurs trous; dès qu'il ne rend plus de petit-lait, il est mis dans un moule cylindrique semblable à un baquet sans fond. Ce moule est posé sur une table à trois pieds très-bas, d'une forme particulière, légèrement en pente, pourvue d'une rigole avec un bec sous lequel on place une terrine. L'ouvrier chargé de la fabrication du fromage monte sur la table, et là, avec les mains et les genoux, il pétrit de

toutes ses forces le caillé, qui, dans cet état, prend le nom
de *pâte*. Pour chaque fromage de 50 kil., ce travail de
pétrissage, excessivement fatigant, ne dure pas moins
d'une heure et demie. La pâte retournée plusieurs fois
sens dessus dessous perd par le pétrissage tout ce qu'elle
pouvait contenir encore de petit-lait. Elle est alors retirée
du moule, enveloppée d'un linge et déposée dans un baquet
couvert, dans un local où règne une température douce ;
elle y reste deux jours, pendant lesquels elle subit un mouvement de fermentation qui la rend trè-friable ; on lui
donne en cet état le nom de *tôme*. La tôme est émiéttée
très-soigneusement, puis mêlée à une dose de sel plus ou
moins élévée, selon le goût des acheteurs. Pour obtenir
des fromages doux, on ne met pas plus d'un demi-kil. de
sel fin en poudre pour 50 kil. de tôme ; on en met le double
si le fromage doit être salé. La tôme est soumise à une
forte pression dans des moules de grandeur uniforme, et
la fabrication des fromages est terminée. On les dépose
dans une cave saine, où toutes les semaines ils sont
retournés et frottés avec un linge humecté d'eau fraîche.
Le moment est venu de les livrer au commerce quand ils
ont pris une belle couleur d'un rouge orangé, ce qui n'a
lieu qu'au bout de deux à trois mois. Les marchands les
conservent encore quelques mois à la cave, et les livrent à
la consommation à mesure qu'ils les jugent suffisamment
faits. Une vache d'Auvergne de la race de Salers est
réputée bonne lorsque, indépendamment du lait qu'elle
donne à son veau pour l'élever, elle fournit annuellement
de 150 à 200 kilogrammes de fromage.

FROMAGE DU MONT-DORE.

Ce fromage, fait uniquement de lait de chèvre, est très-
délicat lorsqu'il est bien préparé, ce qui exige beaucoup

de soin et d'attention. En hiver, la présure, à raison d'une cuillerée pour 8 litres, est mise dans le lait dès qu'il est trait et tamisé ; en été, on laisse le lait se refroidir pendant deux heures avant d'y mettre la présure. Dans tous les cas, le lait est complétement caillé en moins d'une demi-heure. Le caillé est mis à égoutter dans des moules d'osier ou de terre cuite percés de trous pour l'écoulement du petit-lait. Le fromage de lait de chèvre s'égoutte très-vite ; au bout de quelques heures, les fromages ont assez de consistance pour qu'on puisse les retirer des moules et les saler sur leurs deux surfaces. On les laisse alors pendant 5 à 6 jours dans les moules, en ayant soin de les retourner 5 à 6 fois par jour. Il ne reste plus alors qu'à les faire affiner, ou, comme on dit dans le Mont-Dore, *passer* au degré convenable. A cet effet, chaque fromage est mouillé des deux côtés avec du vin blanc, puis placé dans une assiette creuse commune en terre cuite. La partie supérieure du fromage est garnie de quelques feuilles de persil, après quoi une seconde assiette creuse est renversée sur la première, pour que le fromage fermente lentement à couvert, à l'abri des mouches qui, sans cette précaution, viendraient y déposer leurs œufs, qui donneraient naissance à des vers. Les assiettes supérieures doivent être soulevées de temps en temps pour s'assurer de l'état des fromages ; ceux du Mont-Dore n'ont, selon l'expression reçue, qu'un jour pour être mangés ; trop ou trop peu passés, ils n'ont pas la moitié de la valeur gastronomique qu'ils possèdent lorsqu'ils sont servis précisément à leur point. La vente des fromages du Mont-Dore, faciles à imiter partout où il y a des chèvres, paye le lait de chèvre plus cher que le prix ordinaire du bon lait de vache.

FROMAGE DE HOLLANDE.

On peut imiter partout ailleurs qu'en Hollande le fromage renommé de ce pays ; mais c'est en Hollande seulement qu'il atteint toute sa perfection, avec la propriété de se conserver sous tous les climats sans altération, ce qui lui donne une valeur toute spéciale pour l'approvisionnement des navires durant les voyages de long cours. Voici, de point en point, comment on procède en Hollande à la fabrication du fromage. On verse la présure liquide dans le lait passé aussitôt qu'il vient d'être trait; la dose est d'une cuillerée pour 8 litres de lait. Le caillé est d'abord égoutté suffisamment pour qu'on puisse le pétrir à la main au-dessus d'une passoire à trous très-fins. Après quelques heures de repos, on recommence le pétrissage de la même manière à plusieurs reprises ; il a pour but, non-seulement de bien diviser le caillé, mais aussi d'en expulser le petit-lait, qui entraîne avec lui toute la crème; elle est recueillie, barattée et convertie en beurre. Après trois ou quatre pétrissages, le caillé à demi-sec est friable et peut être émietté sans difficulté; c'est le point qu'il faut saisir pour le mettre dans les formes : celles-ci consistent en cylindres creux dont le fond est concave et demi-sphérique; ce fond est percé de plusieurs trous, pour l'écoulement de ce que le fromage retient encore de petit-lait. Quand le moule est plein de fromage émietté, on pose par-dessus un couvercle mobile qui descend à mesure que le fromage diminue de volume par la pression qu'exercent sur lui de grosses pierres dont on charge successivement le couvercle. Au bout de 24 heures, le fromage est retourné et soumis à la même pression que précédemment, ce qui donne à ses deux surfaces la forme qu'elles doivent conserver. Alors le fromage est retiré du moule, enveloppé d'un linge sec, et soumis à une pression plus forte que les précédentes pendant 8 à 10 heures, pour faire complétement disparaître les *yeux* ou petites cavités provenant du dégagement de gaz ammoniac produit par la fermentation lente du fromage. Toutes ces opérations doivent être pratiquées avec beaucoup de soin ; la bonne qualité du fromage en dépend. Quand on juge le fromage bien pressé et sa pâte suffisamment compacte, on le fait tremper pendant 4 à 5 heures dans un bain d'eau faiblement salée; ce bain ne sert pas seulement à saler la pâte, il contribue en outre à lui donner une bonne consistance. Dès que le fromage est retiré du bain, on le saupoudre de sel blanc fin, tandis qu'il est encore mouillé; le sel fond, et s'écoule en partie sous forme de saumure par les trous du fond du moule. On retourne le fromage pour le saler de la même manière de l'autre côté, puis on le laisse tremper pendant 7 heures dans un second bain d'eau plus faiblement salée que celle du premier bain, dans lequel se dissout tout le sel surabondant qui n'a pas été absorbé par la pâte du fromage. On lave alors le fromage avec du petit-lait et l'on râcle doucement sa surface avec un couteau à lame émoussée; après quoi il est considéré comme terminé. Les fromages de Hollande qui ont subi toutes ces préparations sont déposés sur des planches dans un local frais sans être humide; on les retourne deux fois par semaine : il faut en moyenne quatre mois pour qu'ils soient complétement faits et parvenus au degré de fermentation intérieure qui permet de les livrer au commerce.

FROMAGE DE GRUYÈRES.

La petite ville de Gruyères, en Suisse, a été de tout temps renommée pour la bonne qualité des fromages qu'on y fabrique, et qui s'expédient non-seulement dans toute l'Europe, mais aussi dans toutes les contrées des deux continents; car le fromage de Gruyères partage avec le fromage de Hollande la qualité précieuse de se conserver indéfiniment sous tous les climats. On ne fait pas, soit à Gruyères même, soit dans tout le reste de la Suisse, la centième partie du fromage livré au commerce sous le nom de Gruyères. L'imitation de ce fromage a commencé dans les premières années de ce siècle en Franche-Comté, dans les hautes vallées de la partie française de la chaîne du Jura. Plus tard, la demande ne cessant de s'accroître et les bénéfices de cette manière d'utiliser le lait étant de mieux en mieux appréciés, la fabrication du fromage de Gruyères s'est propagée en Lorraine, dans les montagnes des Vosges et au Midi, dans les Alpes du Dauphiné; ce sont toujours les fromages du Jura qui reproduisent le plus fidèlement ceux de Suisse: on donne ici la recette de la préparation du fromage façon Gruyères telle qu'elle est pratiquée dans tout le département du Jura.

Il est utile de remarquer que ce genre de fromage n'est réellement bon que quand il est fait avec le lait des vaches nourries exclusivement sur les pâturages élevés des pays de montagnes pendant la belle saison. Dans tout l'est de la France, la fabrication des fromages façon Gruyères commence en mai, et finit en septembre. Durant tout cet intervalle, on va traire les vaches à la prairie deux fois par jour, matin et soir. Le lait est coulé dans de grandes chaudières, tandis qu'il est encore tiède. On place la chaudière sur un feu très-doux, et l'on chauffe jusqu'à ce que le lait marque au thermomètre 28 à 30 degrés centigrades, pas au delà. On enduit alors de présure liquide une grande écuelle de terre, et on la plonge, ou mieux on la promène dans la masse du lait, qui doit être caillé en 30 secondes. Dès que le caillé est bien formé, il est temps de retirer la chaudière du feu. Le caillé est divisé dans la chaudière même en tranches parallèles, de 3 centimètres environ d'épaisseur; on se sert à cet effet d'une grande épée de bois à lame large: la même opération est répétée en sens inverse. Après ce premier travail, le petit-lait se sépare aisément du caillé, qu'on nomme en Franche-Comté *maton*.

La plus grande partie du petit-lait est puisée au moyen d'une écuelle à long manche ; le maton, avec ce qui reste de petit-lait, est pétri, ou pour mieux dire, brassé d'abord à la main, ensuite avec un instrument de bois nommé *moussoir*, d'une forme analogue à celle de l'instrument du même nom servant à faire mousser le chocolat. Ici commence la partie la plus délicate de l'opération, celle qui influe le plus directement sur le succès. La chaudière est remise sur le feu jusqu'à ce que son contenu arrive à la température de 35 degrés, qui ne doit pas être dépassée ; on maintient cette température le plus également possible pendant 25 minutes, sans discontinuer un seul instant d'agiter vivement le fromage dans la chaudière. Si le fromage est seulement un peu trop ou un peu trop peu cuit, quelle que soit d'ailleurs la qualité du lait, il peut être manqué. La pâte cuite est mise dans de grands moules en forme de disques, après qu'elle a été préalablement enveloppée d'une toile claire ; elle y est soumise pendant douze heures à une forte pression, afin d'en expulser tout ce qu'elle peut contenir encore de petit-lait ; puis elle est pétrie, non sans grande dépense de force, par le même procédé employé pour la pâte des fromages d'Auvergne. Le fromage pétri est remis dans des moules construits de manière à pouvoir à volonté diminuer leur diamètre, et comprimer ainsi les fromages sans diminuer leur épaisseur, qui doit rester toujours la même. Il ne s'agit plus que de saler les fromages sur leurs deux surfaces, à plusieurs reprises, en les retournant à chaque fois ; la dose ordinaire est de 4 à 5 pour cent de sel, mais cette quantité n'est pas absorbée en entier. Les fromages terminés sont conservés dans des caves saines où ils achèvent de se faire ; on ne les livre au commerce qu'au bout de trois ou quatre mois.

Les fromages façon Gruyères ne sont pas tous également gras ; on distingue les *gras*, les *demi-gras* et les *maigres*.

Les *gras*, fabriqués, comme on vient de le décrire, avec du lait non écrémé, sont les meilleurs; la présence de toute la crème dans la pâte de ces fromages est la cause de l'énorme différence de consistance et de saveur entre ces fromages et ceux de Hollande, dont on s'est appliqué, au contraire, à exclure la crème le plus complétement possible. Les *demi-gras*, faits par le même procédé, mais avec du lait dont après douze heures de repos la moitié de la crème a été enlevée, sont de seconde qualité. Les *maigres*, faciles à reconnaître à leur pâte sèche, cassante, et d'un goût peu délicat, sont faits avec du lait dont on a retiré presque toute la crème, après 24 heures de repos; ils son de qualité tout à fait inférieure.

La fabrication des fromages façon Gruyères a donné lieu dans le Jura et les Vosges à des associations connues sous le nom de *fruitières* ou *fruiteries*. Les fruitières ont pour but de réduire au chiffre le moins élevé possible les frais de fabrication des fromages, en fabriquant en commun, avec un seul atelier et un seul outillage, le fromage du lait des vaches de toute une commune. A cet effet, tous les propriétaires de vaches se réunissent pour nommer une commission chargée de la gestion de la fruitière. La commission fait choix d'un *fruitier* d'une habileté reconnue; elle surveille ses opérations; elle a le droit d'inspecter les vaches dans les prairies pour s'assurer qu'on ne mêle pas au bon lait celui des vaches malades, trop avancées dans leur gestation, ou qui ont vêlé depuis trop peu de temps. La commission tient les comptes de la fruiterie, opère les ventes en réservant la provision de chaque ménage, et répartit les produits entre les associés, au prorata des quantités de lait fournies par chacun. Ce système, si digne d'être imité, fonctionne parfaitement et n'a jamais donné lieu à aucune difficulté sérieuse; il n'a pas seulement pour but l'économie, il contribue en outre à maintenir la répufation des fromages, beaucoup meilleurs quand ils sont faits par un homme d'expérience qui s'en occupe exclusivement qu'ils ne pourraient l'être si chacun convertissait en fromage le lait de ses vaches.

FROMAGE DE ROQUEFORT.

La fabrication du fromage de Roquefort est possible partout où il y a des chèvres et des moutons; il a pour base le lait de chèvres et le lait de brebis, mêlés par parties égales. Mais il n'acquiert le degré de fermentation qui le fait rechercher des amateurs que dans les grottes naturelles ou creusées de main d'homme dans les gorges de Larzac (Hérault), ce qui en limite singulièrement la fabrication; elle ne dépasse pas, année commune, 300,000 kil., d'une valeur moyenne de 600,000 francs environ. L'époque de la fabrication des fromages de Roquefort dure de juin à octobre. Le procédé est peu compliqué. La présure est mise dans le lait aussitôt après la traite; la proportion ordinaire est d'une cuillerée de présure liquide pour dix litres de lait, 5 de chèvre et 5 de brebis. Le caillé, brassé une première fois avec tout le petit-lait, est égoutté, puis brassé une seconde fois, après quoi il est mis en formes et chargé successivement de pierres, pour lui faire subir une très-forte pression. Quand les fromages, suffisamment pressés, ont séjourné pendant une semaine ou deux à la cave, on les sale alternativement des deux côtés, puis on les remet sur la planche. C'est en cet état qu'ils sont achetés par les propriétaires des grottes des gorges de Larzac; plusieurs étages de planches disposés dans ces grottes reçoivent les fromages par piles de cinq superposés; il achèvent de s'y faire et ne sont livrés au commerce qu'au bout de plusieurs mois.

CONSERVATION DES PRODUITS DE L'AGRICULTURE.

L'un des objets les plus importants de l'économie rurale, c'est la conservation en bon état et sans perte des principaux produits du sol, produits qui pour la plupart ne peuvent être vendus dès qu'ils sont récoltés, et qui, si l'on ne veille pas avec des soins assidus et intelligents à les conserver dans de bonnes conditions, peuvent finir par perdre une grande partie de leur valeur. *Les céréales, le lin, le chanvre, la laine, les huiles, les vins, le vinaigre et le cidre* sont ceux des produits dont la conservation importe le plus au producteur.

D'un point de vue général, quand la vente immédiate est possible à des conditions convenables, il est toujours plus avantageux de réaliser dans le plus court délai possible après la récolte; tous les risques de détérioration sont ainsi évités. Il arrive trop souvent que, dans l'espoir d'une hausse qui n'a pas toujours lieu au moment désiré, on conserve longtemps des produits qui s'altèrent, qui diminuent en quantité comme en qualité, et qu'en fin de compte, ayant vendu cher, le producteur a réalisé moins de bénéfice réel que s'il eût vendu bon marché. Il faut aussi compter les intérêts du capital qui dort, quand un fermier garde, par exemple, tous ses blés et toutes ses laines d'une année à l'autre, ne voulant pas vendre parce que les prix ne lui semblent pas assez élevés. Toutes ces considérations doivent être mûrement pesées avant de prendre la résolution de garder ou de vendre telle ou telle portion des produits d'une exploitation rurale.

CONSERVATION DES GRAINS.

On ne moissonne qu'une fois par an, et il faut manger toute l'année; il est également dans l'intérêt du fermier et dans celui de la société tout entière de ménager le mieux possible le produit de la récolte, et surtout de n'en rien laisser perdre : c'est le point essentiel. Le fermier ne peut pas, et même le plus souvent il ne doit pas, vendre ses grains aussitôt après la récolte; il faut donc qu'il conserve chez lui ses céréales pendant un temps plus ou moins long, afin d'être toujours en mesure de proportionner les ventes aux besoins réels de la consommation. Son devoir à cet égard, parfaitement conforme à son intérêt, c'est de ne pas laisser le marché dégarni, pour provoquer une hausse factice et exagérée, et de ne pas non plus encombrer le marché, au risque d'avilir les prix, qui, descendus à un certain taux, cessent d'être suffisamment rémunérateurs ; c'est entre ces deux écueils qu'il doit naviguer. La chose est facile depuis que, par l'emploi des machines à battre, le fermier peut avoir sa récolte de céréales disponible pour la vente au moment le plus favorable, et que, grâce aux chemins de fer, il peut, sans frais exagérés, faire arriver ses céréales sur les marchés où elles peuvent le mieux se placer.

Si l'on passe en revue les moyens les plus ordinaires de conservation des grains employés en France et en Europe, on trouve que les plus défectueux sont les plus usités. En Russie, par exemple, dans ce vaste empire qui peut, dans les années de mauvaise récolte, approvisionner en blé tout le reste de l'Europe sans produire une hausse sensible dans ses provinces, on fait fréquemment usage du procédé suivant. Après le battage du froment, on construit avec les gerbes battues de grandes meules circulaires creuses au centre et représentant un puits à leur intérieur. Dans ce puits on verse du blé tant qu'il en peut tenir; puis la meule est recouverte de son toit conique, comme toutes les meules de céréales non battues. Le grain y reste un an, quelquefois deux, selon l'état du marché. On ne puise dans les meules creuses que quand les blés sont suffisamment demandés. En attendant, l'humidité, les insectes, les souris et les rats, commettent dans les provisions de céréales ainsi conservées autant de dégâts qu'il peut leur convenir; personne ne songe à les en empêcher.

C'est un peu ce qui arrive en France aux céréales conservées en gerbe dans les granges et les meules, où rien ne trouble les opérations désastreuses de l'alucite, de la teigne des blés, et des petits rongeurs; aussi ne peut-on trop recommander au fermier de faire battre ses grains dans le plus court délai possible après la moisson, de ne former ses meules que de pailles battues, et d'avoir sa provision de céréales en entier dans ses greniers. Ce n'est pas qu'elle n'y soit encore en butte à beaucoup d'ennemis; mais là du moins ces ennemis peuvent être combattus. Sous le climat inconstant de la France, les grandes chaleurs de l'été font assez souvent défaut; après un été pluvieux, les blés, battus alors qu'ils sont encore imbibés d'un excès d'humidité, s'échauffent dans le grenier, contractent la moisissure et ne peuvent donner qu'une farine de qualité inférieure, de sorte qu'ils sont entièrement dépréciés. Le remuage des grains à la pelle dans le grenier ne suffit pas toujours, dans ce cas, pour en assurer la complète et rapide dessiccation; il y a lieu de recourir à l'emploi de la chaux vive, qui attire à elle l'humidité surabondante contenue dans les tas de blé, et les amène promptement à l'état où ils sont après une moisson faite dans des conditions normales. A cet effet, si l'on a, par exemple, 100 hectolitres de blé humide à dessécher, on distribue environ la moitié d'un mètre cube de chaux vive dans des paniers semblables à ceux dont on se sert pour faire couver les poules. Ces paniers, recouverts de papiers assez forts pour ne pas se déchirer, sont disposés près les uns des autres dans le grenier, puis les grains humides sont versés par-dessus, jusqu'à ce que tous les paniers en soient complétement couverts. Dès le lendemain, l'effet désiré est obtenu, sans autres frais que ceux de la main-d'œuvre et de l'achat des paniers ; la chaux, qui s'est en partie éteinte en absorbant l'humidité surabondante des grains, n'a rien perdu de sa valeur, soit pour la confection des mortiers, soit pour servir d'amendement aux terres où manque l'élément calcaire.

Les grains étant au degré de dessiccation convenable, soit naturellement, soit par l'emploi de la chaux vive, il s'agit d'empêcher qu'ils ne soient la proie des insectes, principalement du charançon, le plus redoutable ennemi des céréales. Le plus simple et le plus usité des procédés, c'est le fréquent remuage à la pelle ; mais, outre que ce moyen finit à la longue par coûter fort cher, il n'atteint jamais complétement son but. Quand les provisions ne sont pas très-importantes, on se procure chez le boucher des peaux des moutons fraîchement tués ; le soir, elles sont étendues, la laine en dessous, sur le tas de céréales ; le lendemain matin, tous les charançons ont déserté le grain pour se loger dans la laine. Les blés n'en sont pas pour cela complétement purgés ; il reste toujours des grains renfermant des œufs ou des larves de charançons. Mais, en renouvelant de temps à autres l'emploi des peaux de mouton, la plus grande partie des charançons est détruite, et le dégât ne peut atteindre des proportions désastreuses : les peaux de mouton sont battues le matin dans la cour, et les volailles font leur profit des charançons. On a proposé comme moyen d'écarter ou de détruire cet insecte l'emploi de pelles légèrement graissées d'huile pour le remuage des grains. Il est certain que, si petite que soit la très-minime quantité d'huile qui s'attache à la surface des grains de blé remués avec une pelle huilée, elle suffit pour éloigner les charançons, sans qu'il en résulte aucun inconvénient quant au goût et à la qualité des farines faites avec le grain ainsi traité, pourvu qu'on ait soin de ne pas employer trop d'huile et d'en frotter très-légèrement les pelles. Mais on ne doit pas perdre de vue que le blé préservé du charançon par ce procédé a perdu sa faculté germinative, et ne peut plus, par conséquent, servir pour les semailles. Il y a quelques années un marchand de blé de Chartres vendit à des fermiers de trèsbeau blé de semence ainsi conservé; pas un grain ne leva ; il y eut procès, et, malgré l'entière bonne foi du marchand qui ignorait l'effet de l'huile sur les propriétés germinatives des céréales, il fut condamné à des dommages-intérêts envers les fermiers. Il ne faut donc remuer avec des pelles très-légèrement huilées que les blés destinés au moulin.

Pour conserver des provisions de grains peu considérables, on peut employer avec beaucoup d'économie de vieilles futailles hors de service, défoncées par un bout, et percées à leur base d'un trou fermé d'une petite porte à coulisse. La pièce posée debout sur des morceaux de bois assez élevés pour qu'on puisse placer un double décalitre sous son ouverture inférieure est remplie de grain. Quand celui-ci doit être remué, on fait tomber le grain par le trou inférieur du tonneau, on en remplit le double décalitre et on en reverse le contenu dans le tonneau. En quelques minutes tout le blé est aéré et déplacé, avec très peu de fatigue ; le couvercle posé sur la futaille préserve le grain de la poussière et des atteintes des petits rongeurs.

Le même procédé est appliqué avec plus d'efficacité et sur une plus grande échelle au moyen de la caisse de M. Andéoud. Cette caisse consiste en un simple bâti de bois soutenant un grillage en toile métallique assez serrée pour que le grain ne puisse en sortir. Le fond de la caisse, au lieu d'être plat, est à deux pentes qui convergent vers le centre et aboutissent à une porte à coulisse par laquelle le blé s'écoule à volonté dans un hectolitre dont le contenu est reversé immédiatement dans la caisse par l'ouverture ménagée à sa partie supérieure. Chaque caisse peut, selon l'importance de la provision à conserver, recevoir 25, 50 et jusqu'à 100 hectolitres de grain. Le déplacement rapide et l'aération complète d'une pareille masse sont plus efficaces par ce système que ne pourrait l'être le remuage à la pelle le plus soigné.

Quant aux divers système de *silos* et autres greniers mobiles pour la conservation des grains en masses considérables, ce sont des procédés à l'usage du commerce et de la meunerie plutôt qu'à celui de l'agriculture. On comprend, en effet, que le chef d'une grande meunerie à vapeur, pouvant convertir en farine des centaines d'hectolitres de blé par jour, doit avoir à sa disposition des approvisionnements énormes pour ne pas laisser chômer son usine, et qu'il lui importe beaucoup que ses grains soient remués et ventilés avec économie; s'ils devaient l'être à la pelle, le local et les ouvriers n'y suffiraient pas. (Voyez *Meunerie*.)

CONSERVATION DU LIN ET DU CHANVRE,

Le rouissage du lin et du chanvre et la séparation de la filasse des tiges de ces deux plantes textiles sont habituellement du ressort du cultivateur; il y a cependant des cantons manufacturiers où les fabricants achètent le lin et le chanvre en *branches*, pour le soumettre à des procédés de rouissage chimique et de teillage mécanique. Dans ce cas, les plantes textiles sont achetées en *branches* aussitôt après la récolte. Mais, à peu près dans tous les pays de production de ces plantes, on en conserve la filasse vendue à des foires spéciales, ou bien achetée par les marchands dans les fermes, à des époques déterminées, qui coïncident avec les besoins des fabriques de toiles et des corderies. La filasse, divisée par paquets d'un poids égal, n'a besoin, pour être conservée dans les greniers, que d'être préservée des atteintes de l'humidité. et surtout des causes d'incendie; car la moindre étincelle peut en quelques minutes réduire en cendre tout un magasin rempli de filasse. Le fermier qui a chez lui une pareille provision, attendant la vente pendant des mois entiers, doit veiller avec la plus grande sévérité à ce que personne n'entre la nuit dans le grenier plein de filasse sans être muni d'une lanterne bien fermée.

CONSERVATION DES LAINES.

La conservation des laines est plus difficile que celle de la filasse, à cause des teignes, petits insectes de l'ordre des lépidoptères, dont les chenilles se nourrissent de la substance même de la laine. Les teignes attaquent beaucoup moins les laines en suint que les laines lavées; cette particularité est utilisée comme moyen de préservation pour les grandes provisions. La masse des laines est laissée en suint; on lave quelques toisons de qualité inférieure, qu'on dépose de distance en distance, entre les tas de bonne laine. Les toisons lavées sont sacrifiées aux teignes qui les envahissent et délaissent les laines en suint. Quelques fermiers enferment leurs laines dans des balles de grosse toile; ce moyen de préservation est insuffisant; les teignes passent au travers du tissu des balles de laine ; elles pénètrent dans l'intérieur, pondent et multiplient en liberté, et causent plus de dégâts que dans les tas de laine déposés dans des greniers bien aérés. La laine ne doit pas y être posée immédiatement sur le plancher ; afin qu'elle soit aérée dans tous les sens, on place de distance en distance des pièces de bois semblables aux *chantiers* qui supportent les tonneaux dans les caves ; sur ces pièces de bois sont étendues des claies qui reçoivent la provision de laine. Les murs du grenier sont blanchis à la chaux, non comme moyen de préservation, mais pour que les papillons des teignes qui viennent s'y poser soient plus facilement aperçus et écrasés. Quelque soin qu'on prenne de renouveler périodiquement ces exécutions, on n'arrive pas à détruire complétement les teignes ; les papillons écrasés ont déjà pondu et donné naissance à une trop nombreuse postérité, mais on contient leur multiplication, et l'on rend leurs dégâts aussi faibles que possible. C'est surtout quand il remarque dans sa provision de laine la présence des teignes en grand nombre, que le fermier agit prudemment en vendant au plus vite, sans attendre que les ravages des teignes aient trop fortement déprécié cette marchandise. Les chenilles de la teigne, si petites au moment de leur naissance qu'on les aperçoit à peine, commencent par se fabriquer, avec des brins de laine rongés et entrelacés, une sorte de gaîne ou d'étui dans lequel elles se retirent à volonté pour digérer, et dont elles sortent pour ronger la laine, qui est à la fois leur unique aliment et la matière première de leur domicile portatif. Le tout est si petit, même quand la chenille a complété sa croissance, qu'il faut y regarder de très-près pour s'assurer si la laine contient des teignes en plus ou moins grand nombre ; mais, si l'on étend des feuilles de papier blanc sous les claies chargées de laine infestée de teignes, ces feuilles ne tardent pas à se couvrir d'une poussière blanche quand la laine rongée est blanche, et d'un gris foncé si la laine est noire ; cette poussière, ce sont les déjections des chenilles des teignes, signe révélateur de leur présence.

CONSERVATION DES HUILES.

Dans toute la région du midi de la France qui s'étend à 100 kilomètres environ du littoral de la Méditerranée, comprenant nos départements les plus méridionaux, *l'huile d'olive* est un des produits les plus importants de l'agriculture. Sa conservation jusqu'au moment de la vente concerne rarement le producteur ; la récolte est achetée par des négociants qui viennent l'enlever sur place ; néanmoins beaucoup de petits propriétaires cultivateurs gardent chez eux leur huile d'olive pour la vendre directement aux marchands en détail et aux fabricants de savon. Dans tout le nord de la France, les *huiles de graines*, dont la plus importante est l'huile de colza, sont rarement conservées par le producteur ; le fermier vend la graine aux *huiliers*, propriétaires de moulins à huiles et marchands d'huile en gros ; il se réserve le tourteau pour l'engraissement de son bétail et la fumure de ses champs ; mais il y a des exceptions. Les chefs des grandes exploitations rurales du nord de la France ont assez souvent des moulins à huile ; dans ce cas, l'extraction et la conservation des huiles de graines rentrent dans leurs attributions. Dans quelques départements de l'Ouest, *l'huile de noix* tient encore sa place dans l'économie rurale ; mais les vieilles plantations de noyers disparaissent et ne sont pas renouvelées ; l'huile de noix perd tous les ans de son importance économique.

HUILE D'OLIVE.

Il y a sur la récolte de l'olive et de son huile une dé-
perdition énorme et très-regrettable, qui tient surtout aux
conditions économiques de notre agriculture méridionale.
Tout le sol est exploité par le système du métayage; le propriétaire d'un certain nombre de métairies possède un
moulin à *détriter* les olives; tous les métayers sont tenus
d'y apporter leur récolte, et comme ils ne peuvent échapper
à cette clause obligatoire, aucune amélioration ne peut être
apportée dans le mode d'extraction de l'huile d'olive,
mode généralement très-défectueux. Les olives sont broyées
sous des meules de pierre dure qui tournent sur champ
dans des auges de même matière; l'huile de l'amande, de
qualité inférieure, se trouve ainsi mêlée à l'huile de la
pulpe qu'elle détériore en la disposant à rancir. Quelques
propriétaires seulement ont commencé à se servir de
presses hydrauliques préférables aux moulins ordinaires;
mais on n'a point encore adopté l'usage des anciens, qui,
pour avoir l'huile d'olive pure, séparaient la pulpe du
noyau et la soumettaient seule à la presse. Tout cela nuit
essentiellement à la bonne préparation de l'huile et à sa
conservation; les métayers le savent, mais ils ne peuvent
faire autrement.

D'après le système actuel d'extraction, la première huile
exprimée est seule plus ou moins comestible; celle de la
seconde pression, obtenue à chaud, n'est bonne que pour
les usages industriels. L'huile d'olive comestible ne s'é-
claircit qu'au bout de vingt à vingt-cinq jours de repos
dans un lieu frais; pour être livrée au commerce, l'huile
d'olive, selon l'expression reçue, doit être *lampante*,
terme dérivé de l'italien (*lampo*, éclair); c'est-à-dire
qu'exposée au soleil, une bouteille pleine d'huile d'olive

parfaitement transparente doit donner des reflets lumineux semblables à des éclairs. Plus l'huile d'olive est conservée par grandes masses, moins elle est sujette à s'altérer; en Provence, on emploie à cet effet d'énormes jarres de terre cuite très-épaisse de la contenance de plusieurs hectolitres.

L'huile d'olive pure se congèle sous l'influence d'une température fraîche; la congélation est très-favorable à sa bonne conservation. Pour les usages journaliers, ou pour la vente en détail, on tient une partie de la provision dans un local assez chaud pour que l'huile y reste liquide; tout le surplus doit être conservé dans une cave aussi fraîche que possible.

HUILE DE COLZA.

L'huile de colza propre à l'éclairage, à la fabrication des savons verts et à une foule d'autres usages industriels, est extraite dans des moulins d'une construction particulière, les uns à vent, les autres mus par la vapeur. La graine y est broyée en passant sous des cylindres ou sous des meules, ou bien elle est pilée dans de grands mortiers, à deux reprises différentes. L'huile en est extraite au moyen d'une très-forte pression et à l'aide de la chaleur. On compte que quand la graine de colza est bien mûre et de bonne qualité, 4 hectolitres de graine rendent en moyenne 1 hectolitre d'huile d'un prix très-variable d'année en année, plus, 180 tourteaux, dont le prix varie de 10 à 12 francs le cent. Dans ces conditions, la récolte de la graine de colza est une des récoltes industrielles les plus avantageuses. Quand l'huile n'est pas vendue immédiatement, le fermier ne peut la conserver en bon état sans procéder à son épuration; cette opération a pour but de séparer de l'huile les matières albumineuses azotées, qu'elle contient toujours en plus ou moins grande quantité, et qui la disposent à se corrompre en très-peu de temps. On emploie pour l'épuration de l'huile de colza l'acide sulfurique à la dose de 2 pour 100, en poids, de l'huile à épurer. Il importe que l'acide soit très-concentré; s'il était trop faible, il n'agirait pas assez énergiquement sur la matière albumineuse qu'il doit charbonner et précipiter au fond du vase. Le fermier ne doit s'en rapporter qu'à lui-même du soin de surveiller l'épuration de l'huile de colza; l'acide sulfurique concentré est un liquide des plus dangereux; la moindre imprudence de la part de ceux qui l'emploient peut donner lieu à de graves accidents. L'acide, dans les proportions indiquées, est divisé en trois doses qu'on incorpore à l'huile à trois reprises. A chaque fois, l'huile mêlée d'acide est agitée fortement avec de grandes palettes de bois dur; dans les grandes exploitations, on se sert à cet effet d'un agitateur mécanique. Lorsqu'on juge le mélange assez intime, et que toutes les parties de l'huile ont été en contact avec l'acide, on procède au lavage en ajoutant à l'huile un volume égal au sien d'eau bouillante, et l'on continue à l'agiter vivement pendant quelque temps, puis on laisse reposer le mélange pendant trois jours, sous l'influence d'une température de 25 degrés. Au bout de ce temps, l'eau, en se séparant de l'huile en raison de son poids, a entraîné avec elle toutes les matières albumineuses charbonnées par l'action de l'acide; l'huile à demi claire qui surnage l'eau est décantée et soumise à un second lavage semblable au premier, qui la rend parfaitement limpide. Si l'huile ne semble pas suffisamment transparente, on la filtre dans des caisses à double fond, percées de trous, en lui faisant traverser un lit épais de sciure de bois, ou de charbon pilé. L'huile épurée, débarrassée de tout ce qui pouvait la corrompre, peut être conservée à la cave sans altération pendant un temps indéfini. On traite exactement de la même manière, pour les épurer et en assurer la bonne conservation, les huiles de navette, de cameline et de moutarde; aucune de ces huiles n'est comestible.

HUILE D'ŒILLETTE.

L'huile de pavot, connue dans le commerce sous le nom d'huile *d'œillette*, étant destinée presque en totalité à la cuisine comme huile comestible, ne doit point être épurée à l'aide de l'acide sulfurique; on la laisse s'éclaircir d'elle-même par le repos dans un local très-frais. Quand le fermier ne vend pas aux huiliers sa récolte de graine de pavot, et qu'il en extrait lui-même l'huile pour s'en défaire dans de meilleures conditions, il doit savoir que la graine de pavot, dans un grenier bien aéré, à l'abri des atteintes des rats et des souris, peut-être conservée très-longtemps sans contracter aucune rancidité, tandis qu'il n'en est pas de même de l'huile, qui rancit assez promptement, quelques précautions qu'on prenne pour l'en empêcher. Il ne doit donc broyer et presser la graine de pavot qu'au fur et à mesure des ventes, afin de livrer au commerce l'huile d'œillette le plus récente possible. S'il n'en récolte pas assez pour consacrer à l'extraction de cette huile un appareil spécial, et qu'il se serve à cet effet d'un moulin servant habituellement à extraire l'huile de colza, il veillera avec le plus grand soin à ce que le moulin, les pilons, la presse et tous ses accessoires, soient échaudés et nettoyés à fond, afin que l'huile d'œillette ne puisse contracter la saveur âcre et l'odeur peu appétissante de l'huile de colza, ce qui lui ferait perdre une grande partie de sa valeur vénale. En faisant bouillir avec une petite quantité de litharge l'huile d'œillette, on peut la rendre siccative comme l'huile de graine de lin, et l'employer au lieu de cette huile, pour délayer les couleurs broyées à l'usage de la peinture, propriété qui ne peut être acquise de la même manière par les autres huiles de graine.

HUILE DE LIN.

Le prix élevé de la graine de lin pour les semailles, et de la farine de lin pour l'usage médical, rend l'huile de lin plus chère et moins commune que les autres huiles de graines dont elle se distingue par sa plus grande consistance, et par la propriété qu'elle possède au plus haut degré de devenir siccative par quelques instants d'ébullition avec une petite quantité de litharge; la plus grande partie de l'huile de lin fabriquée subit cette préparation et est utilisée pour la peinture à l'huile. Le rendement de la graine de lin parfaitement mûre est de 25 pour 100 de son poids d'huile; mais, comme la fibre textile du lin en est le produit principal, et qu'on ne laisse complétement mûrir que la graine de lin réservée pour les semailles, il en résulte que la plus grande partie de la graine de lin livrée au moulin n'est mûre qu'à moitié; son huile est de bonne qualité; mais elle en donne rarement au delà de 20 à 22 pour 100 de son poids. Cette huile est siccative naturellement et sans aucune préparation, c'est-à-dire qu'étant exposée à l'air libre, elle finirait par se dessécher, mais très-lentement; l'ébullition avec la litharge lui donne la propriété de se dessécher plus rapidement. L'huile de lin s'éclaircit d'elle-même par le repos; pour l'obtenir tout à fait limpide, on la filtre, soit en la faisant passer à travers une couche de sciure de bois, comme l'huile de colza épurée, soit, lorsqu'on opère sur de petites quantités, en employant pour le filtrage la bourre de coton. Il importe de ne pas oublier que la sciure de bois et la bourre de coton imprégnées d'huile de lin après avoir servi à ce filtrage, si on les expose à l'air libre sous l'influence d'une

température chaude, peuvent s'enflammer spontanément.
et donner lieu à des incendies.

HUILE DE NOIX.

L'une des raisons pour lesquelles, dans les pays au
climat tempéré, l'huile de noix n'a jamais pu, comme huile
comestible, se substituer à l'huile d'olive, c'est la promptitude avec laquelle elle devient rance. L'huile de noix toute
fraîche est aussi douce et d'aussi bon goût que l'huile
d'olive ; elle est de beaucoup préférable à l'huile d'œillette ; mais, quelque soin qu'on prenne de sa conservation,
elle rancit en si peu de temps qu'elle cesse bientôt d'être
mangeable, et ne peut plus servir que pour l'éclairage. Il
est donc plus avantageux pour le cultivateur qui possède de
grandes plantations de noyers de chercher à vendre les
noix en nature, que d'en exprimer l'huile ; car les noix
conservées d'une année à l'autre ne se maintiennent pas
fraîches ; l'huile qu'elles contiennent est déjà à moitié
rance avant d'avoir été exprimée. L'huile de noix, éclaircie
par quelques jours de repos, soutirée et déposée dans un
local très-frais, doit être livrée le plus tôt possible à la
consommation, sans attendre qu'elle ait cessé d'être comestible.

CONSERVATION DES VINS.

Dans les conditions économiques actuelles de nos pays
vignobles, la conservation des vins ne concerne pas toujours le producteur, une grande partie des vignobles est
exploitée par métayage ; le vigneron, toujours arriéré vis-
à-vis du propriétaire, dont il est obligé de recevoir des
avances pour passer les mauvaises années, est pressé,

lorsqu'il en vient une bonne, de vendre sa part de la récolte; il n'a que rarement à se préoccuper de la conservation de son vin. Mais la classe de plus en plus nombreuse
des cultivateurs propriétaires a le plus grand intérêt à
laisser vieillir dans les meilleures conditions possibles les
vins que l'âge améliore, et qui ne pourraient être vendus
à l'état de vin nouveau qu'à des conditions désavanta-
geuses.

CAVES ET CELLIERS.

Le meilleur local pour la conservation des vins est une
cave assez profonde pour qu'il y règne une température à
peu près égale en toute saison. En général, les vins se
conservent mieux et se *font* mieux, c'est-à-dire qu'ils ac-
quièrent plus vite les propriétés des bons vins vieux dans
une vieille cave que dans une cave de construction récente.
Il importe que la cave ne soit pas trop rapprochée d'une
rue fréquentée ou d'une grande route; l'espèce de frémis-
sement produit dans le liquide par le passage des voitures
pesamment chargées peut faire au vin un tort irréparable.
Il ne doit régner dans la cave au vin qu'un demi-jour; une
cave trop vivement éclairée devient facilement trop sèche;
il ne faut pas non plus qu'elle soit trop obscure, l'absence
complète de la lumière rend la cave trop humide, l'excès
d'humidité fait pourrir les cercles des futailles, ce qui peut
donner lieu à des pertes considérables. Dans une cave
trop sèche, l'évaporation des vins peut aller par mois à
plus d'un litre par hectolitre; il faut se hâter de rétrécir
les soupiraux et de ralentir la circulation de l'air, cause
habituelle de l'excès de sécheresse dans les caves. Dans
une cave humide l'évaporation est presque nulle; elle ne
dépasse pas 25 centilitres par hectolitre et par mois; la
cave humide, pourvu qu'elle ne le soit pas trop, est donc,

pour la conservation d'une grande provision de **vin,** de beaucoup préférable à la cave sèche.

A défaut de cave, un cellier, réunissant à peu près les mêmes conditions de fraîcheur, de calme et d'égalité de température toute l'année, peut en tenir lieu. On doit veiller avec une attention constante à ce que nulle vapeur, nulle odeur infecte, nulle émanation malsaine, ne puisse pénétrer dans la cave ou le cellier qui renferme la provision de vin ; ce soin est aussi important pour la cave ou le cellier que pour la chambre à coucher ou la laiterie.

FUTAILLES.

On peut soutirer le vin nouveau pour le conserver dans des futailles neuves, ou dans de vieux tonneaux, encore suffisamment solides, mais ayant déjà servi. En général, les vins fins se conservent mieux dans les vieilles futailles, et les vins communs dans les pièces neuves. Quand la maturité du raisin est assez avancée pour que le vigneron puisse juger sa vendange, et se former une idée à peu près juste de la quantité de vin qu'il en peut espérer, il est temps qu'il songe à se procurer de bonnes futailles en nombre suffisant. Il est toujours imprudent de soutirer du vin nouveau dans des pièces neuves sans leur avoir fait subir aucune préparation. On commence par *flamber* les tonneaux, en y faisant brûler quelques feuilles de papier, puis on leur donne un premier lavage intérieur avec quelques litres d'eau fraîche légèrement salée, suivi d'un second lavage à grande eau, en retournant chaque pièce dans tous les sens. Quand un tonneau ainsi lavé, et tenu quelque temps la bonde ouverte tournée vers la terre, paraît suffisamment égoutté, on y verse un litre d'eau-de-vie qu'on promène sur la paroi interne, pour que le bois neuf en soit parfaitement imbibé. L'eau-de-vie employée à ce

dernier lavage n'est pas complétement absorbée ; on re-
cueille ce qui en reste pour l'employer au même usage
dans d'autres futailles neuves. Si le vin qui doit être soutiré dans ces futailles est un peu faible en alcool, on laisse
dans le tonneau le tout ou seulement une partie de l'eau-
de-vie dont on s'est servi pour le laver.

Quand on doit employer de vieilles futailles, soit pour
soutirer du vin nouveau, soit pour transvaser des vins
vieux ou qu'on veut laisser vieillir, il importe que les
pièces aient été conservées dans le meilleur état possible,
depuis l'instant où elles ont été vidées, jusqu'à celui où
elles doivent être remplies. Dès qu'une pièce est vide,
après qu'elle a été lavée et bien égouttée, on y fait brûler
immédiatement une mèche soufrée ; les meilleures à cet
effet sont les mèches à la violette connues dans le commerce sous le nom de *mèches de Strasbourg*. Cela fait, le
tonneau vide, conservé dans un local assez sec pour que
les cercles ne puissent pourrir, peut y rester plusieurs
mois sans contracter aucun mauvais goût. Le moment
venu de le remplir, on en visite l'intérieur. Si l'on y remarque de petites plaques de cristaux exempts de taches
vineuses, c'est bon signe ; ces cristaux, vulgairement
nommés *gravelle*, sont du tartrate de potasse, dont la pu-
reté indique que la pièce est en bon état ; on peut y passer
de l'eau, la laisser égoutter, et la remplir de vin sans
autre préparation. S'il s'y manifeste une odeur légèrement
acide et que la *gravelle* y soit tachée, on y brûle un bout
de mèche soufrée, et, au lieu de laver le tonneau avec de
i'eau simple, on le lave avec une infusion de deux poignées
de feuilles de pêcher dans quelques litres d'eau bouillante.
Il ne reste plus qu'à s'assurer que les cercles des vieilles
futailles sont en bon état, et à vérifier s'ils n'ont pas besoin
de réparations. Pour que le soufrage des pièces produise
tout l'effet qu'on en espère, il doit être fait au moyen d'un

instrument nommé *méchoir*, terminé par un crochet de fer auquel l'on attache la mèche allumée. Le manche du méchoir, mince vers le bas, est assez gros à l'autre bout pour qu'en l'enfonçant dans la bonde il la ferme exactement; de cette manière, la vapeur sulfureuse produite par la combustion de la mèche reste en entier dans l'intérieur du tonneau. Si l'on soufre une vieille futaille dans laquelle il existe quelque fente inaperçue, la vapeur sulfureuse s'en échappe et permet de la reconnaître en temps utile, c'est-à-dire avant de remplir une pièce en mauvais état, qui laisserait écouler son contenu.

SOINS AUX VINS EN CAVE.

La cave étant bonne et les tonneaux remplis dans de bonnes conditions, il faut songer à les bien placer. Ils ne doivent jamais être posés immédiatement sur le sol; on les établit sur des pièces de bois nommées *chantiers*, qui laissent circuler l'air par-dessous. Les pièces sur chantier sont soigneusement calées pour qu'elles ne vacillent pas, et maintenues dans une position parfaitement horizontale. Pour peu qu'un tonneau penche plus ou moins en avant, la lie, au lieu de s'amasser en couche d'égale épaisseur, est plus épaisse en avant qu'en arrière, d'où il résulte que, pour le soutirage, le robinet ou *cannelle* doit être placé très-haut, sous peine d'amener de la lie au lieu de vin clair. Les chantiers doivent avoir une hauteur suffisante pour que rien ne gêne le soutirage du vin, et, au besoin, sa mise en bouteilles.

Pour la conservation des provisions de vin très-considérables, l'étendue limitée des caves et celliers ne permet pas toujours de placer les tonneaux pleins sur un seul rang. On est alors dans la nécessité d'*engerber* les pièces, c'est-à-dire d'en poser plusieurs rangées les unes sur les autres. Le principal inconvénient de cet arrangement, c'est de fatiguer beaucoup les pièces du rang inférieur, qui supportent, outre leur travail et le poids de leur contenu, tout le poids des tonneaux pleins dont elles sont chargées ; de plus, les pièces engerbées, ne pouvant être visitées partout facilement, peuvent être fort détériorées sans qu'on s'en doute, et éclater à l'improviste. Les pièces ne doivent donc être engerbées que quand on ne peut pas faire autrement; dans ce cas, le rang inférieur est toujours formé des pièces neuves les plus solides possible.

Dans la cave, les pièces remplies doivent être visitées à de courts intervalles, principalement aux approches des équinoxes. A ces deux époques de l'année, la fermentation secondaire ou sourde des vins, qui se prolonge indéfiniment, redouble d'activité. En même temps, la terre, vers le temps des équinoxes, exhale des vapeurs qui accélèrent la décomposition des cercles. C'est alors qu'une pièce, jugée solide et en bon état, se démolit tout d'un coup par la rupture de tous ses cercles à la fois, accidents déplorarables qu'une active surveillance peut seule prévenir. Dans les caves humides, où de pareils revers sont toujours à craindre, parce que les cercles des tonneaux s'y détruisent facilement, il est toujours prudent de donner aux vieilles futailles, outre leurs cercles de bois, deux cercles de fer, un à chaque bout, munis chacun d'une vis qui permet de les resserrer à volonté. De cette manière, si l'on découvre une fuite dans un tonneau, ou bien si ses cercles sont pourris et doivent être renouvelés, on a le temps de soutirer le vin dans une autre pièce, et toute perte de vin est évitée.

REMPLISSAGE

Si bonne que soit une cave, il y a toujours de l'évaporation, et les pièces doivent être remplies de temps à autre. Quand elles sont sur un seul rang, le remplissage se fait par la bonde. Le linge qui entoure la bonde doit être changé à chaque remplissage. Tant que ce linge trempe dans le vin, il ne contracte pas d'acidité; mais dès que, par l'évaporation, un vide s'est fait à l'intérieur du tonneau, le linge, n'étant plus imbibé de vin, s'aigrit promptement; s'il n'était remplacé par un linge neuf, il pourrait altérer tout le contenu de la pièce.

Quand les pièces sont engerbées, on ne peut pas les remplir par la bonde, ce qui exigerait, pour les rangs inférieurs, le déplacement de toutes les pièces des rangs supérieurs. On se sert dans ce cas d'un entonnoir d'une forme particulière, dont le bec ou tuyau fait un angle droit avec le corps de l'entonnoir, de sorte que, quand celui-ci est droit, le bec est dans une position horizontale. Ce bec est introduit dans la pièce par une ouverture pratiquée à la partie supérieure du devant de la pièce à remplir; le vin nécessaire au remplissage y est ainsi versé sans dérangement; on referme au moyen d'une cheville l'ouverture par laquelle le bec horizontal de l'entonnoir a été introduit.

CLARIFICATION DES VINS.

Les vins ont assez souvent besoin d'être clarifiés, soit quand ils ont été déplacés, soit quand un mouvement trop actif de la fermentation secondaire en a fait remonter la lie. Trois substances sont usitées pour clarifier les vins, la gélatine, le blanc d'œuf et la colle de poisson. Cette dernière substance, étant la plus usitée et la plus commode, a fait naître l'expression de *collage* pour désigner la clarification des vins. On ne peut coller à la gélatine que les vins qui contiennent en assez grande quantité le principe astringent nommé *tanin*, spécialement les vins blancs qui coagulent la gélatine, la précipitent, et avec elle tout ce qui troublait la transparence du vin ; celui qui n'est pas assez riche en tanin ne peut être collé avec la gélatine. Le blanc d'œuf réussit plus généralement sur les vins blancs ou rouges ; mais, outre qu'il a l'inconvénient de coûter fort cher, il dérobe à la consommation des quantités importantes de substance alimentaire. Reste donc la colle de poisson, d'un emploi facile, d'un prix modéré, et qui n'a pas d'autre usage pour la nourriture de l'homme. La colle de poisson, composée des vessies natatoires des grands poissons d'eau douce, réunit toutes les conditions d'une bonne colle pour les vins qu'elle clarifie parfaitement, sans leur communiquer aucune saveur étrangère, et son prix n'est jamais très-élevé. Dans tous nos pays vignobles,, on trouve à acheter de la colle de poisson délayée, en bouteilles, prête à être employée pour le collage des vins. La dose varie suivant la nature des vins ; elle ne peut être bien connue que par expérience. La colle liquide est mêlée exactement au vin au moyen d'un faisceau de baguettes introduit par la bonde du tonneau, et qui peut en agiter vivement tout le contenu. Après un repos plus ou moins long, selon l'état du vin à clarifier, on soutire le vin collé à l'aide d'un siphon, pour le transvaser dans un tonneau préparé comme on l'a indiqué ci-dessus. Il est rare que le vin collé une fois ait besoin d'un second collage, bien qu'il s'y forme toujours un peu de dépôt.

MALADIES DES VINS.

Le vin, selon l'expression heureuse du docteur Jules Guyot, est pour ainsi dire un *liquide vivant*, et, comme tout ce qui vit, sujet à diverses maladies qui peuvent le dénaturer totalement et lui ôter toute sa valeur en le rendant impropre à l'usage de l'homme. Les plus fréquentes de ces maladies sont : l'*aigre*, la *graisse* et l'*amertume*.

Aigre. Le vigneron qui veille à la conservation de ses vins doit apporter d'autant plus de soin à empêcher qu'ils ne *tournent à l'aigre*, selon l'expression reçue, qu'une fois qu'un vin a commencé à aigrir, comme le fait observer Chaptal, on peut bien arrêter son mouvement de fermentation acide, mais on ne peut pas faire rétrograder ce mouvement, c'est-à-dire qu'il n'existe pas de moyen connu qui puisse ramener le vin devenu aigre à son état primitif. Tant que dure dans le vin la fermentation alcoolique, c'est-à-dire tant qu'il contient des parties sucrées, pouvant se transformer en alcool, la maladie de l'aigre n'est pas à craindre. Du moment où cette première fermention est complétement épuisée, la fermentation acide ou acétique peut lui succéder, et changer le vin en vinaigre. Plus le vin est faible, plus il s'aigrit facilement; plus il est spiritueux, mieux il résiste à l'acidité. Les vins faibles, en tournant à l'aigre, ne produisent qu'un vinaigre médiocre; les vins forts et riches en alcool qui aigrissent difficilement donnent, au contraire, un vinaigre d'autant plus fort qu'ils ont été dans l'origine plus spiritueux. Donc, pour qu'un vin quelconque ne puisse tourner à l'aigre, il faut le dépouiller, par le collage et le soutirage, des parcelles de lie et de tartrate de potasse qui s'y trouvent en suspension et de tout ce qui peut le prédisposer à fermenter ; il faut de plus que les tonneaux soient maintenus constamment pleins ; le moindre vide intérieur fait contracter à la portion du vin en contact avec l'air une acidité qui se communique aisément à toute la masse liquide. Toutefois, cette communication n'a lieu que graduellement. Si l'on adapte au bas d'une pièce de vin, dont la partie supérieure est aigre, un robinet ou *cannelle* pour le soutirage, on pourra retirer une grande partie du vin qui n'aura encore subi aucune altération. Si la surface seule est acide, voici comment on opère : l'air en contact avec la surface aigrie est chassé au moyen d'un soufflet ordinaire ; une mèche soufrée est brûlée dans l'espace vide dont l'air vient d'être renouvelé ; la bonde est bouchée avec la mie extraite d'un pain chaud sortant du four ; le vide du tonneau est immédiatement rempli avec du bon vin. Quand le mal est plus grave, on soutire par-dessous toute la partie saine du vin ; le reste est sacrifié pour la fabrication du vinaigre. On peut, quand l'acidité s'étend à toute la masse, et qu'elle n'est encore que faiblement prononcée, couper le vin aigri avec moitié de son volume de très-bon vin, et livrer sans retard ce mélange à la consommation, car il deviendrait complétement aigre en très-peu de temps.

Graisse. Cette maladie affecte particulièrement les vins blancs ; elle modifie leur fluidité, et leur donne une consistance analogue à celle des huiles grasses. La graisse qui attaque les vins blancs sans cause connue se corrige assez facilement dans les vins en tonneau par le collage, suivi d'une vive agitation et de quelques jours de repos, après lesquels les vins sont soutirés. S'ils n'ont pas repris toute leur fluidité, on recommence, et le vin collé, agité, reposé et soutiré une seconde fois, reprend sa fluidité.

Amertume. Les vins rouges, à fermentation secondaire très-prolongée, surtout ceux des meilleurs crus de Bourgogne, sont les plus sujets à contracter l'amertume. On les en dépouille en les transvasant sur de la lie récente de vins des mêmes crus, ou mieux, en les coupant par moitié avec ces mêmes vins, jeunes et exempts d'amertume. Si l'on opère ce mélange avec des vins très-fins devenus amers, on ne doit pas s'attendre à les rétablir complétement, c'est-à-dire à les ramener à leur état primitif de vins fins de première qualité ; mais on en aura fait de bons vins ordinaires, totalement exempts d'amertume, pouvant se conserver assez longtemps pour être vendus sans trop de perte au consommateur, comme vins de seconde qualité.

J'ajoute qu'on ne doit jamais rapprocher les uns des autres, dans la même cave, des vins jeunes, très-sujets à fermenter, et des vins vieux, dont la fermentation secondaire est presque totalement épuisée. Par ce voisinage, les vins vieux peuvent se remettre inopinément à fermenter, et tourner à l'aigre en peu de jours. Quand par l'imprudence du vigneron ce malheur lui arrive, il doit se hâter de soutirer ses vins vieux dans des pièces neuves très-fortement soufrées, ensuite de les déplacer, dût-il, faute d'un local meilleur, les déposer sous un hangar ou même en plein air, plutôt que de les remettre à la cave dans le dangereux voisinage des vins nouveaux. Il y a, dans cette sorte de contagion de la fermentation, un de ces phénomènes inexpliqués dont la science n'est pas en mesure de rendre compte d'une manière satisfaisante; l'observation constate seulement que les émanations exhalées à travers le bois, en raison de sa porosité, par les pièces renfermant des vins jeunes, dont le travail intérieur est encore actif, pénètrent dans les pièces remplies de vins vieux qui ont cessé de fermenter, et, agissant comme ferment, les forcent, pour ainsi dire, à recommencer un travail qui ne peut aboutir qu'à leur complète décomposition.

Il reste encore beaucoup à étudier sur les causes très-diverses qui peuvent influer sur la bonne conservation des vins et sur leur amélioration par le bénéfice du temps. Nul doute que la masse énorme des vins qui ne peuvent pas vieillir, et qu'on est forcé de livrer immédiatement à la consommation, parce qu'ils ne durent pas au delà d'un an ou deux, ne puissent être améliorés, soit par un meilleur choix des cépages, soit surtout par des procédés plus rationnels de vinification, et plus de soin apporté dans leur conservation. Si ces vins, qu'on ne peut consommer que sur place, et qui, pour cette raison, dans les années de grande abondance, se vendent à vil prix pour la consommation locale, étaient seulement assez améliorés pour être rendus transportables, cela seul doublerait leur valeur en les faisant participer à la consommation générale. Ce but, peu difficile à atteindre, mérite d'autant plus de fixer l'attention des vignerons, qu'il y a encore en France en ce moment (1862) près d'*un tiers de la population* qui ne boit pas de vin. Or, il y a assez de vignes en France, et aussi assez de moyens de transport, pour que tout le monde, sans exception, y puisse boire de temps à autre un verre de bon vin; c'est ce qui aurait lieu si les vins ordinaires de bonne qualité étaient assez améliorés pour pouvoir être conservés plusieurs années et transportés sur tous les points de notre territoire.

Partout où l'on a le choix entre les transports par les voies ferrées et les transports en bateau sur les canaux et les rivières, c'est à ce dernier mode de transport qu'il faut donner la préférence. Pour les vins très-riches en alcools, tels que nos bons vins du Midi, l'espèce de tremblement communiqué aux pièces pendant les voyages par chemin de fer a peu d'inconvénients, il en a beaucoup, au contraire, pour les vins agréables mais faibles, tels que ceux de la basse Bourgogne, du Cher et de la Vallée de la Loire; ces derniers vins ne doivent voyager que par eau.

CHAPITRE II.

INDUSTRIES RATTACHÉES A L'AGRICULTURE.

NOTIONS GÉNÉRALES.

Plusieurs branches d'industries qui ne rentrent pas directement dans les attributions de l'agriculture proprement dite s'y rattachent néanmoins par des liens intimes; elles font partie de l'économie rurale dans ce sens que, sans elles, il serait difficile aux grandes exploitations de nos régions agricoles les plus fertiles de tirer complétement parti de leurs plus riches produits. Le cercle de ces industries n'est pas très-étendu; il ne comprend que celles qui peuvent être exercées conjointement avec la profession de cultivateur, bien qu'elles puissent aussi l'être séparément ; ce sont essentiellement la *Meunerie*, la *Féculerie*, la *Distillerie*, et la fabrication du *Sucre de betterave*.

On sait que beaucoup de cultivateurs sont en même temps meuniers, et réciproquement. Dans tous les pays à blé, les rapports du meunier et du fermier, quand celui-ci n'est pas meunier lui-même, sont fréquents, et il importe au fermier d'être au fait des conditions et des besoins de l'industrie de la meunerie, dans laquelle il trouve le placement du principal produit de sa culture.

La féculerie, dans les années de grande abondance des pommes de terre est un accessoire souvent indispensable d'une exploitation rurale importante, dont le chef, sans cette industrie, trouverait difficilement à placer, même à bas prix, les pommes de terre qui ne peuvent pas être consommées en entier par ses bestiaux, lesquels d'ailleurs utilisent très-bien pour leur nourriture la pulpe des pommes de terre dont la fécule a été séparée. La fécule a sur la pomme de terre l'avantage d'une conservation facile et indéfinie, de sorte qu'on peut attendre le moment propice pour vendre avec avantage dans des circonstances favorables qui finissent toujours par se présenter.

La distillation des grains, des pommes de terre et des betteraves, hors des années de disette ou de rareté des subsistances, ne dérobe à la consommation qu'une partie relativement faible des produits destinés à la nourriture de l'homme ou à celle des bestiaux; les résidus des distilleries, convenablement employés, contribuent à produire de grandes quantités de viande grasse avec promptitude et économie, et des masses de fumier qui profitent largement à toutes les cultures.

La même réflexion s'applique à la fabrication du sucre de betterave; il est aujourd'hui bien avéré que la culture des betteraves à sucre ne diminue pas sensiblement la production des denrées alimentaires. C'est au fermier, selon les circonstances sous l'empire desquelles il cultive, à adopter après mûr examen celles de ces industries qui s'accordent le mieux avec les conditions économiques de son exploitation.

L'art de la meunerie, tel qu'il est actuellement pratiqué en Europe, est une industrie toute moderne, c'est-à-dire portée depuis peu au degré de perfection où nous la voyons de nos jours. Chez les anciens, cet art est resté stationnaire pendant des siècles; les esclaves coupables de quelques méfaits étaient condamnés à tourner la meule des moulins à bras, et l'on n'en connaissait pas d'autres.

Il en fut longtemps de même chez les modernes, qui rapportèrent d'Orient les moulins à vent du temps des croisades, et ne modifièrent pas sensiblement leur système de mouture, jusqu'aux travaux si remarquables de Pigeaut et de Buquet, dans la seconde moitié du dernier siècle. C'est seulement de nos jours que l'application de la vapeur à la mouture a donné naissance à ces moulins capables d'assurer en tout temps l'approvisionnement en farine des grands centres de population. Les autres moulins ne peuvent se soutenir, en présence de la mouture à la vapeur, qu'en adoptant les améliorations qui peuvent leur faire fournir des farines de première qualité. Car, de même qu'il est facile de faire de mauvais vin avec de bon raisin, et de mauvais pain avec de bonne farine, il est également facile de faire de mauvaise farine avec de bon grain, et c'est ce qui a lieu chez beaucoup de meuniers qui s'obstinent à persister dans les errements surannés de l'ancienne meunerie, et qui se refusent à adopter les perfectionnements introduits dans une industrie base de l'alimentation publique.

MEULES.

Avant de décrire les principaux systèmes de moulins qui desservent la meunerie, il est nécessaire de prendre une connaissance exacte des meules, qui constituent à elles seules la partie la plus importante de toute espèce de moulins. Deux conditions sont exigées des meules à moudre les grains : 1° ne pas s'user trop vite ; 2° ne céder à la farine aucune parcelle de leur propre substance. Il faut aussi que la pierre meulière qui réunit ces deux qualités existe en bancs assez considérables pour qu'il soit possible d'en extraire des meules d'un grand diamètre. La France possède à La Ferté-sous-Jouarre et à Bergerac deux carrières de pierre meulière (*silex caverneux*) de la plus belle qualité. Dans le rayon d'approvisionnement de Paris, on donne habituellement aux meules $1^m,30$ de diamètre ; leur poids moyen est de 700 kilogrammes. On donne en France aux meules, du côté où elles se rencontrent, des surfaces qui ne sont pas exactement parallèles. Le dessous de la meule supérieure est légèrement concave ; le dessus de la meule inférieure est légèrement conique, mais pas assez pour remplir entièrement la concavité de la meule supérieure. Par cette disposition, les meules ne sont parallèles et presque contiguës que sur leurs bords ; le grain introduit entre elles par leur centre est d'abord brisé, puis de plus en plus divisé à mesure qu'il se rapproche des bords, et enfin réduit en farine avant de s'échapper d'entre les deux meules. L'opération la plus importante pour la préparation des meules se nomme *rhabillage;* elle a pour but de régulariser les aspérités de la surface des meules, pour en obtenir une mouture uniforme. On s'est longtemps borné à repiquer les meules *à taille perdue,* c'est-à-dire en frappant irrégulièrement sur leur surface ; aujourd'hui l'on trace sur la meule des sillons réguliers partant du centre et se dirigeant vers la circonférence, ordinairement au nombre de huit, également espacés entre eux ; d'autres sillons coupent les premiers à angle droit, à des distances plus ou moins grandes. Tous ces sillons sont tantôt en ligne droite, tantôt en ligne légèrement courbe, tout en conservant du reste la même disposition. Ce mode de rhabillage des meules a pour effet de détacher le son, ou enveloppe extérieure du grain, en larges plaques, au lieu de le réduire presque en poudre. Le gros son est plus facile à séparer complétement de la farine par le *blutage,* ou tamisage qui succède à la mouture. Le rhabillage doit être renouvelé de temps à autre pour raviver la surface des meules; cette opération indispensable se fait presque partout à la main; on a cependant commencé à rhabiller les meules à la mécanique; les deux appareils les plus usités à cet effet sont ceux de **M. Legrand** (de **Bar-le-Duc**) et de **M. Dard** (de **Troyes**). Ce dernier est un instrument peu compliqué, qui n'exécute pas la besogne lui-même, mais qui dirige la main de l'ouvrier, de manière à donner à son travail une régularité parfaite qu'il ne saurait avoir autrement. Ce principe est aussi celui d'une autre machine du même genre, inventée pour le même usage, par M. Touaillon, de Saint-Maur (Seine).

MOUTURE.

Plusieurs systèmes de mouture sont employés en France; on les désigne sous les noms de *mouture française*, *mouture anglaise* ou *américaine*, et *mouture allemande*, ou *saxonne*.

La mouture française comprend deux systèmes distincts : 1° la *mouture méridionale*; 2° la *mouture septentrionale*. La mouture méridionale, pratiquée sur une très-grande échelle dans les vastes meuneries de Toulouse et de Moissac, a été longtemps seule en possession de la fabrication des farines destinées à être embarquées pour les colonies tropicales, qui ne récoltent pas de blé; aujourd'hui, ces colonies reçoivent en grande partie leurs farines de l'Amérique du Nord. Cette mouture n'admet qu'un seul moulage; le grain ne passe qu'une fois sous la meule; il ne donne que 51 pour 100 de son poids de farine, et 42 pour 100 de son et de gruau, c'est-à-dire de fragments de blé séparés du son sans avoir été écrasés. Par ce mode de mouture la farine s'échauffe beaucoup;

elle ne peut être blutée qu'après avoir été refroidie pendant plusieurs jours sur le plancher d'une chambre bien aérée.

La mouture septentrionale, de beaucoup la plus usitée, comprend deux modes différents : 1° la mouture *rustique* ou à la *grosse;* 2° la mouture *économique.* La mouture à la grosse n'admet, comme la mouture méridionale, qu'un seul moulage ; mais elle est dirigée de manière à obtenir presque toute la farine du grain ; elle est suivie de trois blutages par trois *bluteaux* de finesse graduée, qui séparent ce qui peut rester de gruau, le son et la farine bise. C'est encore le mode de mouture rustique ou à la grosse qu'on emploie dans la plupart des moulins à vent, et dans ceux d'entre les moulins à eau dont les opérations sont limitées aux besoins de la consommation locale. La mouture perfectionnée, celle qu'on pratique dans toutes les grandes meuneries, soit à eau, soit à vapeur, c'est la *mouture économique.* Cette mouture, introduite vers 1760 par Pugeaut (de Senlis), par Buquet, et par le savant Duhamel, a pour principe de faire repasser sous la meule le grain quatre ou cinq fois. Les quatrièmes et cinquièmes moulages donnent les farines bises, provenant de la partie du grain la plus voisine du son, et les recoupes ou remoulages destinés à la nourriture des bestiaux. Malgré les avantages évidents de cette méthode, la mouture économique ne s'est fait accepter que très-lentement hors des grandes meuneries ; elle n'a progressé rapidement que depuis peu d'années ; elle tend à remplacer partout la mouture rustique.

La mouture anglaise ou américaine ne diffère essentiellement de la mouture française que par la rapidité excessive du mouvement imprimé aux meules ; cette rapidité est telle que la farine s'échauffe très-fortement et ne peut être blutée qu'après avoir été refroidie par le remuage à la pelle, ou par des moyens mécaniques. Elle offre l'avantage d'être très-expéditive; une seule paire de meules montée à l'anglaise peut convertir en farine jusqu'à 50 hectolitres de blé par jour, tandis que la mouture française ne dépasse pas de 20 à 22 hectolitres par paire de meules et par jour; mais la farine provenant de la mouture française est de qualité supérieure; cette mouture n'échauffe pas la farine et conserve à ce produit alimentaire toutes ses propriétés sans altération.

La mouture allemande ou saxonne n'emploie que des meules entièrement différentes des meules françaises et anglaises; elle ne se sert que de meules plates, parfaitement parallèles entre elles, avec lesquelles on n'obtient pas la farine du premier coup. Le grain est d'abord converti en un gruau très-fin, qui n'est autre chose que de la semoule. On isole la semoule en en séparant le son au moyen d'un criblage, puis on la fait repasser sous la meule, qui la convertit en farine. Cette méthode, consacrée par l'usage dans une grande partie de l'Allemagne, n'offre aucun avantage sur la mouture française économique, reconnue préférable à toutes les autres. En général, la mouture à trop grande vitesse n'altère pas seulement la farine en l'échauffant; elle provoque en outre le dégagement de gaz qui s'incorporent à la farine et lui communiquent une odeur et une saveur peu agréables, qui se retrouvent dans le pain, et qu'il est impossible de faire entièrement disparaître. La meunerie française évite cet inconvénient grave, d'abord en se gardant d'imprimer aux meules un mouvement par trop rapide, sauf a aller un peu moins vite en besogne, ensuite en menageant la circulation de l'air entre les meules tandis qu'elles sont en activité. Ces soins ne sont pas seulement nécessaires pour assurer la bonne confection des farines; ils ont en outre pour résultat de chasser les gaz produits par la mouture, et qui sont de nature à altérer profondément la santé des meuniers et de leurs aides. Il n'y a pas lieu de s'étonner que la mouture soit pratiquée en France sous tous les rapports mieux que dans les autres pays civilisés, si l'on réfléchit que la France est le pays du monde où l'on mange le plus de pain, et où le consommateur tient le plus à la perfection de cet aliment.

Pour la préparation du pain de luxe, la mouture est précédée du *perlage* des grains, c'est-à-dire que le froment est d'abord converti en un gruau de même forme que le gruau d'orge connu sous le nom *d'orge perlée*. Le perlage fait perdre au blé environ un sixième de son volume. On possède pour cette opération plusieurs appareils spéciaux, dont le plus perfectionné est le perleur de M. Cartier.

PRÉPARATION DES GRAINS POUR LA MOUTURE.

Avant de soumettre les grains à la mouture, il faut leur faire subir un triage soigné, en employant les procédés et les instruments recommandés pour les triages des grains destinés aux semailles. (*Voyez* tome II, page 13.) Ce soin est encore plus indispensable avant de faire passer le grain sous la meule qu'avant de s'en servir pour les semailles; car les graines étrangères qui peuvent se trouver mêlées au blé ou au seigle sont de nature à communiquer à la farine, par conséquent, au pain, des propriétés toujours désagréables, souvent dangereuses pour la santé des consommateurs. Les plus communes d'entre les graines qu'on rencontre parmi les grains récoltés sur les terres plus ou moins salies par la mauvaise herbe sont celles de *gesse tubéreuse*, de *mélampyre*, *d'ivraie*, de *liseron*, de *coquelicot* ou *pavot rouge*, de *nigelle* et *d'agrostème*.

La graine de gesse tubéreuse (*lathyrus tuberosus*), reconnaissable à sa forme qui est celle d'un pois gris légèrement aplati, est celle qui rend la farine le plus nuisible à la santé. L'usage du pain de farine contenant de la graine de gesse tubéreuse produit d'abord un engourdissement pénible de tous les membres, lequel se termine par des paralysies partielles ou complètes. Heureusement, le volume et la forme de cette graine rendent facile sa séparation du grain par le criblage, et les accidents de cette nature sont rares; il y en a cependant des exemples.

La graine de mélampyre, plus petite que celle de la gesse tubéreuse, échappe plus facilement au criblage; s'il en reste dans le grain moulu, la farine n'en est point altérée en apparence; mais le pain fait de cette farine prend une teinte violacée, un goût désagréable, et sans être dangereux dans le vrai sens du mot, il est lourd, indigeste, par conséquent malsain, surtout pour les jeunes enfants et les personnes délicates.

La graine d'ivraie mêlée au grain envoyé au moulin, altère profondément la farine; le pain, dans ce cas, attaque le système nerveux et donne lieu à des symptômes analogues à ceux de l'ivresse. Quoique l'expérience ait démontré de nos jours que ces symptômes n'ont rien de grave ni de réellement dangereux, il suffit qu'ils soient pénibles pour qu'on doive apporter le plus grand soin au triage du grain mêlé de graine d'ivraie avant de le moudre. Les graines de nigelle, d'agrostème, de liseron et de coquelicot ne donnent à la farine ni propriétés nuisibles, ni mauvais goût, mais elles ont un autre inconvénient, celui de rendre la farine difficile à panifier, parce qu'elles contiennent, la dernière surtout, un principe gras, huileux, qui s'oppose à la bonne confection de la pâte. On voit par combien de motifs le meunier est tenu de trier scrupuleusement les grains avant d'en extraire la farine. Très-souvent, les graines étrangères au blé ne sont pas les seules substances nuisibles qu'il ait à écarter ; il faut encore qu'il élimine les grains cariés ou *ergotés*. L'*ergot*, sorte de champignon parasite de la forme d'un ergot de coq, se montre très-rarement sur le froment, mais fréquemment sur le seigle ; ses propriétés, très-énergiques, sont celles d'un véritable poison, bien qu'il soit usité en médecine, à faible dose, contre plusieurs maladies nerveuses.

Parfaitement nettoyé par le criblage le plus soigné, le blé n'est pas toujours suffisamment prêt pour la mouture. Si, tandis qu'il était sur pied, il a été plus ou moins attaqué de la carie ou du charbon, deux maladies qui sévissent fréquemment en France dans les pays à blé, il est chargé d'une poussière noire ou d'un gris foncé ; ses parcelles, à peine visibles à l'œil nu, adhèrent à la surface du grain ; si elle subsistait pendant la mouture, la qualité des farines pourrait en être très-sensiblement altérée ; c'est pourquoi, dans toutes les grandes meuneries, le grain est lavé à grande eau, puis séché à l'air libre, avant d'être moulu. Ces lavages se font dans de grandes auges où fonctionnent des roues à palettes qui agitent vivement le grain dans l'eau, et le rendent parfaitement propre. On soumet aussi quelquefois au lavage préalable le grain qu'on sait être exempt de poussière de carie ou de charbon, uniquement dans le but de l'humecter lorsqu'il est trop sec, comme il l'est assez souvent quand, pour sa conservation, il a été desséché à l'étuve et soumis à une chaleur sèche un peu trop prolongée. Dans ce cas le blé ne fait que passer rapidement dans l'eau dont il est retiré pour être étendu en couche mince sur le plancher d'une chambre, et livré à la meule, dès qu'il est au degré de dessiccation convenable.

MOULINS.

Le grain ayant subi toutes les préparations qui viennent d'être indiquées, selon l'état où il se trouve lorsqu'il est apporté au moulin, il n'y a plus qu'à le réduire en farine. Dans l'état actuel de l'industrie de la meunerie, on fait usage, pour convertir les grains en farine, de quatre genres de moulins, savoir : 1° les moulins *à bras* ; 2° les moulins *à vent* ; 3° les moulins *à eau* ; 4° les moulins *à vapeur*.

MOULINS A BRAS.

L'usage des moulins à bras est nécessairement très-limité, sans être néanmoins abandonné complétement. Il y a encore en France bien des localités privées de moulins à vent, éloignées des moulins à eau et des moulins à vapeur, où, s'il n'était pas possible de moudre à la maison le grain nécessaire pour le pain quotidien, les voyages au moulin à de grandes distances induiraient le fermier en dépenses très-lourdes. Dans de telles circonstances locales, le chef d'une exploitation de quelque importance n'a rien de mieux à faire que de recourir à l'emploi d'un bon moulin à bras. Les bons modèles de ces moulins existent en assez grand nombre dans le commerce de la mécanique agricole ; celui de M. Lavie est un des meilleurs et des plus usités ; il peut donner une idée de tous les autres.

Le moulin à bras de M. Lavie a pour pièces essentielles deux paires de meules. Les meules de la première paire n'ont pas plus de 15 centimètres de diamètre ; elles ont pour fonction de concasser le grain qui leur est transmis par une trémie en forme d'entonnoir. Les meules de la seconde paire ont un diamètre de 50 centimètres ; placées au-dessous de la première paire, elles réduisent en farine le grain concassé. L'appareil fonctionne au moyen d'une roue dentée à laquelle est adaptée une manivelle. La production de la farine dans un temps donné varie selon la vitesse de rotation imprimée aux meules, et qui dépend de la force dépensée pour tourner la manivelle. Le rendement en farine est de 81 pour 100 en poids du grain moulu. Avec une vitesse moyenne obtenue par le travail de deux ouvriers, le moulin de M. Lavie peut moudre par heure environ 20 kilogrammes de froment, soit 200 kilogrammes convertis en farine dans une journée de 10 heures, les ouvriers étant relayés de deux en deux heures ; c'est plus qu'il n'en faut pour faire face aux besoins de la consommation dans une grande exploitation rurale, sans trop détourner les ouvriers de leurs travaux agricoles.

MOULINS A VENT.

Le moulin à vent, quand il fut importé d'Orient en Europe, à l'époque des premières croisades, fut avec raison considéré comme une grande et importante amélioration, principalement pour les habitants des campagnes. Mais, depuis huit siècles, toutes les industries ont progressé, celle de la meunerie comme les autres, quoique plus lentement et plus tard, et le moulin à vent s'est trouvé dépassé d'abord par le moulin à eau, puis, à une époque toute récente, par le moulin à vapeur. Ce n'est pas que le moulin à vent ne puisse admettre dans ses meules et toutes les parties de son mécanisme les mêmes améliorations que les autres moulins ; son infériorité tient à d'autres causes, qu'il n'est au pouvoir de personne de modifier. On peut dès à présent prévoir l'époque peu éloignée où le moulin à vent aura disparu, si ce n'est peut-être dans nos départements maritimes et dans les plaines découvertes du nord de la France soumises au climat océanique et balayées par des vents rarement interrompus. Le reste de la France éprouve des alternatives de calme, pendant lesquelles le vent manque absolument, et de tempêtes d'une violence à tout renverser. Il en résulte que le moulin à vent chôme en moyenne quatre mois sur douze, et que le capital représenté par sa construction et son outillage reste improductif pendant un tiers de l'année. Quand le moulin à vent chôme pour cause de calme ou de tempête, les frais ne vont pas moins leur train ; il faut que le meunier et ses aides soient à leur poste, attendant les bras croisés que le vent souffle ou que l'ouragan s'apaise; dans de telles conditions, l'industrie de la meunerie ne peut pas être bien florissante. En effet, dans le rayon d'approvisionnement de Paris, un moulin à eau, sur un cours d'eau qui ne tarit pas en été, est loué en moyenne 2,000 francs ; un moulin à vent pourvu des mêmes meules et du même outillage n'est loué que 500 francs, et le meunier y fait rarement de bonnes affaires.

La fréquence inévitable des chômages n'est pas la seule cause de l'infériorité du moulin à vent; elle dépend surtout de ce fait, qu'il n'est pas possible de faire dans le moulin à vent d'aussi bonne farine que dans le moulin à eau, même quand l'un et l'autre sont montés exactement de même. La condition première pour obtenir de bonnes farines, c'est l'égalité de vitesse du mouvement des meules; si bien que puisse être réglé et dirigé un moulin à vent, il ne satisfait jamais à cette condition. Quand les meules tournent trop lentement, le grain n'est écrasé qu'à moitié, le son et les gruaux sont de grosseur inégale, tous les produits de la mouture sont médiocres ; quand elles tournent trop rapidement, la farine, à la vérité, se fait très-vite et très-bien, mais elle s'échauffe beaucoup, et ne vaut jamais, au total celle qu'on obtient dans les moulins à marche uniforme et régulière. Dans le moulin à vent, ce qu'on ne peut éviter, ce sont précisément les inégalités de vitesse provenant de la force du vent, qui se modifie d'un moment à l'autre dans des proportions impossibles à prévoir. Un poëte a dit du meunier de Sans-Souci :

Et de quelque côté que vînt souffler le vent.
Il y tournait son aile, et s'endormait content.

Si ce poëte eût causé avec un meunier, il aurait su que celui d'un moulin à vent ne doit pas s'endormir ; il faut, au contraire, qu'il déploie nuit et jour, quand son moulin fonctionne, une constante vigilance : sa vie peut en dépendre. Dans toute la presqu'île de Bretagne, où les tempêtes sont fréquentes et surviennent souvent à l'improviste, il n'est pas rare que de malheureux meuniers périssent victimes de leur imprudence, quand ils se sont endormis sans arrêter leur moulin. Si, pendant leur sommeil, il survient une violente rafale, la force tangentielle brise les meules, et l'on trouve le matin le garde-moulin écrasé sous leurs débris.

En dépit de tous ces inconvénients, le moulin à vent a encore devant lui une certaine durée, et il peut encore continuer à rendre dans les campagnes d'utiles services. Dans le Nord, la plupart des moulins à vent sont établis dans des tours de brique aux murs épais en forme de cône tronqué ; en Bretagne, ce sont ordinairement des tours de granit d'une solidité à toute épreuve ; les moulins en charpente ne résisteraient pas à la fureur des ouragans. Le toit seul est mobile ; il tourne sur un pivot avec assez de facilité pour qu'un homme puisse, au besoin, présenter les ailes du moulin à la direction du vent. Beaucoup de ces moulins *se règlent d'eux-mêmes*, selon l'expression reçue, c'est-à-dire qu'ils sont pourvus d'un appareil donnant prise au vent, de manière à faire prendre aux ailes la direction voulue, sans que le meunier ait besoin de s'en mêler. Cette disposition n'est guère appliquée qu'aux moulins à huile de graines, ou bien à ceux qui, dans les polders du bord de la mer, font agir une vis d'Archimède pour l'épuisement des eaux. Les moulins à farine sont inclinés, selon les changements de direction du vent, par le meunier lui-même, intéressé à ne rien perdre de cette force capricieuse, et à ne pas attendre qu'elle devienne assez puissante pour faire d'elle-même cette partie de sa besogne. Les ailes des moulins à vent par lesquelles la force motrice est communiquée à l'axe tournant traversé par les meules, ont dans tout le nord et le centre de la France 11 mètres 50 centim. de long sur 2 mètres 70 centim. de large. Les rayons de ces ailes, disposés pour recevoir une toile à voiles, donnent à cette voilure une forme concave qui lui permet de *prendre le vent*, et de faire fonctionner le moulin avec un courant d'air relativement assez faible. Si le vent devient trop fort, le meunier diminue son action en enlevant la toile en partie ou en totalité; s'il se voit dans l'impossibitité de le maîtriser, il n'a d'autre parti à prendre que d'arrêter court la marche de son moulin, ce qui devient difficile et même dangereux quand, n'ayant pas prévu la tempête, il s'est laissé surprendre, de sorte que son moulin tourne avec une rapidité dont il n'est plus le maître.

Pour remédier au moins en partie aux chômages forcés des moulins à vent, on a proposé d'y adapter un manége fonctionnant au moyen d'un attelage, afin de pouvoir continuer à faire agir le moulin quand le vent manque ou quand il est trop violent. Ce moyen, malgré les efforts tentés pour le faire accepter, ne s'est pas implanté dans la pratique, soit parce qu'il s'applique difficilement à l'agencement intérieur des moulins à vent, soit parce qu'il exige de fortes avances et qu'il force le meunier à sortir de toutes ses habitudes.

MOULINS A EAU.

Quand un moulin à eau est établi sur un courant qui n'a pas toujours assez d'eau pour le faire fonctionner, il peut être exposé à d'assez longs chômages en temps de sécheresse; il chôme toujours forcément quand l'intensité du froid change les eaux en glaçons. Il a néanmoins un immense avantage sur le moulin à vent, celui de l'uniformité de vitesse de rotation de ses meules. Il dépend du meunier d'obtenir en tout temps cette uniformité, parce qu'il dispose d'une force dont il est entièrement le maître, pouvant régler à sa guise la hauteur, le volume, par conséquent la force de la chute d'eau qui donne le mouvement à la roue hydraulique de son moulin. Dans un moulin à eau bien monté, tout le service se fait mécaniquement, par la force empruntée à la roue motrice, avec le moins possible d'intervention directe de l'homme.

Les divers engrenages par lesquels le mouvement de l'arbre de couche est transmis à l'axe qui traverse les meules sont réunis dans la partie inférieure du moulin à eau; c'est ce qu'on nomme le *beffroi*, simple quand il n'y a qu'une paire de meules, composé quand il y en a plusieurs. Si le moulin à eau est monté pour la mouture *à la française*, l'une des meules est *gisante*, c'est-à-dire fixe sur une table en charpente qui surmonte le beffroi. Le *gros-fer*, nom donné par les meuniers à l'arbre vertical, traverse le centre des deux meules; il est soutenu par l'*anille*, pièce de fer croisée ayant la forme d'un X; les branches de cet X sont solidement engagées dans le cen-

tre de la meule supérieure ou *meule tournante*. On a soin,
en ajustant l'anille, de faire en sorte qu'elle permette à la
meule tournante d'éprouver, lorsqu'elle fonctionne, de
très-légères oscillations. Le *boitard*, composé de plusieurs
pièces, maintient l'arbre dans l'ouverture centrale de la
meule gisante. L'*archure* est une sorte de grande boîte en
bois dans laquelle sont renfermées les meules; c'est par
un trou ménagé à la partie supérieure de l'archure que la
trémie envoie le grain sous les meules par un conduit
nommé *baille-blé*. On désigne sous le nom d'*anche* une
autre ouverture ménagée vers le bas de la paroi circulaire
de l'archure. La distance entre les meules d'une même
paire ne doit pas rester constamment la même ; le meunier
peut la diminuer ou l'augmenter, de quelques millimètres
seulement, au moyen d'une corde qui traverse l'anche, et
qui est attachée à un levier agissant sur l'arbre pour le
soulever très-légèrement à volonté, selon les exigences
d'une bonne mouture. On nomme *entrure* le degré variable d'écartement des deux meules. Le point essentiel dans
l'ajustement d'un moulin à eau, c'est que l'axe des deux
meules soit exactement dans la même ligne verticale et que
les deux meules soient parfaitement de niveau; ce point
est celui qui doit tout particulièrement fixer l'attention du
meunier.

L'agencement diffère en quelques points importants
quand le moulin à eau est monté pour la mouture allemande ou saxonne. Le but doit être, pour cette mouture,
d'éviter toute oscillation des meules, qui, comme on l'a
dit plus haut, sont l'une et l'autre à surface parallèle parfaitement plate. Leur diamètre ordinaire est de 1 m. 20 c.
et ne dépasse jamais 1 m. 30 c. L'épaisseur de la meule
tournante est dans l'origine de 65 à 70 centimètres; son
poids est alors de 500 à 600 kilogr. Mais, par l'usure et les
repiquages, l'épaisseur et le poids de la meule tournante

diminuent constamment. Quand elle n'a plus que 25 centimètres d'épaisseur, on la remplace comme meule tournante par une meule neuve, et on l'utilise comme meule gisante. Dans le moulin monté à l'allemande, le beffroi, la trémie, le baille-blé et l'archure sont ajustés de point en point comme dans le moulin à la française.

Les moulins pour la mouture anglaise ou américaine ont été, dans l'origine, des moulins saxons transportés en Amérique par des émigrants allemands, rapportés d'Amérique en Angleterre, et plus ou moins modifiés dans ce dernier pays. Leur caractère principal, c'est la fixité du gros-fer ou arbre traversant les meules. Cet arbre repose sur une crapaudine qu'on soulève plus ou moins pour régler l'entrure, au moyen d'une vis placée sous la crapaudine et agissant de bas en haut. Le beffroi de ces moulins est tout en fer ; le diamètre des meules est de 1 mètre 10 cent. ; le poids de la meule tournante varie de 800 à 1,500 kilogr.

MOULINS A VAPEUR.

Les moulins à vapeur peuvent être montés à la française, à l'allemande ou à l'anglaise, de la manière qui vient d'être décrite. La force dont ils disposent a sur le vent et l'eau l'avantage d'être constante et illimitée ; le meunier, selon l'importance de ses opérations, peut augmenter à volonté sa force motrice ainsi que le nombre de ses meules : aussi toutes les grandes meuneries pour l'approvisionnement des villes populeuses, de l'armée et de la marine ont des moulins à vapeur, vastes usines avec lesquelles le cultivateur n'a de rapports que pour leur fournir des grains.

BLUTAGE.

La farine étant obtenue dans les meilleures conditions

possibles, refroidie au besoin, dans le cas où, pendant l'opération de la mouture, elle aurait été plus ou moins échauffée, il reste à la *bluter*. Le blutage a pour but de séparer le son de la farine, et d'isoler les farines à divers degrés de finesse. Pendant des siècles, l'usage des divers genres de *bluteaux*, appareils aujourd'hui très-perfectionnés, n'était pas connu; on se contentait de secouer la farine brute dans un sac de crin ou de soies de porc, tenu à chaque bout par deux ouvriers qui l'agitaient vivement, ce qui se nommait *sasser*. Ce travail, long et ennuyeux, devant être répété à plusieurs reprises, a donné lieu à l'expression figurée *ressasser*, encore usitée, quoique le *sas* à la main soit complétement hors d'usage. Dans beaucoup de moulins à eau, on se sert encore d'un autre appareil non moins primitif que le sas à la main, et qui porte le nom bizarre de *lanturelu*. C'est une sorte de moulin, à palettes de bois très-légères, qui tournent par la chute d'un courant continu de farine brute versée dessus, reproduisant en petit le mouvement de la roue d'un moulin sous l'action d'une chute d'eau. L'agitation de l'air par les ailes ou palettes du lanturelu chasse le son, plus léger que la farine; il en résulte, sur le plancher disposé sous le lanturelu, un amas de farine presque pure et un cercle de son à une certaine distance de la base du monceau de farine. On comprend combien ce mode de séparation du son et de la farine est imparfait; aussi tend-il à disparaître, les bluteaux perfectionnés étant d'un prix modéré et d'un emploi des plus commodes. Tous les bluteaux modernes sont basés sur le principe dont on a vu l'application (t. II, p. 13) au triage des grains; ils consistent dans un cylindre formé de tissus de crin ou de toile métallique à mailles de divers diamètres; en faisant tourner ce cylindre, la farine brute cède d'abord ses parties les plus divisées, puis les plus grosses, recueillies sous le bluteau dans des compartiments séparés; le son est retiré du bluteau quand il ne passe plus de farine. En France, le bluteau le plus usité est à mouvement rotatif continu ; le tamisage des farines est ensuite favorisé par des secousses intermittentes imprimées à l'instrumen. . sa longueur ordinaire est de 2 mètres 50 cent., et son diamètre de 60 centimètres. Dans les grandes meuneries à vapeur, on a introduit l'usage du bluteau américain, qui diffère du précédent sous plusieurs rapports essentiels. Au lieu d'être cylindrique, sa surface, toute recouverte de toiles métalliques à divers degrés de finesse, est formée de 8, 10 ou 12 surfaces plates. Son diamètre varie de 60 centimètres à 1 mètre 30 cent., et sa longueur de 2 mètres 50 cent. à 7 mètres. Comme les bluteaux français, le bluteau américain fonctionne par un mouvement rotatif continu, avec secousses à intervalles égaux.

Les meuniers anglais ont apporté une modification importante au bluteau américain : à l'intérieur de l'instrument, ils établissent une tige centrale garnie de brosses en soies de sanglier ; cette tige tourne en sens contraire du bluteau ; elle a pour effet de ne laisser adhérer au son aucune parcelle de farine. On comprend la supériorité de ces divers modes de blutage sur le sas de l'ancienne meunerie et sur son lanturelu, quoique ce dernier appareil ne soit pas encore complétement abandonné.

GRENIERS CONSERVATEURS.

On a indiqué ci-dessus les moyens de conservation des grains à l'usage du fermier, quand il ne trouve pas dans un délai assez court après la moisson le placement avantageux de ses céréales. Ces moyens, pour l'industrie de la meunerie, ne sont pas suffisants ; pour ne pas laisser chômer leurs usines, ceux qui dirigent de grandes meuneries à vapeur sont dans la nécessité d'avoir des approvisionnements considérables en grains et de résoudre, dans les conditions les moins mauvaises possibles, le problème de la conservation des céréales.

Ce problème, lié si intimement aux plus graves intérêts de la société, n'est pas résolu; les procédés plus ou moins efficaces pour approcher de sa solution peuvent, ainsi qu'on va le voir, rendre de très-grands services aux meuniers pour la conservation d'une provision importante pendant un temps déterminé; ils ne vont point au delà. Il reste toujours à trouver un procédé économique et sûr pour établir pendant les années d'abondanee des réserves en vue des années de disette, et pour équilibrer les prix à l'avantage du producteur comme à celui du consommateur. En effet, lorsque des millions d'hectolitres de céréales sont conservés seulement pendant deux ans, leur prix d'achat s'augmente de deux années d'intérêts du capital avancé, des frais de magasinage et du déchet subi par les grains. Or, jusqu'à ce jour, ce déchet, ajouté à la main-d'œuvre exigée pour la conservation, élève tellement le prix des grains conservés, en même temps que leur quantité diminue, qu'il n'y a, pour ainsi dire, aucun avantage certain à établir des réserves en vue des besoins présumés des mauvaises années. On doit donc être averti que les procédés qui vont suivre ne sont applicables qu'aux approvisionnements des grandes meuneries à vapeur, qui renouvellent continuellement leurs céréales par des achats journaliers; de sorte que les grains en magasin n'ont jamais très-longtemps à attendre leur tour pour passer sous la meule. Tous ces procédés ont une base unique: agiter et ventiler les grains, pour les préserver des altérations résultant de l'humidité et des ravages des insectes.

Deux greniers conservateurs pour les céréales, celui de M. Vallery et celui de M. Émile Pavy, tiennent le premier rang parmi les établissements du même genre. Dans le grenier Vallery, le blé, élevé à l'aide d'un système ingénieux de bascules, retombe d'une grande hauteur dans l'intérieur d'une construction en bois; il peut éprouver ce mouvement essentiellement conservateur à très-peu de frais, comparativement à la dépense en main-d'œuvre du remuage à la pelle; plusieurs plans inclinés sur lesquels le blé glisse le ramènent à l'orifice d'une ouverture par laquelle on puise dans la provision pour livrer le grain à la meule. L'effet produit en grand est analogue à celui qui se manifeste en petit dans la caisse en grillage de fil de fer de M. Andéoud.

- Le grenier conservateur de M. E. Pavy est plus complet, mais aussi plus compliqué que celui de M. Vallery. Le grain y est distribué par des moyens fort ingénieux, d'abord dans un tamis ou plusieurs qui en complètent le nettoyage au sortir de la machine à battre, comprise, comme le tarare, à l'intérieur de l'établissement. De là, par deux systèmes de chaînes sans fin garnies de godets comme une drague ou une noria, le grain est puisé, reversé dans plusieurs compartiments, et finalement amené dans des conduits cylindriques à robinets, par lesquels il est versé dans des sacs, selon le besoin. Malgré les frais assez élevés de leur premier établissement, les greniers conservateurs de M. Vallery et de M. E. Pavy n'en reçoivent pas moins de grandes et utiles applications. Le grenier de M. Pavy revient à environ 4,000 francs pour 1,000 hectolitres; mais c'est une dépense une fois faite, et les appareils, sans frais d'entretien, durent à perpétuité.

M. Pavy estime à 300 millions de francs la dépense qu'il juge nécessaire pour étendre l'application de son système à l'établissement d'une réserve de grains capable de préserver la France de toute crainte de disette dans les mauvaises années. Mais, comme le fait observer à ce sujet M. Barral, grâce à la facilité des transports sur mer par bateaux à vapeur, et sur terre par les voies ferrées, ni la disette ni même la grande cherté des céréales ne sont plus à craindre en Europe ; la récolte ne manque jamais partout à la fois, et les pays favorisés peuvent toujours, en temps utile, envoyer leur trop-plein à ceux qui éprouvent du déficit. Ce grand fait économique, réalisé récemment en France en 1861, diminue sensiblement l'importance des greniers conservateurs pour les réserves des céréales en vue de prévenir les disettes, lesquelles ont, pour ainsi dire, cessé d'être possibles en Europe.

ENSILAGE DES GRAINS.

Dans tout l'Orient, les récoltes de grains sont conservées dans des *silos*, fosses creusées dans le sol, le plus souvent revêtues intérieurement de maçonnerie, et remplies de grains auxquels on ne fait subir aucune autre préparation que de les sécher parfaitement en les exposant à l'air libre. Dans toute l'Asie occidentale, en Égypte, dans tout le nord de l'Afrique, à Malte, en Espagne, en Sicile et dans l'Italie méridionale, l'usage des silos pour la conservation des céréales est universel ; la nature du sol et celle du climat rendent le succès de ce procédé tellement certain qu'il n'y a pas lieu de se préoccuper d'en chercher d'autre. C'est d'ailleurs une sorte de nécessité dans ces pays, où ce qu'on nomme en France bâtiments d'exploitation est un luxe inconnu.

Depuis un demi-siècle, bien des essais sans résultat ont été tentés en France pour généraliser l'emploi des silos, considérés avec raison comme le moyen le plus simple et le plus économique de conservation partout où il peut réussir ; mais c'est ce qui n'a pas toujours lieu.

Le système de M. Doyère consiste à revêtir la surface intérieure de ses silos d'un enduit inaccessible à l'humidité, et, de plus, à introduire à l'intérieur des silos un courant de sulfure de carbone gazeux, auquel aucun insecte ne peut résister. Des grains enfermés dans des silos d'essais en 1857, visités en 1860, ont été trouvés exempts de charançons et de toute détérioration. A part l'intérêt de la somme peu élevée déboursée pour l'établissement des silos, la conservation du blé n'avait occasionné aucune espèce de frais. C'est assurément un succès complet.

Des essais récents couronnés d'un plein succès en 1863, donnent lieu d'espérer qu'indépendamment des silos de plus en plus perfectionnés, spécialement appropriés à la conservation des grands approvisionnements de céréales, la ventilation peut résoudre le problème pour les quantités moyennes, telles que celles que le chef d'une exploitation même considérable peut avoir à conserver pendant un temps plus ou moins long dans ses greniers. On se sert à cet effet de tuyaux de tôle semblables à des tuyaux de poêle, mais d'un plus petit diamètre. Ces tuyaux, percés d'une multitude de petits trous, sont assemblés de façon à former un système de lignes parallèles entre elles, enfermées dans un cadre qui les entoure de tous côtés. Ce cadre est muni d'une seul ouverture à laquelle est adpaté un puissant soufflet. L'appareil est posé à plat sur le plancher du grenier, et recouvert d'une couche de grain d'une épaisseur double du diamètre des tuyaux. En faisant agir le soufflet comme celui d'une forge, on provoque par les trous dont sont percés les tuyaux une foule de courants d'air qui traversent les grains dans toutes les directions. L'expérience prouve que cette agitation par des jets très-vifs d'air frais suffit pour faire périr le charençon, l'aleucite, la teigne et les autres insectes qui attaquent les céréales dans les greniers.

CONSERVATION DES FARINES.

La conservation des grands approvisionnements de 'arine concerne rarement le meunier, surtout lorsqu'il est en même temps cultivateur; son rôle se borne à convertir en farine, pour les vendre plus avantageusement, les grains récoltés sur les terres qu'il exploite et ceux qui lui sont apportés journellement pour la consommation de son voisinage. Cependant, tout meunier, même quand ses opératious sont ainsi limitées, peut avoir intérêt à tenir toujours une certaine quantité de farine à la disposition de sa clientèle pour les époques de chômage, à moins que son moulin ne soit à vapeur. C'est pour lui un moyen, non-seulement de réaliser des bénéfices très-légitimes, mais encore de rendre service à ses voisins, qui peuvent se trouver fort embarrassés quand les moulins à leur portée ne fonctionnent pas. Ce motif rend indispensable au meunier la connaissance des procédés de conservation des farines.

Lorsqu'on se propose de conserver les farines pendant un temps plus ou moins long, il est toujours prudent de soumettre préalablement les grains à une dessiccation complète, dans une étuve modérement chauffée. On a vu plus haut (page 82) que les blés trop secs, par conséquent trop durs, ont quelquefois besoin, pour en faciliter la mouture, d'être lavés rapidement, puis séchés à l'air libre, et portés sous la meule à un état de dessiccation moins absolu. Ce procédé n'est applicable qu'aux grains destinés à faire des farines qui doivent être panifiées, soit immédiatement, soit très-peu de temps après la mouture. Si la farine doit attendre seulement pendant quelques mois avant d'être panifiée, le grain n'est jamais trop sec; ordinairement, il ne l'est pas assez. La farine faite d'un grain parfaitement sec peut être blutée immédiatement et mise en sac au sortir du bluteau, en lui laissant seulement le temps de se refroidir, si, pendant la mouture, elle a été plus ou moins échauffée ; sinon la farine qu'on veut conserver doit, après le blutage, passer à l'étuve, afin qu'il n'y reste pas trace d'humidité. Les meilleures étuves pour la dessiccation des farines sont celles qui, au lieu de recevoir directement la chaleur du foyer, sont traversées par un courant d'air chaud et sec. La température de l'air chaud transmis à l'étuve étant facile à régler à l'aide du thermomètre, on est assuré que dans les étuves de ce genre la farine ne peut jamais éprouver un coup de chaleur de nature à dépasser le but. Si la farine doit voyager, on l'emballe non dans des sacs, mais dans des barils de bois de hêtre. Ce bois exclut aussi complétement que le bois de chêne l'air extérieur et son humidité ; il a sur le bois de chêne l'avantage de ne communiquer aux farines aucune saveur étrangère. Les farines qui font partie des approvisionnements maritimes et qu'on embarque pour des voyages de long cours sont en outre soumises à l'action d'une presse énergique et fortement comprimées dans les tonneaux. En cet état, elles forment une masse tellement compacte qu'elles peuvent se conserver sans altération pendant un temps indéfini sous toutes les latitudes.

On a beaucoup parlé, en 1860, de l'appareil de M. Touaillon pour la dessiccation des farines ; cet appareil peut en effet rendre de grands services dans les meuneries qui opèrent sur des quantités importantes de grains ; il consiste en un large plateau de fonte de fer, de deux mètres de diamètre, entouré d'un rebord d'un décimètre. Ce plateau est muni d'un double fond ; des tuyaux amènent entre les deux fonds de la vapeur chauffée au degré convenable ; quand la farine est suffisamment sèche, elle est chassée

par de longues brosses vers une ouverture par laquelle
elle tombe dans les sacs. Le but de cet appareil n'est pas
d'obtenir la dessiccation absolue des farines, mais seulement d'en expulser l'excès d'humidité, qui, dans les années où les pluies d'été ont contrarié la maturité des
céréales, rend la mouture plus ou moins difficile, et donne
lieu à des mécomptes sur le rendement en pain d'un poids
déterminé de farine.

FÉCULERIE.

AVANTAGES DES FÉCULERIES AGRICOLES.

La culture de la pomme de terre en France est sortie
victorieuse de la longue crise qu'elle vient de traverser;
bien qu'elle ne soit pas encore partout exempte de maladie, elle a repris sa place dans les assolements, et la production des pommes de terre dépasse en ce moment ce
qu'elle était avant l'invasion de la maladie. Malgré les
facilités offertes pour les transports par notre réseau de
chemins de fer, il n'est pas toujours facile de vendre
à un prix rémunérateur une récolte importante de pommes
de terre, dont la conservation d'une année à l'autre est
une cause d'embarras, souvent aussi de pertes considérables. L'extraction de la fécule de la pomme de terre est
le seul remède à tous ces inconvénients.

La fécule de pomme de terre est un produit d'une conservation facile et d'un placement aussi certain que celui
de la farine elle-même. On sait que l'industrie moderne
applique la fécule de pomme de terre à un si grand nombre

d'emplois divers que, si le fermier ajoute une féculerie à son exploitation, il sait qu'il peut produire la fécule en quantités illimitées, sans avoir à craindre ni l'encombrement du marché ni l'avilissement des prix. Car la chimie transforme la fécule en dextrine et en gomme pour l'apprêt des étoffes, et en glucose pour la fabrication des alcools, ainsi que pour une foule d'autres usages industriels, de sorte que la demande dépasse constamment la production. Les avances à faire pour monter une féculerie sont peu élevées ; le travail de cette industrie, devant se faire en entier pendant l'automne et l'hiver, coïncide précisément avec l'époque de l'année où il y a dans toute exploitation agricole le plus de bras inoccupés. La pulpe des pommes de terre, après qu'on en a extrait la fécule, est pour tous les bestiaux un excellent aliment ; les frais de fabrication sont à peu près nuls. Tout se réunit donc pour engager le chef d'une grande culture à y joindre une féculerie, à moins qu'il ne soit assez près d'une grande ville pour être assuré d'y vendre directement toutes ses pommes de terre pour la consommation en nature.

ÉPOQUE DES TRAVAUX.

La pomme de terre n'est pas toujours également riche en fécule ; c'est environ quinze à vingt jours après la récolte que les tubercules en contiennent le plus. La proportion varie peu jusque vers la fin de janvier. Pendant les premiers beaux jours de février les pommes de terre commencent à entrer en végétation, ce qui diminue graduellement leur richesse en fécule ; en mars, des pousses étiolées se sont développées sur les tubercules aux dépens de leur fécule, dont ils ne contiennent plus que des tracés au moment où ils cessent pour cette raison d'être mangeables. D'après ces données, la féculerie ne peut fonctionner dans de bonnes conditions que de la fin de septembre au commencement de février. On doit s'arranger pour ne pas perdre de temps ; car celui qu'on aurait perdu au début de la saison ne pourrait être regagné en prolongeant l'opération jusqu'en mars, puisque alors les pommes de terre auraient perdu presque toute leur fécule. D'après l'outillage de la féculerie et son importance, on sait à un kilogramme près ce qu'il est possible de travailler de tubercules par jour ; rien n'est plus facile que de partir de cette base pour avoir terminé la besogne de la féculerie avant le mouvement de végétation qui détruit la fécule dans la pomme de terre.

APPAREILS.

Les appareils essentiels de la féculerie sont les *tambours* pour le lavage des tubercules, et la *râpe* pour les réduire en pulpe. Il faut en outre une série de cuves en bois et de tonneaux pour faire déposer et laver la fécule, un local spacieux et aéré pour la ressuyer, une étuve pour la sécher, et un bluteau pour la tamiser. Dans les grandes féculeries, on adapte une chaîne à godets, semblable à celle d'une noria, à l'auge qui reçoit la pulpe divisée par la râpe ; cette chaîne enlève la pulpe à mesure qu'elle se produit, et la transporte avec peu de frais et d'embarras dans les tamis cylindriques où elle doit abandonner sa fécule.

Il importe que les fosses ou *silos* où sont déposées les pommes de terre qui doivent alimenter la féculerie soient placées le plus près possible du local dans lequel celle-ci est établie, afin de réduire autant que possible les frais de rtansport des tubercules à la féculerie.

PROCÉDÉ D'EXTRACTION DE LA FÉCULE.

Le procédé le plus généralement usité pour l'extraction de la fécule de pomme de terre comprend quatorze opérations distinctes : 1° transport des pommes de terre des silos à la féculerie; — 2° premier lavage; — 3° second lavage; — 4° déchirage à la râpe; — 5° enlèvement de la pulpe par la chaîne à godets; —6° séparation de la fécule; — 7° séparation du *petit son* mêlé à la fécule; — 8° repos et décantation dans les cuves; — 9° lavage et tamisage de la fécule; — 10° montage dans le *hâloir*; — 11° ressuyage de la fécule à l'air libre; — 12° écrasement des pains de fécule au rouleau de bois; —13° dessiccation à l'étuve; — 14° blutage.

La belle qualité, par conséquent la valeur vénale de la fécule de pomme de terre dépend entièrement du soin avec lequel chacune des opérations a été effectuée.

TRANSPORT DES POMMES DE TERRE A LA FÉCULERIE.

1° Les pommes de terre dans les silos ont toujours une disposition à s'échauffer et à fermenter plus ou moins, ce qui influe sensiblement sur l'abondance et la qualité de leur fécule. Il faut, pour les conserver dans le meilleur état possible, établir dans les silos de distance en distance des cheminées formées de quatre planches posées debout, afin que l'air circule à l'intérieur des silos. De plus, on doit de temps à autre, quand la température le permet, vider les silos, aérer et remuer les pommes de terre, enlever celles qui peuvent être plus ou moins gâtées, et remettre le tout en place. C'est une dépense assez lourde en main-d'œuvre, mais elle est indispensable à la bonne conservation des tubercules jusqu'au moment où ils seront utilisés dans la féculerie. Les silos, au lieu d'être profondément encaissés, sont presque à fleur de terre, ce qui n'a, quant au froid, aucun inconvénient, pourvu que les tas, disposés comme un toit à deux versants, soient recouverts d'abord d'une bonne couche de paille, puis, par-dessus la paille, d'un lit de terre sèche de 30 à 40 centimètres d'épaisseur. La direction des silos est de l'est à l'ouest, l'une des deux extrémités faisant face au nord, l'autre au midi; c'est par le côté du midi qu'ils doivent être entamées. L'enlèvement des pommes de terre et leur transport à la féculerie ne se font à bras d'hommes, sur des brouettes, que dans les très-petites exploitations. Dans une féculerie bien montée, la force motrice d'un cours d'eau ou d'une machine à vapeur met en jeu tous les appareils, à commencer par les chariots attachés à une chaîne sans fin, qui vont prendre les pommes de terre dans le silo, et les déposent dans le tambour où elles doivent être lavées; la main-d'œuvre se réduit à remplir et vider tour à tour les chariots.

LAVAGE DES TUBERCULES.

2° Le fermier qui cultive en grand la pomme de terre dans le but d'en extraire la fécule a intérêt à adopter les variétés les plus riches en fécule, et parmi celle-ci celles dont les yeux sont le moins saillants, et qui sont par conséquent les plus faciles à laver. Quand les tubercules n'ont pas été bien lavés avant d'être déchirés par la râpe, la fécule retient des parcelles de sable qu'il est très-difficile d'en séparer complétement, et qui la déprécient aux yeux de l'acheteur; il est donc très-important que le lavage, à deux reprises différentes, soit exécuté avec le plus grand soin. On se sert à cet effet d'un tambour en bois à claire-voie, qu'on remplit aux deux tiers seulement de pommes de terre sortant du silo. Quand la température de l'automne a été favorable, et que la terre s'est trouvée suffisamment sèche à l'époque de l'arrachage, les pommes de terre ont pu être serrées presque propres; mais le contraire arrive assez souvent. Le tambour plonge aux deux tiers dans une auge remplie d'eau qui se renouvelle par un courant continu; le mouvement circulaire imprimé au tambour dans le sens horizontal agite les pommes de terre dans l'eau et commence à les nettoyer; mais il ne suffit jamais pour les rendre parfaitement propres; un second lavage est toujours indispensable.

3⁰ Le second lavage est donné dans un tambour semblable au premier; les deux tambours sont placés de manière à pouvoir vider le contenu du premier dans le second. Ce deuxième lavage est prolongé jusqu'à ce que l'eau qui passe sur les pommes de terre s'écoule parfaitement propre, et qu'on n'aperçoive plus de trace de sable ni de terre au fond de l'auge dans laquelle tourne le deuxième tambour.

DÉCHIRAGE A LA RAPE.

4⁰ Le déchirage des pommes de terre à la râpe est l'opération capitale de la féculerie; elle est parfaite quand la pulpe lavée ne retient plus du tout de fécule, résultat qu'on n'obtient jamais complétement. La râpe la plus usitée a pour pièce principale un rouleau de fonte nommé *cylindre dévorateur;* il est armé de rangs de lames de scie finement dentées, espacées entre elles de 12 à 15 millimètres; plus elles sont rapprochées, mieux la pulpe est divisée, moins elle retient de fécule. Les pommes de terre lavées deux fois tombent du second tambour dans une

trémie qui les verse dans une cage de fonte à claire-voie,
au centre de laquelle tourne le cylindre dévorateur. En
sortant de cet appareil, la pulpe s'écoule le long d'une
planchette inclinée, et tombe dans une auge placée au-
dessous pour la recevoir.

ENLÈVEMENT DE LA PULPE.

5° Lorsqu'on opère en grand, il serait fort difficile d'enlever la pulpe à bras et de la monter dans le tamis métallique de forme cylindrique où elle doit être agitée et lavée
pour en séparer la fécule. Cette besogne se fait plus vite
et mieux par une chaîne sans fin garnie de godets. Le
nombre et la capacité des godets doivent être calculés pour
que l'enlèvement corresponde exactement au débit du
cylindre dévorateur, afin que l'auge qui reçoit la pulpe
n'en soit jamais encombrée. Le tamis cylindrique agissant
dans l'eau lave la pulpe avec une vive agitation; ses
mailles, assez fines pour retenir la pulpe, ne laissent
passer que l'eau blanchie par la féculte qu'elle tient en
suspension.

DÉPÔT DE LA FÉCULE; DÉCANTATION.

6° L'eau chargée de fécule est reçue dans des cuves en
bois placées en descendant à la suite les unes des autres;
la fécule s'y dépose par le repos, et l'eau, redevenue claire,
s'écoule par décantation; le tamis cylindrique n'est vidé
pour être rempli de pulpe fraîche que quand l'eau qui s'en
écoule ne laisse plus apercevoir de traces de fécule.

7° La fécule brute a besoin d'être d'abord débarrassée
du *petit son*, qui s'est déposé en même temps qu'elle, et

qui consiste en parcelles de pulpe et de pellicule de pommes de terre qui ont pu passer avec la fécule par les mailles du tamis. Le petit son n'est pas un produit sans valeur; comme il retient toujours une certaine quantité de fécule, on le met à part pour l'utiliser après l'avoir fait cuire, comme aliment destiné à l'engraissement des porcs. Le petit son se dépose toujours à la surface de la fécule brute; on l'enlève en grattant cette surface avec un râcloir de bois, afin qu'il n'en reste aucune parcelle dans la fécule.

LAVAGES RÉITÉRÉS DE LA FÉCULE.

8° La fécule débarrassée du petit son doit subir plusieurs lavages dans les cuves placées au bas les unes des autres; elle s'y purifie de plus en plus, et finit par se déposer parfaitement blanche au fond des dernières cuves.

9° On lave la fécule une dernière fois, puis on la force à passer toute mouillée à travers un tamis de toile métallique, afin qu'il n'y reste pas de grumeaux. Elle est alors reprise au fond des tonneaux qui ont servi pour le dernier lavage, et réunie en pains qu'on porte pour les faire ressuyer au *hâloir*, local très-aéré, garni de dressoirs sur lesquels les pains de fécule sont rangés les uns à côté des autres. Dans toutes les opérations qui précèdent, l'eau ne doit pas être ménagée. C'est pourquoi, avant de faire fonctionner la féculerie, il est nécessaire de s'assurer que l'eau ne manquera pas. Une féculerie montée pour travailler par jour 100 hectolitres de pommes de terre doit disposer de 50 à 60 mille litres d'eau en minimum

SÉCHAGE AU HALOIR.

10° Le hâloir doit être assez spacieux pour que les pains

de fécule n'y soient pas trop rapprochés les uns des autres, et que l'air circule autour d'eux dans toutes les directions; on prend toutes les précautions nécessaires pour que, pendant le transport, les pains de fécule ne puissent être salis, et pour ne laisser pénétrer dans le hâloir aucune poussière capable d'altérer la blancheur de la fécule.

11° Aucune chaleur artificielle ne doit être employée pour hâter le séchage de la fécule dans le hâloir; il s'opère assez lentement en hiver ; mais, dans tous les cas, il doit être l'effet du *hâle* seul, c'est-à-dire de la ventilation, sans le secours de la chaleur. S'il survient de fortes gelées, loin de nuire à la fécule, leur action ne sert qu'à rendre la fécule plus blanche et d'un plus bel aspect. Au bout de vingt à vingt-cinq jours, selon l'état de la température, les pains de fécule ont perdu la plus grande partie de leur humidité, ce qu'on reconnaît aisément à un signe infaillible. Dès qu'ils ont atteint le degré de dessiccation qu'ils ne doivent pas dépasser dans le hâloir, ils commencent à s'émietter, et tombent en partie en poussière sur les dressoirs. Il est temps alors de les enlever pour les dessécher complétement à l'étuve; mais ils doivent d'abord subir au sortir du hâloir une dernière préparation.

12° Les pains de fécule sont successivement écrasés en les faisant passer sous des rouleaux de bois qui en détruisent complétement la cohésion ; la fécule se présente alors sous sa forme définitive, et peut être portée à l'étuve.

SÉCHAGE A L'ÉTUVE.

13° Une féculerie, même lorsqu'elle n'opère pas sur des quantités très-considérables de pommes de terre, a toujours besoin de deux étuves pour la dessiccation définitive de la fécule ; ces deux étuves, chauffées par le même calorifère, reçoivent tour à tour une charge de fécule. Quand la première charge est sèche, elle est transportée dans la seconde étuve, afin qu'elle s'y refroidisse très-lentement pendant douze heures; après quoi la seconde étuve est chargée de nouvelle fécule, et ainsi de suite, sans interruption. Le calorifère doit être *à registre*, c'est-à-dire construit de façon à ce que toute sa chaleur puisse être à volonté dirigée exclusivement sur une seule des deux étuves; la même disposition s'applique aux tuyaux pleins de vapeur, qui peuvent tenir lieu de calorifère. La belle apparence de la fécule dépend en grande partie du soin apporté à ménager la chaleur dans l'étuve où elle subit sa dessiccation définitive. Pendant les quatre premières heures, la température intérieure est maintenue le plus exactement possible entre 40 et 45 degrés centigrades, sans lui laisser atteindre 50 degrés. La chaleur est ensuite augmentée graduellement, et portée de 70 à 80 degrés, terme extrême qu'elle ne doit pas dépasser. La durée totale de l'étuvage est de dix-huit heures au moins, vingt heures au plus, selon l'état où la fécule se trouvait au début de l'opération. Les dressoirs intérieurs de l'étuve sur lesquels la fécule est étendue pour sécher sont en fonte, munis d'un rebord saillant; la couche de fécule sur les dressoirs ne doit pas avoir plus de 3 ou 4 centimètres d'épaisseur. Vers le milieu de la durée de l'étuvage, on entr'ouvre les portes de l'étuve, et, au moyen de râclettes de bois à long manche, la fécule est remuée et retournée sur les dressoirs. A son entrée dans le hâloir, la fécule en pain ne contenait pas moins de 40 pour cent de son poids d'eau; à sa sortie de l'étuve après la dessiccation, la fécule en poudre ne doit plus en contenir que de 7 à 8 pour cent; si elle en contient 10 pour cent, elle n'est pas suffisamment sèche. La fécule étuvée est conservée dans des sacs; ceux de toile imperméable sont les meilleurs; elle n'est pas sujette, comme les farines, à s'altérer en s'échauffant dans les sacs.

BLUTAGE ET RENDEMENT.

14° La fécule étuvée doit encore être blutée dans un bluteau entouré d'un tissu de soie avant d'être livrée au commerce; mais comme son aspect est d'autant plus beau qu'elle est plus récemment blutée, on ne la blute qu'au fur et à mesure des livraisons. Le blutage n'a pour objet que de séparer de la fécule les grumeaux qui peuvent y rester, et qu'on fait repasser sous le rouleau de bois pour les bluter à leur tour, de sorte qu'il n'y a pour ainsi dire pas de déchet.

Quoique, selon les espèces et les conditions dans lesquelles elles ont été cultivées, les pommes de terre ne puissent pas être toutes également riches en fécule sèche, on compte en moyenne sur un rendement de 15 à 16 pour cent en fécule sèche ; le rendement de 18 pour cent du poids des pommes de terre travaillées est rarement atteint, parce qu'en enlevant, comme on l'a dit, le petit son sur la fécule brute, une légère portion de fécule est enlevée en même temps, ce qui rend le petit son très-nourrissant pour le bétail. Quant au bénéfice réalisable en argent par l'extraction de la féculerie, il est subordonné à une foule de circonstances variables de leur nature, comme le prix de la matière première, celui de la main-d'œuvre et le prix de vente des fécules. En ce moment (1862), les frais, tout compris, peuvent être évalués à 230 francs environ par 100 hectolitres de pommes de terre du poids de 80 kilogr. l'hectolitre.

La féculerie pratiquée d'après la méthode qui vient d'être exposée peut être introduite dans toute grande ferme avec

un succès complet, sans essais préalables, sans tâtonne-
ments, avec la certitude d'obtenir les résultats indiqués.
C'est au fermier à consulter, avant de s'embarquer dans
une pareille opération, d'abord l'état du marché, ensuite
les besoins de ses bestiaux en racines fourragères, sa-
chant que les résidus de féculerie nourrissent moins que
les tubercules entiers, crus ou cuits, et qu'ils ne peuvent
entrer que pour une proportion limitée dans la ration des
animaux herbivores.

FÉCULERIE ÉCONOMIQUE.

La féculerie, dans de moindres proportions, peut offrir
des avantages relativement aussi précieux à la moyenne et
même à la petite culture. On peut se procurer à très-bon
marché une râpe cylindrique à manivelle, qu'un homme
ou une femme de force ordinaire peut faire fonctionner;
quelques tonneaux coupés en deux pour les lavages et les
décantations; un hangar pour hâloir et le four presque
refroidi pour étuve peuvent tenir lieu de tout le matériel
nécessaire pour improviser une féculerie sur une échelle
réduite. La main-d'œuvre pendant la morte saison mérite
à peine d'être comptée. Dans bien des localités en France,
un métayer, favorisé d'une récolte abondante de pommes
de terre, trouve difficilement à s'en défaire à 3 fr. l'hectolitre. Admettons qu'il en a seulement 100 hectolitres de
trop, soit, à 80 kilogr. l'hectolitre, 8,000 kilogr., dont il
peut extraire la fécule. Admettons encore qu'en raison de
l'imperfection de son outillage, il n'en obtiendra pas plus
de 12 pour cent de fécule, au lieu de 18 pour cent, maximum
de rendement dans les grandes féculeries. Il aura pour résultat 960 kilogr. de fécule, valant, au prix actuel de 80 fr.

les 100 kilogr., 768 fr. ; son travail et celui de sa famille seraient largement payés.

DISTILLERIE.

NOTIONS GÉNÉRALES.

L'industrie de la distillerie a subi de nos jours une révolution complète. Longtemps on s'est contenté de distiller des seigles dans le Nord et des vins dans le Midi pour obtenir, d'une part, le liquide spiritueux connu sous les noms de *djin*, *péquet* et *genièvre*; de l'autre, l'eau-de-vie et l'esprit-de-vin proprement dit. Mais les progrès de la chimie moderne ont démontré, depuis le commencement de ce siècle, que l'alcool peut être obtenu d'une foule de substances autres que les grains et les vins. La paille d'avoine et même la sciure de bois, traitées par l'eau acidulée, se changent en *glucose*, ou sucre non cristallisable ; la glucose fermente comme le vrai sucre, et, quand elle a fermenté, elle donne de l'alcool pour la distillation. Aujourd'hui les alcools de grains et de vin ont pour concurrents ceux de betteraves, de pommes de terre et de topinambours, qui tous peuvent être obtenus à un prix relativement très-bas, et dont les résidus, employés à la nourriture et à l'engraissement du bétail, augmentent la production de la viande et celle des engrais, deux choses que l'agriculture moderne ne peut jamais produire en trop grande quantité.

Pour bien comprendre le rôle de la distillerie dans l'agriculture actuelle, il faut se rappeler que, malgré ses progrès constants et incontestables, elle n'a pas su se préserver jusqu'à présent des alternatives de cherté équivalente à la disette pour la grande masse des consommateurs, et de surabondance désastreuse pour le producteur, par l'avilissement des prix de toutes les denrées. Le fermier, dont les charges ne varient pas, est toujours exposé à redouter comme un fléau l'excessive abondance en présence de laquelle les prix de vente cessent d'être rémunérateurs, et ne lui permettent plus de faire face à ses obligations. La distillerie aide, dans d'assez larges proportions, à rétablir l'équilibre, en changeant une partie des grains et des vins, périodiquement difficiles à vendre, même à bas prix, en produits d'un placement plus sûr et d'une conservation plus facile. Quant aux vins, le producteur a les coudées franches ; il peut distiller tant qu'il y trouve son compte : on sait qu'il y a dans le Midi et le Sud-Ouest de vastes vignobles dont la récolte passe en entier à l'alambic, et dont rien n'est consommé en nature. Il n'en est pas de même des céréales ; la distillation peut en être interdite ou bien autorisée à certaines conditions. C'est ainsi notamment qu'il y a quelques années, en présence d'une baisse des céréales qui mettait les fermiers dans les plus graves embarras, un décret autorisa la distillation des grains, à la condition expresse que les résidus en seraient employés exclusivement à la nourriture du bétail. Plus tard, ce décret fut révoqué pour laisser toute latitude aux distillateurs, les prix des céréales continuant à baisser. A une époque plus rapprochée de la nôtre, les grains sont redevenus chers par suite de plusieurs récoltes mauvaises ou médiocres ; le prix des vins s'est également relevé, en raison des ravages exercés dans nos meilleurs vignobles par la pyrale et l'oïdium. Alors l'industrie de la distillerie s'est rabattue sur la betterave, et, dans de moindres proportions, sur la pomme de terre et le topinambour. C'est en ce moment (1862) la betterave qui fournit le plus d'alcool au commerce, en attendant qu'une récolte surabondante de grains ou de raisins vienne rendre plus profitable la distillation des vins et des céréales.

Au point de vue agricole, l'industrie de la distillerie est une de celles qui s'associent avec le plus de facilité et d'avantage à une grande exploitation rurale. On peut en juger par un seul fait. Au mois d'août 1859, un industriel, M. Champonnois, offrait à tout fermier qui voudrait joindre une distillerie à son exploitation de lui monter à ses frais les appareils nécessaires, de le mettre au courant des meilleurs procédés et de faire fonctionner la distillerie en quinze jours Il ne demandait pour rétribution qu'une part dans les produits en alcool pendant un temps déterminé, au bout duquel tout le matériel de la distillerie devenait la propriété du fermier, qui avait fourni seulement le local et les matières premières, en conservant les résidus pour la nourriture de son bétail. Une industrie qui peut donner lieu à de telles offres, acceptées à l'avantage des deux parties, est incontestablement très-lucrative. Le seul inconvénient qui détourne les fermiers d'adopter cette industrie dans les cantons où elle n'est pas habituellement pratiquée, c'est la nécessité de se soumettre à l'*exercice*, et d'avoir de fréquents rapports avec MM. les employés des contributions indirectes pour la perception des droits sur les produits distillés.

EAU-DE-VIE. — ESPRIT-DE-VIN.

La distillation, enseignée aux peuples de l'Occident par les Arabes, est fondée sur l'observation d'un seul fait. Si, dans un liquide quelconque, il se trouve des parties plus volatiles que les autres, et qu'on chauffe ce liquide par degrés, les parties les plus volatiles s'évaporent les premières et peuvent être recueillies séparément : c'est là toute la théorie de la distillation. Le vin, par exemple, contient comme éléments principaux de l'eau et de l'alcool ; ces deux liquides, par l'action de la chaleur, peuvent se vaporiser ; mais le plus léger des deux, l'alcool, se sépare de lui-même du vin quand celui-ci est chauffé et passe le premier. On l'obtient ainsi, non pas tout à fait pur, mais allié à une petite quantité d'eau, dont on le sépare en le distillant une seconde fois ; cette seconde distillation se nomme *rectification*.

Dans le midi et l'ouest de la France, spécialement dans les départements de l'Hérault et de la Charente, de grands vignobles sont cultivés uniquement en vue d'en distiller les vins ou de les *brûler*, selon l'expression locale. Longtemps on s'est servi uniquement pour brûler les vins de l'antique alambic d'origine arabe, formé d'une chaudière nommée *cucurbite*, à cause de sa forme analogue à celle d'une citrouille, d'un *chapiteau* pour la condensation des vapeurs, et d'un *réfrigérant*, réservoir rempli d'eau froide, traversé par le *serpentin*, long tuyau en spirale, dont l'extrémité inférieure laisse écouler le produit condensé et refroidi de la distillation. Cet appareil primitif a le grave inconvénient de soumettre les vins à une chaleur trop forte et trop inégale, ce qui communique à l'eau-de-vie et à l'esprit-de-vin un goût de brûlé ou d'empyreume qui en diminue la valeur. Les perfectionnements apportés dans la pratique de la distillation et dans la construction des appareils distillatoires ne datent que du commencement de ce siècle. En 1801, un simple ouvrier distillateur, Edouard Adam, de Montpellier, ayant assisté à une leçon de chimie, conclut de ce qu'il venait d'entendre qu'il ne devait pas être bien difficile d'obtenir du premier coup, sans recourir à la rectification, de l'alcool 3/6, et qu'il devait suffire pour cela de faire traverser à la vapeur spiritueuse un réservoir maintenu à une température constante. Edouard Adam tenta l'expérience et réussit ; son appareil, qu'on trouve aujourd'hui et avec raison fort imparfait, a cependant réalisé un très-grand progrès ; il a été le point de départ des appareils distillatoires actuellement en usage, dont le plus usité est celui de Cellier-Blumenthal, perfectionné par Derosne. Cet appareil se compose essentiellement : 1° de deux chaudières communiquant l'une avec l'autre pour le chauffage régulier des liquides, dont la température est gouvernée à volonté ; 2° d'une colonne distillatoire, pièce essentielle dans laquelle monte la vapeur spiritueuse ; 3° d'un réfrigérant à serpentin plongeant dans un réservoir dont l'eau est maintenue à une température constante. Cet appareil et les autres du même genre exclusivement adoptés pour les distilleries agricoles sont à *distillation continue*, c'est-à-dire que de nouveau vin est continuellement introduit pour remplacer les vinasses, ou liquides épuisés d'alcool, et qu'on ne doit plus, comme avec les anciens appareils, interrompre toute l'opération pour vider les chaudières et les recharger. Ils ont un autre avantage non moins important, quant à la qualité des produits distillés ; ils permettent d'isoler les liquides spiritueux obtenus à divers instants de l'opération. Ces mêmes appareils sont également propres à la distillation des vins, des marcs, des grains, des betteraves, des pommes de terre et des topinambours. Le fermier qui ajoute à son exploitation une distillerie peut, par conséquent, au moyen de ces appareils, livrer à la distillation tel ou tel produit, selon les circonstances économiques du moment, sans avoir à modifier son matériel. Les vins spiritueux de l'Hérault et de la Charente donnent à la distillation perfectionnée environ 20 pour cent d'esprit de vin dit 3/6, ou l'équivalent en eau-de-vie. L'eau-de-vie obtenue de la distillation du vin est, au dire des amateurs, de beaucoup préférable à toutes les autres ; elle gagne beaucoup en vieillissant.

EAU-DE-VIE DE MARC.

Dans les pays vignobles où, comme en Bourgogne, par exemple, la totalité des vins doit être vendue pour la consommation en nature, on obtient cependant une assez grande quantité d'eau-de-vie en distillant le marc de raisin, avant qu'il ait passé de la fermentation vineuse à la fermentation acétique, en changeant son alcool en vinaigre. Ce sont en général les vignerons eux-mêmes qui distillent ou *brûlent* le marc de leurs vendanges, et comme ce n'est pour eux qu'une industrie tout à fait accessoire, qui même n'est pas pratiquée tous les ans, ils n'emploient que l'ancien alambic primitif, et ne font usage d'aucun appareil distillatoire perfectionné pour obtenir l'eau-de-vie de marc. La saveur de cette eau-de-vie diffère de celle des eaux-de-vie fines de Cognac et de Montpellier ; cette différence tient à deux causes. D'abord, dans la distillation d'une substance qui contient beaucoup de parties solides, comme le marc de vendange, il est difficile d'éviter complétement un degré de chaleur un peu trop vif à un moment donné ; de là, le goût d'empyreume, qui altère si souvent la saveur de l'eau-de-vie de marc ; ensuite, les pepins distillés avec le marc contiennent une huile de mauvais goût, d'une odeur peu agréable, qui passe en partie à la distillation avec l'alcool, et qui, même quand elle a été entièrement enlevée, laisse à l'eau-de-vie de marc un arrière-goût qui la déprécie.

La distillation de l'eau-de-vie de marc, dans l'alambic d'ancien modèle, se fait toujours à deux reprises. La première distillation donne un liquide spiritueux faible ; c'est ce qu'on nomme les *petites eaux*. Ce liquide est surnagé par l'huile de pepin, en plus ou moins grande quantité. Avant de les rectifier par une seconde distillation, les petites eaux sont filtrées à travers une couche épaisse de copeaux de bois de hêtre, ou de charbon pilé; elles se dépouillent par ce filtrage de l'huile de pepin et sont reversées dans l'alambic; c'est ce qu'on nomme la *repasse* des petites eaux. Les premiers produits de la repasse marquent 50 degrés à l'aréomètre de Cartier; ils ont une saveur d'empyreume très-forte, qu'ils conservent jusqu'à ce qu'en continuant la distillation le liquide spiritueux ne marque plus que 25 degrés. On doit donc mettre à part toute cette première portion de la repasse des petites eaux, pour la rectifier une seconde fois et en obtenir de l'alcool 3/6, propre à la fabrication des vernis et à tous les autres usages industriels. L'eau-de-vie de la première rectification, à partir de 25 degrés jusqu'à ce qu'elle soit descendue à 20 degrés, est d'un goût parfait; elle a une saveur de fruit recherchée de beaucoup de consommateurs; sa valeur vénale est égale à celle des meilleures eaux-de-vie de vin. D'après les observations de M. Febvre-Trouvé, les petites eaux ainsi traitées donnent 35 pour 100 de leur volume d'excellente eau-de-vie à 21 degrés, capable de rivaliser avec les meilleurs produits du même genre, à condition, bien entendu, que la distillation du marc aura été conduite avec beaucoup de soin.

« Pour obtenir avec certitude les résultats que j'indique, dit M. Febvre-Trouvé, il faut que l'alambic soit placé dans un fourneau bien construit, de manière à pouvoir diriger le feu à volonté; il faut surtout renouveler très-souvent l'eau du rafraîchissoir; cette dernière prescription est indispensable pour conserver à l'eau-de-vie de marc toutes ses qualités. »

La conservation des eaux-de-vie et des esprits réclame

des caves très-fraîches où, malgré tous les soins possibles, il y a toujours sur les liquides spiritueux en futailles plus ou moins de perte par évaporation. Les eaux-de-vie très-fines de Cognac et de Montpellier ne vieillissent bien qu'en bouteilles.

Pour juger de l'importance de la production des eaux-de-vie en France, il faut considérer les chiffres fournis à cet égard en 1859 par la statistique pour le Languedoc, l'Armagnac et les deux Charentes. Le Languedoc comprenant les départements de l'Hérault, du Gard, de l'Aude, et une partie des Pyrénées-Orientales, a donné, en 1859, 100,000 pipes d'alcool 3/6, à 86 degrés de l'échelle centésimale. La pipe du Languedoc étant de 6 hectolitres, c'est une production de 600,000 hectolitres, représentant 400,000 hectolitres d'alcool pur.

L'Armagnac, comprenant le Gers, les Landes, Lot-et-Garonne, et une partie de l'espace renfermé entre la Garonne et la Dordogne, a donné 192,000 hectolitres d'eau-de-vie à 52 degrés centésimaux, qui équivalent à 86,000 hectolitres d'alcool pur.

Les deux Charentes, sous le nom de Cognac, ont donné 360,000 hectolitres d'eau-de-vie à 60 degrés centésimaux, soit 200,000 hectolitres d'alcool pur. Les eaux-de-vie de marc ne sont pas comprises dans ce relevé, qui représente assez exactement la moyenne des bonnes années.

EAU-DE-VIE DE GRAINS.

On a signalé l'importance de la distillation des grains dans les années d'excessive abondance et de dépréciation des céréales; on ne peut nier, en pareille circonstance, les avantages de cet emploi des grains dans les distilleries agricoles. On peut livrer à la distillation le froment, le seigle, l'orge, l'avoine et le maïs ; ce sont le seigle et l'orge qu'on distille le plus souvent en France, et qui fournissent le plus d'alcool. En Écosse, le *wiskey*, liqueur distillée dont il se fait une très-grande consommation, est préparée avec huit parties d'avoine, neuf de seigle, et quatre-vingt-trois parties d'orge.

L'élément des céréales qui, par la fermentation, se convertit en alcool est *l'amidon*, ou fécule amylacée, dont on prépare la transformation par l'opération du *maltage*. Cette opération, de laquelle dépendent toutes les autres, a pour but de développer dans le grain le principe sucré nommé *glucose*, ou sucre non cristallisable, lequel, par la fermentation, devient de l'alcool. Le maltage consiste à faire germer le grain, puis à arrêter sa végétation par une dessiccation rapide, afin d'y conserver en totalité la matière sucrée, seule utile à la formation de l'alcool.

Quel que soit le grain dont on se propose de retirer de l'alcool par la distillation, c'est toujours l'orge qui doit être maltée, parce que c'est celle des céréales dont le grain développe le plus de sucre pendant sa germination.

Pour malter l'orge, on commence par la faire tremper dans des cuves remplies d'eau. Le grain est mis d'abord dans les cuves ; l'eau est ensuite versée par-dessus ; elle doit recouvrir le grain de 2 ou 3 centimètres. Toutes les espèces d'orge ne donnent pas par le maltage des résultats également avantageux. La meilleure est celle qui, par le trempage dans l'eau, augmente le plus de volume. Pendant son immersion, on la remue fréquemment avec des râteaux de bois ; la durée du bain ne peut être déterminée ; elle est plus longue en hiver, plus courte en été ; elle doit être continuée tant que le gonflement de l'orge n'a pas atteint son maximum. Le grain est alors retiré des cuves, égoutté et mis en tas auxquels on s'abstient de toucher ; mais on les visite fréquemment, afin de guetter le moment où le germe commence à se former à l'intérieur de chaque grain, ce qui se reconnaît à une petite protubérance blanchâtre très-visible. L'orge en cet état est devenue *du malt ;* sa composition chimique est entièrement changée. Au début de l'opération, l'orge, abstraction faite du son qui la recouvre immédiatement, contient de l'amidon, du gluten, de l'albumine, un peu de dextrine et de glucose, et des traces de divers sels. A l'état de malt, elle renferme une proportion notable d'un principe nouveau, nommé *diastase.* Ce principe possède au plus haut degré la propriété de rendre l'amidon du grain soluble, en le faisant passer d'abord à l'état de *dextrine,* ensuite à celui de *glucose,* but définitif du maltage. C'est donc au moment où le grain germé de l'orge est le plus riche en diastase qu'il faut arrêter court son mouvement de végétation, en le desséchant rapidement ; si la dessiccation est commencée un peu trop tôt ou un peu trop tard, il y a perte d'une partie des principes utiles du grain malté. Dès qu'on le juge arrivé au point convenable, les tas sont démontés ; l'orge germée est étendue sur le plancher en couches de 2 à 3 décimètres d'épaisseur ; elle y reste jusqu'à ce qu'en y plongeant la main on n'y sente plus de trace d'humidité extérieure ; il est temps alors de la porter sur une *touraille* semblable à celle dont les brasseurs se servent pour le même usage, afin de la dessécher le plus vite et le plus complétement possible. Le malt est d'abord exposé à une chaleur modérée qu'on élève peu à peu jusqu'à 85 degrés centigrades ; ce terme ne doit pas être dépassé ; une chaleur plus forte détruirait une partie de la diastase que la dessiccation a pour but de conserver. Le malt sur la touraille doit être remué fréquemment ; on le retire dès qu'il est complétement sec et cassant.

Le malt parfaitement sec est passé entre deux cylindres cannelés qui le broient grossièrement ; il est mêlé aux autres céréales non maltées, réduites en farine, dont il détermine la fermentation. Quand l'eau-de-vie de grains doit être extraite principalement du seigle, il suffit de mêler au seigle moulu 10 à 12 pour 100 de son poids d'orge maltée et passée sous le cylindre broyeur. Dans les cuves à fermenter, l'alcool ne tarde pas à se développer en donnant naissance au moût, liquide à la fois vineux et sucré, qu'on livre à la distillation dans les appareils décrits pour la distillation des eaux-de-vie de vin et de marc. Les premiers et les derniers produits de la distillation des grains sont recueillis séparément et soumis à une seconde distillation, afin que la totalité du liquide spiritueux soit à un degré uniforme.

Lorsqu'on distille des grains plus ou moins avariés, l'eau-de-vie qu'on en obtient a souvent l'odeur de l'acide prussique ou cyanhydrique, et ce qui est plus remarquable, elle en a en partie, bien qu'à un degré assez faible, les propriétés dangereuses. Fort heureusement, elle ne les conserve pas ; il n'y a rien à faire pour dépouiller l'eau-de-vie de grains en cet état de la saveur et de l'odeur d'acide cyanhydrique, si ce n'est de la laisser vieillir ; elle s'en débarrasse d'elle-même avec le temps. La distillation des grains avariés offre une ressource précieuse pour en tirer un très-bon parti ; le pain de farine de ces grains serait malsain et de mauvais goût ; l'eau-de-vie qu'on en extrait, pourvu qu'elle soit suffisamment vieille, est égale en qualité à l'eau-de-vie préparée avec les meilleurs grains. Toute eau-de-vie de grains avariés ou non entraîne avec elle dans la distillation des traces d'une huile essentielle qui, quand elle domine, lui communique un très-mauvais goût. On prévient cet inconvénient par la manière de diriger la fermentation dans les cuves. L'huile essentielle du grain ne se produit en grande quantité que quand la fermentation a été trop prolongée, et qu'il ne reste plus de sucre dans le moût au moment où il est distillé. Il est vrai qu'en prolongeant la fermentation, on retire du grain tout l'alcool qu'il peut donner, et c'est ce qu'on fait quand l'alcool est destiné aux usages industriels, et que son goût plus ou moins délicat est chose totalement indifférente. S'agit-il au contraire de produire de l'eau-de-vie de grains destinée à être consommée comme boisson ; il devient très-important d'en exclure l'huile essentielle des grains, et de l'obtenir aussi franche de goût que possible. A cet effet, on arrête dans la cuve la fermentation du moût avant qu'elle soit complète et tandis que le liquide est encore sensiblement sucré. Le rendement en alcool est un peu moindre ; mais tout ce qu'on en retire est de bon goût. La perte d'une faible quantité d'alcool est plus que compensée par la meilleure qualité des produits de la distillation.

La liqueur spiritueuse si recherchée dans le Nord sous le nom de genièvre est de l'eau-de-vie de grains, préparée de point en point comme on vient de l'indiquer, aromatisée avec les baies du genèvrier. Si l'on désire que la saveur et l'odeur propres à ces baies soient très-prononcées, on les ajoute au moût en fermentation dans la cuve ; si l'on veut donner au genièvre un arome plus fin et moins développé, les baies ne sont ajoutées qu'au produit de la première distillation, avant de le distiller une seconde fois ; c'est par ce procédé qu'on obtient le genièvre fin de Hollande (genièvre de Schiedam), qui, lorsqu'il a vieilli, rivalise, au dire des amateurs, avec les liqueurs spiritueuses les plus recherchées.

EAU-DE-VIE DE POMMES DE TERRE.

Tant que le prix des alcools se maintient à un taux assez élevé, ce qui a lieu en France entre les récoltes abondantes de raisin, lesquelles ne se reproduisent qu'à d'assez rares intervalles, il peut y avoir intérêt pour le cultivateur à distiller une partie de sa récolte de pommes de terre, surtout depuis que le déclin de la maladie a ramené cette récolte à peu près partout, dans ses conditions normales.

De même que, dans les céréales soumises à la fermentation, ce qui se convertit en glucose, puis en alcool, c'est l'amidon, dans la pomme de terre, ce qui produit l'alcool, c'est la fécule. Les pommes de terre les plus riches en fécule doivent donc être préférées pour la distillation qui, de même que la préparation de la fécule, ne peut être pratiquée que d'octobre à la fin de janvier, quand les pommes de terre sont distillées en nature; mais c'est ce qu'on ne fait pas toujours. La distillation de l'eau-de-vie de pommes de terre peut être continuée toute l'année, quand, au lieu de faire fermenter les tubercules pour en extraire l'alcool, on travaille directement la fécule de pommes de terre. Cette manière d'opérer est avantageuse seulement quand la pomme de terre est très-abondante, qu'il en est de même des céréales, et que la fécule ne peut être vendue en nature à un prix suffisamment rémunérateur; en France, ces circonstances se présentent rarement réunies. C'est au cultivateur qui a monté une distillerie dans son exploitation à juger du mode d'opérer qui peut lui offrir le plus de bénéfice. Quand il commence par extraire la fécule, it a pour son bétail les résidus de la féculerie, qui lui rend les pulpes plus nourrissantes que celles des pommes de terre fermentées et distillées; tout cela doit être pris par lui en considération.

DISTILLATION DE LA FÉCULE.

Lorsqu'on se décide à distiller la fécule, il faut d'abord

en opérer la *saccharification*, c'est-à-dire la convertir en glucose, pour qu'elle puisse fermenter. Cette opération, pour donner un résultat pleinement satisfaisant, doit être pratiquée avec beaucoup de soin et sur de grandes quantités à la fois. On opère dans une cuve assez grande pour contenir 2,500 à 3,000 litres de liquide ; c'est la capacité qu'elle doit avoir pour effectuer la saccharification de 1,000 kilogrammes de fécule de pommes de terre. La fécule est divisée par sacs de 100 kilogrammes chacun ; le contenu d'un sac est versé dans un baquet et délayé dans 150 litres d'eau froide, puis jeté dans la grande cuve ; les 1,000 kilogrammes de fécule sont délayés de même par portions. On ajoute alors par petites portions à la fécule délayée 21 kilogrammes d'acide sulfurique. Quoique le contact de cet acide avec l'eau produise une chaleur sensible, il est nécessaire d'introduire en outre dans le mélange de la vapeur amenée par un tuyau communiquant avec un générateur, de manière à élever la température jusqu'à 100 degrés centigrades, sans aller au delà ; c'est celle qui favorise le mieux la réaction de l'acide sur la fécule ; la décomposition doit être complète en trente ou quarante minutes. On possède un moyen certain de s'assurer que toute la fécule est convertie en glucose ; de temps en temps, vers la fin de l'opération, on verse quelques gouttes de teinture d'iode sur une petite portion du mélange. Tant qu'il y reste de la fécule non attaquée par l'acide, la teinture d'iode donne une coloration plus ou moins foncée en bleu violet. Dès que ce réactif ne produit plus de coloration, c'est que la fécule est complétement transformée. Il est temps, à ce moment de l'opération, de saturer l'acide sulfurique avec de la craie. Si l'on a opéré sur 1,000 kilogrammes de fécule avec 21 kilogrammes d'acide, il faut de 20 à 22 kilogrammes de craie. La saturation ne doit se faire que peu à peu, sans quoi le déga-

gement surabondant de l'acide carbonique gazeux abandonné par la craie peut faire soulever le mélange, et le
faire déborder hors de la cuve. On doit prendre garde
d'employer un excès de craie; le liquide qui en contient
'rop devient difficile à éclaircir; il reste trouble même
après avoir été filtré, ce qui nuit plus ou moins au succès
de l'opération. Le sirop ainsi obtenu est beaucoup trop
clair; il faut le faire évaporer en bonne consistance, puis
le verser dans la cuve à fermentation, avec une petite
quantité de levûre de bière. Le liquide, devenu par la
fermentation suffisamment vineux, est distillé avec les
mêmes soins et dans les mêmes appareils que les eaux-
de-vie de vin et de grains. Comme il est extrêmement difficile de débarrasser entièrement l'eau-de-vie de pommes
de terre de la saveur peu délicate qui lui est propre, on
préfère habituellement la rectifier et la convertir en alcool 3/6, réservé pour les usages industriels.

L'eau-de-1vie de pommes de terre est le plus souvent
obtenue directement des tubercules cuits et écrasés. On
peut, après les avoir fait cuire à la vapeur dans des appareils en bois appropriés à cette destination, les écraser
avec des pilons dans l'intérieur même des appareils tandis
qu'ils sont encore chauds, ou bien les laisser refroidir et
les réduire en pulpe en les faisant passer entre deux cylindres. La pulpe de pommes de terre cuites écrasées, délayée dans une quantité d'eau chaude suffisante pour en
former un brouet clair, ne fermenterait pas seule; il y
faut ajouter comme ferment douze pour cent de son poids
d'orge maltée et broyée comme on l'a exposé ci-dessus. Il
importe que le malt soit très-exactement incorporé au
brouet de pommes de terre, afin qu'il réagisse également
sur toutes ses parties, et qu'il puisse déterminer la conversion de toute la fécule en glucose, puis en alcool. Quand
on opère par ce procédé, la distillation des pommes de

terre est arrêtée, ainsi qu'on l'a dit, à l'époque où la germination des tubercules commence à faire diminuer graduellement leur richesse en fécule. En Allemagne, où l'on distille beaucoup de pommes de terre, les tubercules sont écrasés, soumis à l'action puissante d'une presse hydraulique, desséchés à l'étuve et conservés à l'état sec, ce qui permet de les livrer successivement toute l'année à la distillation.

DISTILLATION DES BETTERAVES.

Cette branche d'industrie, après avoir traversé une assez longue période d'enfantement pénible qui pouvait faire craindre sa ruine totale, s'est tout à coup relevée pour prendre de vastes proportions et s'élever au rang des industries accessoires les plus profitables à l'agriculture. En 1819, les alcools de betterave se plaçaient si difficilement, qu'on avait imaginé de les mélanger par partie égale à l'essence de térébenthine, et de substituer ce mélange à l'huile pour l'éclairage domestique. En 1855, les mélasses provenant de la fabrication du sucre de betterave étaient en partie données au bétail, en partie vendues, quand elles trouvaient des acheteurs, au prix minime de 5 francs les 1,000 kilogrammes dans le département du Nord. Aujourd'hui, ces mélasses donnent de l'alcool fin par la distillation ; elles valaient, en 1854, 30 fr, les 1,000 kilogr.; elles valent en ce moment (1862) 35 fr. et elles ne manquent jamais d'acheteurs.

Dès 1845, prévoyant l'avenir de la distillation des betteraves, M. Dubrunfaut avait osé dire qu'avant peu, pour la production des alcools, la vigne en France serait remplacée par la betterave, affirmation qui avait soulevé beaucoup de contradictions. Il expliquait sa pensée en ajoutant que les vignobles dont les produits sont destinés à l'alambic seraient modifiés de manière à donner des vins potables, et que tout l'alcool serait fourni par la betterave. La prédiction ne s'est réalisée qu'en partie ; mais il est certain que la quantité d'alcool fournie par la distillation de la betterave augmente tous les ans dans de larges proportions, surtout depuis que la sucrerie et la distillerie se donnent la main. Quelques chiffres suffisent pour mettre en relief les avantages qui peuvent résulter de l'association de ces deux industries, intimement liées l'une et l'autre à l'agriculture. Il faut environ 400,000 francs de déboursés pour monter une fabrique de sucre de betterave pouvant travailler 100,000 kil. de racines par jour ; pour ajouter une distillerie de betterave à un tel établissement, il n'y a pas plus de 40,000 fr. à dépenser en plus. Or, pour monter séparément une distillerie de betterave de la même importance, on ne peut pas débourser moins de 340,000 francs. D'autre part, les bénéfices de la distillation des betteraves sont assez élevés pour lui permettre de payer les racines de 35 à 40 fr. les 1,000 kil., tandis que la sucrerie de betteraves ne peut pas les payer au delà de 18 à 20 fr. ; d'où il résulte qu'une grande distillerie faisant concurrence pour l'achat des betteraves à une sucrerie la ruinerait. L'obstacle disparaît quand la même usine comprend la sucrerie et la distillerie ; toutes les betteraves qu'elle emploie sont payées au même prix.

Le fermier qui n'est ni fabricant de sucre de betterave ni distillateur, s'il vend à une sucrerie ses betteraves 18 fr. les 1,000 kilogr. et qu'il reprenne les pulpes à 9 francs les 1,000 kilogr., réalise un bénéfice assez élevé ; mais si l'argent ne lui manque pas pour extraire lui-même dans son exploitation et le sucre et l'alcool, il ajoute les bénéfices de l'industriel à ceux du cultivateur. Tout dépend pour lui de l'état de ses propres affaires, c'est-à-dire du capital dont il peut disposer, et de l'état du marché qu'il doit consulter avec maturité avant de rien entreprendre. L'un des hommes les plus compétents en pareille matière, M. Payen, professeur de chimie, écrivait à ce sujet en 1854 :

« Il y a des motifs plausibles de croire que cette industrie nouvelle continuera, soit dans les grandes usines, soit dans les distilleries annexées aux fermes, alors même que les récoltes de nos vignobles et de nos cultures de pommes de terre cesseraient d'être amoindries par les maladies. » Cette prévision s'est jusqu'ici pleinement réalisée.

L'opération commence par le lavage à fond des racines dans des tambours semblables à ceux qu'on a décrits pour le lavage des pommes de terre avant d'en extraire la fécule. Il y a ensuite divers moyens d'extraire le jus sucré de la betterave avant de le livrer à la fermentation : on peut râper les betteraves par des moyens mécaniques et les soumettre à la presse pour en extraire le jus, ou les faire passer sous le coupe-racines pour les faire macérer dans l'eau ou dans les *vinasses*, liquide épuisé des distillations précédentes. Le jus extrait directement et le sirop obtenu par macération, filtré et convenablement rapproché, n'entre pas de lui-même en fermentation ; il y faut ajouter à cet effet de la levûre de bière qui le convertit en moût en changeant le sucre en alcool.

A une époque toute récente, le génie des inventeurs, vivement surexcité par les bénéfices élevés que peuvent procurer les distilleries agricoles d'alcool de betterave, a introduit d'importants perfectionnements dans les procédés d'exécution, perfectionnements qui ont pour but l'amélioration des produits, soit en quantité, soit en qualité, la simplification des opérations, et l'économie la plus grande possible dans l'emploi du combustible. Ces améliorations peuvent avoir sur les résultats de la distillation une influence

telle, qu'on doit donner un exposé précis des trois méthodes les plus avancées : ce sont, en attendant mieux, les
méthodes de MM. Kessler, Leplay et Champonnois.

SYSTÈME KESSLER.

Le système Kessler emploie cinq appareils principaux,
savoir : 1° une laveuse mécanique ; 2° une râpe ; 3° une
table dite de déplacement ; 4° une cuve de fermentation ;
5° un appareil distillatoire.

1° La *laveuse* n'est autre que le tambour décrit pour le
lavage des pommes de terre (voy. *Féculerie*) ; il n'en diffère que par ses plus grandes dimensions ;

2° La *râpe*, pour les distilleries agricoles, est construite
comme celle qui sert pour les féculeries. M. Kessler recommande les râpes de moyennes dimensions, dont le prix ne
dépasse pas 150 à 200 fr. et qui débitent par heure 600 kil.
de pulpe de betterave ;

3° La *table de déplacement* est la pièce la plus importante de tout le système ; c'est une vaste surface à claire-
voie et à double fond. La pulpe, étendue sur cette table, y est
arrosée d'eau fraîche, qui se charge de tout ce qu'elle contient de principes sucrés. La même pulpe est alors saturée
de vinasse chaude provenant des distillations précédentes ;
ce liquide ne se mêle pas à l'eau chargée de sucre de betterave, il la *déplace* en s'y substituant et le liquide sucré
s'écoule tout filtré à travers le double fond de la table de
déplacement, pour se rendre dans la cuve de fermentation.

En 1863, M. Kessler a ajouté à cette partie de ses
appareils une ingénieuse modification. Au moyen de bassins munis d'une roue à palettes de son invention, la
pulpe est étendue sur la table de déplacement avec une
facilité merveilleuse et une extrême rapidité ; la table re-

çoit une charge de 800 à 1,000 kil. de pulpe, en moins de temps qu'il n'en faut pour le dire; cette pulpe rendue, fluide par une très-faible dose d'acide sulfurique, commence à s'égoutter pendant le chargement lui-même ; elle s'étend sur toute la surface de la table avec une parfaite égalité, condition très-importante pour le succès de l'opération.

4° La *cuve de fermentation* est la même que pour tous les autres genres de distillation ; ses dimensions varient de 50 à 200 hectolitres de capacité. Le jus de betterave y est mis en contact avec la levûre de bière, qui le fait entrer en fermentation.

5° L'*appareil distillatoire* est celui de Cellier-Blumenthal avec une seule modification. L'eau du réservoir à température constante, ordinairement chauffée par un jet de vapeur, est remplacée, dans le système Kessler, par les vinasses chaudes, ce qui procure une légère économie dans l'emploi du combustible.

SYSTÈME LEPLAY.

Ce système a pour base la fermentation directe, non d'un liquide sucré, mais de la betterave elle-même divisée en tranches minces par le coupe-racines. Ce sont les tranches ainsi fermentées dont on charge l'appareil distillatoire et qui donnent leur alcool. Le plus grand avantage de ce système, c'est son extrême simplicité d'exécution. Le premier ouvrier venu, totalement étranger aux manipulations de la distillerie, devient pour la pratique du système Leplay un parfait distillateur sans apprentissage ; on sait combien il est difficile, dans les campagnes, de se procurer des ouvriers exercés pour tout ce qui s'écarte des travaux habituels de l'agriculture. Un autre avantage de ce système, c'est d'employer très-peu d'eau. L'eau de pluie que peuvent fournir les gouttières des bâtiments de la ferme est la meilleure pour le service des cuves à fermentation ; quant aux réfrigérants de l'appareil distillatoire, l'eau qu'on y amène retourne à la mare où elle a été puisée ; elle y est reprise de nouveau sans perte sensible. La totalité des appareils peut être installée dans une grange à très-peu de frais. M. Leplay affirme que, pour une distillerie agricole pouvant travailler dans une seule campagne de 2 millions à 2 millions 500,000 kilogr. de betteraves, les frais d'installation ne dépassent pas 20 à 25,000 fr. Quand les betteraves sont de bonne qualité, cultivées en terre fertile, le rendement est par hectare de 24 hectolitres d'alcool pur à 100 degrés de l'échelle centésimale. Les betteraves lavées au tambour sont divisées en *cossettes* ou rubans minces par le coupe-racines, dont tout le monde sait se servir dans une grande ferme ; seulement, au lieu de se faire avec de l'eau, le lavage s'opère dans la vinasse. Le mouvement de la fermentation devant être très-tumultueux, les cuves ne doivent être remplies de cossettes qu'au tiers seulement de leur capacité ; un peu de levûre de bière et une très-faible dose d'acide sulfurique mettent en train la fermentation, activée par un jet de vapeur qui maintient dans les cuves une température de 20 à 22 degrés. La fermentation ne doit pas être prolongée au delà de 12 heures. Les tranches, suffisamment fermentées, sont portées dans l'appareil distillatoire qui fonctionne du reste comme pour tous les autres genres de distillation. M. Leplay obtient en moyenne un hectolitre d'alcool pur à 100 degrés centésimaux de 2,200 kilogr. de bonnes betteraves.

SYSTÈME CHAMPONNOIS.

M. Champonnois lave ses betteraves à l'eau et les divise

en cossettes par le coupe-racines, comme pour la pratique du système Leplay. Mais, au lieu de faire fermenter directement les cossettes, il les lave avec vive agitation dans les vinasses chaudes; elles y abandonnent tous leurs principes sucrés. Les jus clairs extraits des cossettes ainsi traitées sont versés dans les cuves à fermentation avec un peu de levûre de bière, puis livrés à la distillation qui, n'opérant que sur des liquides, se fait plus facilement que 'orsqu'elle opère sur des pulpes ou des cossettes fermentées. C'est là toute la clé du système Champonnois, simple, expéditif et peu dispendieux. Le fermier qui monte une distillerie agricole peut se décider en faveur de l'un des trois systèmes précédents en parfaite connaissance de cause.

La question de l'emploi des pulpes de pommes de terre ·t de betteraves distillées ainsi que des résidus de la distillation des grains, a donné lieu à une vive polémique récente et à des expériences nombreuses, d'où il résulte que :es aliments sont d'une faible valeur pour la nourriture des animaux d'attelage ou d'élève et pour les vaches laitières, mais qu'ils favorisent tout particulièrement l'engraissement des animaux de boucherie pour lesquels ils doivent être réservés. Dans tout le Nord, chaque distillateur de grains, de pommes de terre ou de betteraves achète des bœufs maigres qu'il engraisse avec des résidus de distillerie, et qu'il vend gras avec grand bénéfice, ayant en outre pour son exploitation des fumiers abondants d'une grande puissance fertilisante.

SUCRE INDIGÈNE.

La création de la sucrerie indigène fut une des grandes pensées de Napoléon Ier, et l'un des plus grands faits économiques de ce siècle. Les Grecs et les Romains ont connu le sucre ; ils en recevaient par le commerce de la mer Rouge de petites caisses venant de l'Inde ; c'était du sucre candi blond, obtenu du jus de la canne par des procédés fort imparfaits ; il passait pour un médicament doué de toute sorte de propriétés précieuses. Les plus riches malades pouvaient seuls faire usage du sucre ; il était payé, pour ainsi dire, au poids de l'or. Cet état du commerce et de la production du sucre resta le même jusqu'à la découverte du nouveau monde ; les peuples demi-civilisés d'Amérique, spécialement les Mexicains, faisaient grand usage du sucre et des aliments sucrés. Le sucre fut le produit le plus lucratif des colonies européennes dans les régions intertropicales, jusqu'à l'introduction de la fabrication du sucre de betterave en Europe, et malgré cette redoutable concurrence le sucre colonial n'est pas mort. La Grande-Bretagne est en ce moment (1862) le seul pays de l'Europe où la fabrication du sucre de betterave soit prohibée d'une manière absolue. La consommation du sucre va constamment en augmentant ; on ne peut pas, pour ainsi dire, produire trop de sucre ; il n'y a jamais lieu de craindre que le marché en soit encombré.

On sait par quelle crise l'industrie sucrière en France a passé à la chute du premier empire ; le sucre colonial venant tout d'un coup inonder le marché européen, toutes les fabriques de sucre de betterave tombèrent à plat, et il leur fallut plusieurs années pour se relever. La ruine des premiers fabricants facilita les opérations de leurs successeurs immédiats ; ils purent acquérir presque pour rien tout un matériel demeuré longtemps sans emploi. La fabrication du sucre indigène n'atteignit pas du premier coup sa perfection actuelle ; longtemps il fut facile de distinguer par son infériorité le sucre de betterave du sucre de canne ; aujourd'hui le plus fin connaisseur ne peut se flatter de ne pas s'y tromper, tant les deux sucres sont identiques l'un à l'autre. On cite la réponse d'un fabricant qui avait obtenu la faveur de faire goûter son sucre au roi Louis XVIII.

« Votre sucre, avait dit le roi, n'est pas mauvais ; mais je remarque qu'il ne sucre pas. »

« Ah ! sire, avait répondu le fabricant, cela viendra ! »

Cela est venu, et l'industrie de la sucrerie indigène a jeté en France de si profondes racines, qu'elle a résisté à toutes les épreuves, à toutes les crises commerciales, sans cesser de se développer. En 1828, il y avait en France cent fabriques de sucre de betterave, elles ne payaient aucun impôt ; leur production annuelle était de 4,700,000 kil., soit pour chaque fabrique, en moyenne, 47,000 kil. En 1854, il y avait en France trois cents fabriques de sucre indigène ; elles payaient l'impôt, et leur production annuelle dépassait le chiffre de 74,000,000 de kil., un peu plus de quinze fois la production de 1828 ; l'accroissement de production ne s'est pas arrêté depuis 1854. Du reste, la production du sucre indigène, ajoutée à l'importation du sucre colonial, est bien loin encore de répondre aux besoins réels de la consommation. En Angleterre, la consommation du sucre est en moyenne de 15 kil. par tête et par an ; la moyenne pour toute la France n'est que de 3 kil. 400 grammes ; pour Paris seul, elle atteint le chiffre de 11 kil. ; dans plusieurs départements, elle ne dépasse pas un kilogramme : il y a de la marge.

Le perfectionnement des procédés de fabrication du sucre indigène a suivi la même marche progressive. Les frais nécessaires pour extraire le sucre de 1,000 kil. de betteraves étaient évalués en 1828 à 28 francs ; ils n'étaient en 1850 que de 13 à 14 francs ; en 1860, ils étaient descendus à 10 francs ; ils tendent encore à diminner.

Au point de vue agricole, les avantages de la sucrerie indigène ne peuvent plus être mis en question ; personne n'ignore aujourd'hui que la culture de la betterave nettoie et approfondit la couche arable, qu'elle dispose parfaitement la terre pour les cultures suivantes, et que quand les résidus de la fabrication du sucre sont employés à nourrir ou engraisser des bestiaux, elle améliore le sol, au lieu de l'épuiser. En effet, les principes de la betterave qui peuvent contribuer à fertiliser la terre y retournent en presque totalité.

Les betteraves ne sont pas toutes également riches en sucre ; les meilleures, d'après les études consciencieuses faites à ce sujet par deux expérimentateurs très-compétents, M. L. Vilmorin et M. Leplay, contiennent, par 100 kil., 97 à 98 pour cent de jus, et 2 à 3 pour cent seulement de matière solide, quelle que soit d'ailleurs la richesse plus ou moins grande de leur jus en sucre. Cette richesse diffère non-seulement chez les diverses variétés de betterave, mais chez la même variété, selon la composition du sol où elle est cultivée et la nature des engrais qu'elle reçoit. Les plus riches en sucre sont celles qui croissent dans les terres argilo-calcaires de première classe ; leur rendement est fréquemment de 12 pour cent, tandis que la moyenne des bonnes espèces, dans les terres d'une fertilité ordinaire, n'est que de 10 pour cent.

Certains engrais très-énergiques, particulièrement l'engrais humain, font croître des betteraves d'un volume et d'un poids énormes, dont une seule pèse souvent plusieurs kil. Cette exubérance de production n'est obtenue qu'aux dépens de la qualité des betteraves. Les betteraves arrosées vers le milieu de leur croissance avec l'engrais humain délayé, connu dans tout le nord de la France sous le nom d'engrais flamand, contiennent en trop forte proportion divers sels qui empêchent leur sucre de cristalliser. C'est pourquoi les fabricants de sucre indigène, à qui cette particularité est parfaitement connue, ont grand soin de stipuler dans les marchés qu'ils passent avec les fermiers pour la fourniture des betteraves, que ceux-ci s'abstiendront d'employer l'engrais flamand pour la fumure de leurs champs de betteraves ; en cas de contravention à cette clause, le fabricant peut refuser de prendre livraison des betteraves, qui restent pour le compte du cultivateur, passible de dommages-intérêts envers le fabricant.

La betterave dans les silos est très-sujette à se détériorer par la fermentation, la gelée ou la pourriture ; on l'en préserve en usant, à l'égard des silos de betteraves, des mêmes précautions indiquées précédemment pour les silos de pommes de terre. (Voyez *Féculerie.*)

Les premières opérations de la sucrerie indigène sont les mêmes que celles de la distillerie. Le tambour à claire-voie pour le lavage des racines et le cylindre dévorateur pour les réduire en pulpe sont de même construction ; on leur donne seulement des dimensions plus grandes, parce qu'il importe au plus haut degré que toute l'opération soit conduite avec la plus grande vitesse possible, pour prévenir les causes d'altération du sucre, soit dans la pulpe, soit dans le jus. La pulpe, à mesure qu'elle est produite, est immédiatement soumise à la presse, afin d'en extraire le jus ; cette opération, dont la bonne exécution exerce une influence décisive sur la suite du travail, exige deux sortes de presses, l'une d'une force moyenne, l'autre la plus énergique possible. La pulpe est enfermée dans des sacs d'étoffe de laine très-solide, d'une forme adaptée à celle de la presse sous laquelle ils doivent être placés. On les empile en les séparant par des *claies métalliques,* consistant en plaques de tôle percées de trous. Sous la première presse agissant avec une force modérée, la pulpe rend environ 35 à 40 pour cent de son poids de jus. Les sacs avec les claies métalliques interposées sont ensuite portés sous la presse la plus forte, qui en extrait encore à peu près la même quantité de jus, ce qui porte le rendement total à 75 ou 80 pour cent du poids total de la pulpe pressée. Quand on opère sous l'empire d'une température douce et humide, qui favorise outre mesure l'altération du sucre, les sacs entre la première et la seconde pression sont plongés dans de l'eau tenant en suspension de deux à trois millièmes de tannin ; l'action de cette substance, même à dose très-faible, est un excellent préservatif pour arrêter ou prévenir la détérioration du principe sucré de la betterave. On insiste sur la nécessité de conduire très-rapidement la conversion des betteraves en pulpe et l'extraction du jus par l'action successive de deux presses; plus on se hâte, plus on peut être assuré d'un bon résultat définitif.

Le jus, à mesure qu'il se produit, est versé dans des vases de cuivre étamé, pour subir l'opération importante de la *défécation*; on commence par porter la température à 70 degrés centigrades, au moyen de tuyaux à vapeur, moyen de beaucoup préférable à celui du chauffage direct. La défécation a pour but de saturer les acides libres que le jus de betterave contient toujours en plus ou moins grande quantité, et d'éliminer du jus de betterave la gomme, l'albumine, la caséine, les matières grasses, la matière colorante, enfin, de n'y laisser subsister rien autre chose que de l'eau et du sucre cristallisable ; quand ce résultat est complétement atteint, la défécation est aussi parfaite qu'elle peut l'être. La chaux est l'élément essentiel de la défécation du jus de betterave; elle sature les acides libres ; elle décompose les sels de soude, de potasse et d'ammoniaque; elle se combine avec l'albumine pour former un *albuminate* qui constitue une sorte de réseau, enveloppant tout ce que le liquide contient de substances de nature à le troubler, et qui l'entraîne sous forme d'écume, parce que les composés formés par la chaux et ces substances sont tous insolubles dans l'eau.

Il importe de ne pas employer trop de chaux ; autrement on obtient, en dernière analyse, moins de sucre cristallisé, et plus de mélasse. Toutefois, il n'est pas indispensable de doser la chaux rigoureusement par le pesage. On prépare un lait de chaux marquant à l'aréomètre dix degrés ; le lait de chaux ainsi chargé contient un kil. de chaux par dix litres d'eau. La défécation du jus de betterave n'exige pas à toutes les époques de l'année la même quantité de chaux. Au début, quand les betteraves récemment récoltées n'ont encore subi aucune altération, on ne doit pas dépasser la dose de trente litres de lait de chaux à dix degrés de l'aréomètre, contenant trois kil. de chaux par dix hectolitres de jus. Plus tard, à mesure que les betteraves, ne fussent-elles ni gelées ni gâtées, sont cependant plus ou moins modifiées dans leur composition par leur séjour prolongé dans les silos, la dose de chaux pour mille litres de jus peut être portée à six, huit, et jusqu'à dix kilogrammes par mille litres de jus.

L'application du lait de chaux à la défécation est assez délicate ; elle demande beaucoup d'attention et d'habitude. Le lait de chaux est ajouté par portion au jus chauffé par la vapeur, et vivement agité pour que la chaux soit mise en contact avec toutes les parties du liquide ; le point difficile, c'est de maintenir la température au degré de l'ébullition sans le dépasser, et de l'arrêter en détournant la vapeur dès le premier bouillonnement. Si la masse entrait en pleine ébullition, l'albumine de l'écume se diviserait, et le jus de betterave resterait trouble. Quand il se forme sur le jus une écume ferme, compacte, d'une nuance verdâtre, et que le liquide est limpide par-dessous, la défécation est complète ; il n'y a qu'à soutirer le jus éclairci en ouvrant les robinets du fond des chaudières, qui laissent écouler le jus sans le mêler à l'écume. Quand la défécation est manquée, il faut reverser dans le jus une nouvelle quantité de chaux ; le jus finit toujours par s'éclaircir, mais il y a plus ou moins de déchet.

La défécation étant obtenue dans les meilleures conditions possibles, on procède au filtrage, pour lequel on se sert généralement du noir animal.

Dans les grandes fabriques, les filtres sont des vases cylindriques en tôle galvanisée, pouvant contenir trois à quatre mille kil. de noir ; ils sont munis d'un double fond percé de trous très-rapprochés, comme ceux d'une écumoire. On étend d'abord à l'intérieur une toile de coton claire mais solide ; le noir, humecté avec 25 pour cent de son poids d'eau, est mis dans le filtre, non pas tout à la fois, mais par couches de 25 à 30 centimètres, qui sont tassées et comprimées l'une après l'autre, jusqu'à ce que la charge du filtre soit complète. La surface supérieure du noir animal est recouverte d'une toile de coton humide, sur laquelle on pose une plaque percée en forme d'écumoire, semblable à celle du double four. Ces dispositions prises, on verse le jus chaud dans la partie supérieure du filtre, où un espace vide a été ménagé à cet effet. Le jus, d'une densité plus grande que celle de l'eau dont le noir animal du filtre a été imbibé, ne se mêle point à cette eau qui, poussée par le jus, s'échappe en entier la première sans mélange de jus. Celui qui surveille l'opération ferme le filtre dès qu'il reconnaît qu'il ne passe plus d'eau ; il jette au dehors l'eau qui s'est écoulée du noir animal, chassée par le jus de betterave ; il rouvre alors le filtre et dirige le jus, qui s'écoule seul et parfaitement clair vers l'appareil dans lequel il doit être évaporé.

Quand la fabrication du sucre de betterave en est à ce

point, si tout n'est pas fini, le plus fort est fait; il ne reste qu'à faire évaporer l'eau contenue en excès dans le jus clarifié ou *claircé*, selon l'expression usitée, afin de l'amener au degré de concentration nécessaire pour faire cristalliser le sucre. L'opération se fait à deux reprises; le jus dirigé en sortant du filtre sur des chaudières peu profondes, à grandes surfaces, chauffées par des tuyaux à vapeur, arrive assez promptement à marquer à l'aréomètre 25 degrés. L'évaporation est arrêtée à ce point; le jus concentré en sirop clair est soumis à un second filtrage de tout point semblable au premier. La *clairce* (c'est le nom qu'on donne au jus en cet état) est soumise à une seconde et dernière évaporation. L'un des appareils les plus usités à cet effet est la chaudière de Péqueur. Toutes les chaudières évaporatoires, de quelque manière qu'elles soient chauffées, ont le même inconvénient; elles mettent pendant un temps trop long le sirop de sucre de betterave en contact avec la chaleur, ce qui ne peut manquer de l'altérer plus ou moins. Aussi, dans beaucoup de grandes fabriques a-t-on adopté pour échapper à cet inconvénient les appareils d'évaporation *dans le vide*, où l'eau superflue du sirop de sucre est éliminée à froid et dans un temps très-court. Le jus, dans ces appareils, se trouve concentré de manière à n'avoir plus que la moitié de son volume primitif. Deux de ces appareils méritent une mention spéciale; ce sont l'*appareil Cail*, à triple effet, où la première évaporation et la concentration s'opèrent dans trois vases à clôture hermétique, par le vide fait à leur intérieur, et le cône de Lembeck, appareil à double enveloppe de forme conique renversée, où l'évaporation se fait par la double action du vide et de la force centrifuge ; ce dernier appareil porte le nom de M. Claës de Lembeck, son inventeur.

Quel que soit l'appareil ou le procédé d'évaporation et

de concentration adopté, il faut, vers la fin de l'évaporation, faire de temps à autre ce qu'on nomme la *vérification de la cuite,* c'est-à-dire s'assurer du degré de concentration du sirop, afin de l'arrêter au point convenable. Il y a d'abord la *preuve au filet;* elle consiste à prendre au bout du doigt une gouttelette de sirop; en appuyant le pouce sur cette gouttelette et le retirant vivement, il se forme entre le doigt et le pouce un mince filet qui se rompt aussitôt; le sirop approche du degré désiré de concentration. A cet essai succède la *preuve au crochet;* elle se fait comme la précédente; mais le sirop étant de quelques degrés plus rapproché, le filet, lorsqu'il se rompt, au lieu de rester droit, se retourne de chaque côté en forme de crochet; la cuite est à son point. D'autres agissent sur une plus grande quantité de sirop; ils y plongent une écumoire à trous assez larges, et soufflent fortement dessus. Si le sirop est assez cuit, la pellicule que le souffle a forcée de passer par les trous de l'écumoire forme du côté opposé une petite bulle que le refroidissement solidifie à l'instant : c'est ce qu'on nomme la *preuve au soufflé.* Avec un bon appareil d'évaporation à froid, dans le vide, la concentration définitive ne doit pas durer au delà de 10 à 12 minutes.

Cette dernière partie de la fabrication du sucre de betterave est assez souvent, même dans les fabriques les mieux outillées et les mieux dirigées, contrariée par divers accidents, dont le plus fréquent est l'enlèvement soudain du sirop qui devient mousseux, et déborde hors des vases évaporatoires. La cause en est toujours dans une défécation plus ou moins imparfaite; la *clairce* bien limpide ne s'emporte jamais. Il n'y a, pour parer à ce genre d'accident, qu'à répandre à la surface du liquide disposé à s'emporter une petite quantité de beurre fondu, qui fait glisser les bulles les unes sur les autres, les fait crever, et s'oppose par là à la formation de la mousse et **au débor**dement du liquide.

Quelquefois, c'est l'effet contraire qui se produit; la clairce ne veut pas cuire : c'est ce qu'on nomme une *cuite immobile*, due à l'emploi dans la défécation d'une trop forte dose de chaux. Il est toujours difficile de parer à des accidents de ce genre; il faut filtrer de nouveau la liqueur concentrée, la couper avec d'autre jus mieux clarifié, et essayer d'en achever la cuite, ce qui ne réussit pas toujours.

Quand la cuite a bien réussi, il faut faire refroidir le sirop s'il a été évaporé par la chaleur, et le réchauffer s'il a été concentré dans le vide, puis le faire cristalliser. Dès qu'il se forme dans les chaudières quelques cristaux sur les parois, on les mêle à la masse, et l'on se hâte de verser le sirop dans les moules, où il doit prendre la forme solide. Les moules, de forme conique, sont posés la pointe en bas dans des planches percées. Les moules peuvent être en terre cuite, en tôle galvanisée ou en cuivre étamé; le sirop y est coulé lorsqu'il est à la température de 50 à 55 degrés; la cristallisation doit être complète en 24 ou en 36 heures. On ôte alors le tampon qui bouche le trou de la pointe de chaque moule; on perce la pointe des pains de sucre, qu'on transporte, pour les laisser égoutter, dans un local maintenu à la température de 28 à 32 degrés. Sous les bancs percés de trous dans lesquels les pains de sucre sont déposés pour égoutter, règne une gouttière, qui conduit le liquide chargé de mélasse dans un réservoir. L'égouttement livré à son cours naturel dure de douze à quinze jours; mais, dans la plupart des fabriques de sucre de betterave, on fait usage d'un appareil destiné à opérer l'égouttement forcé. L'un des plus utiles est l'appareil à force centrifuge de Seyrig. Le sucre, dans cet appareil, est en quelques minutes mieux égoutté qu'il ne le serait de lui-même en deux semaines.

Les procédés de fabrication du sucre de betterave, tels qu'ils viennent d'être exposés, sont ceux qu'on suit le plus généralement dans les grandes sucreries où la distillation de la betterave est associée à l'extraction du sucre. Les betteraves y sont amenées, quelquefois d'assez loin, par les cultivateurs du canton, en vertu de marchés passés en vue des besoins présumés de la fabrication. Quelques fabricants louent des terres, et font cultiver des centaines d'hectares en betterave pour alimenter leurs usines. Il y a aussi en assez grand nombre, dans le nord et l'est de la France, des fermiers qui joignent à leurs exploitations une sucrerie ordinairement accompagnée d'une distillerie. L'usage s'est introduit depuis plusieurs années de substituer à la conservation des betteraves dans les silos le procédé de rapide dessiccation. Les racines, lavées et débitées en tranches minces par le coupe-racines, sont désséchées sur une touraille de brasseur, et conservées dans des sacs, à l'état de *cossettes* sèches, dans un local à l'abri de l'humidité, ce qui permet de les travailler sans interruption toute l'année, soit pour la distillation, soit pour l'extraction du sucre. On fait macérer les cossettes dans l'eau, qui se charge de tous leurs principes sucrés ; l'eau chargée de sucre est ensuite traitée comme le jus de betterave pour la défécation, la concentration et la cristallisation.

La fabrication du sucre de betterave dans de très-grandes sucreries, soit purement industrielles, soit agricoles, offre plusieurs inconvénients, dont le plus grave est la difficulté d'utiliser les pulpes dans les meilleures conditions. Quand les betteraves sont amenées d'un peu loin à la sucrerie, le cultivateur, en raison des frais de transport, ne peut pas venir reprendre les pulpes afin d'en nourrir son bétail. Les pulpes s'accumulent à la fabrique en quantités énormes ; pour les utiliser, il faut que le fabricant fasse construire de vastes étables, qu'il y réunisse un grand nombre de bêtes maigres, et qu'il les engraisse pour les revendre avec bénéfice. L'enlèvement des fumiers, produits sur un seul point en masses trop considérables, en limite l'emploi aux terres au voisinage immédiat de l'usine, alors que cet engrais pourrait être mieux utilisé sur des terres plus éloignées; dans tous les cas, il ne retourne que partiellement aux terres qui ont produit la betterave travaillée dans les très-grandes fabriques, tandis qu'il y retourne en entier quand le sucre est extrait dans une sucrerie agricole, où l'on ne travaille que les betteraves récoltées sur les champs de l'exploitation elle-même.

Quelques chimistes, particulièrement M. Rousseau, se sont occupés des moyens de simplifier le plus possible la fabrication du sucre de betterave, en vue de multiplier les sucreries agricoles dans les moyennes et petites exploitations, aussi bien que dans les grandes. On doit à M. Rousseau deux procédés, l'un introduit déjà depuis plusieurs années, et adopté dans un grand nombre de fermes de la région du Nord-Est; l'autre, d'introduction toute récente, et qui n'a pas encore reçu un bien grand nombre d'applications.

Le premier procédé Rousseau débute par le lavage des racines, leur conversion en pulpe et l'extraction du jus, comme tous les autres procédés. Pour la défécation, il n'emploie pas moins de 25 kil. de chaux par mille litres de jus. La chaux est délayée dans cinq à six fois son poids d'eau; on la mêle au jus chauffé à 60 ou 65 degrés, dont on élève la température à 95 degrés, sans le laisser bouillir. La plus grande partie du sucre se combine avec la chaux pour former un *sucrate de chaux*, qui reste dans le liquide. On y introduit alors un jet de gaz acide carbonique produit par un appareil semblable à celui qui sert à la fabrication des eaux gazeuses artificielles ; le gaz décompose le sucrate de chaux en formant un carbonate de chaux insoluble qui se précipite au fond des chaudières ; le jus éclairci est séparé du dépôt par décantation. Un seul filtrage avec la moitié seulement de la quantité ordinaire du noir animal donne le jus aussi clair que par la défécation ordinaire ; le reste de l'opération est le même que dans les autres procédés. Le résultat diffère en un point essentiel : au lieu d'avoir dans les formes d'égouttement du sucre brut, plus ou moins coloré, qui doit être raffiné avant d'être livré à la consommation, on en retire immédiatement du sucre cristallisé blanc, qui peut être vendu sans raffinage. Malgré ses avantages évidents, surtout pour les sucreries agricoles, le premier procédé Rousseau n'est pas généralement adopté, surtout par ce motif que l'industrie sucrière, montée en grand, est fournie d'un matériel représentant des capitaux très-importants, et qu'il lui est, par conséquent, difficile de le modifier ou de le remplacer par un autre outillage, fût-il reconnu plus avantageux.

Le second procédé Rousseau, introduit en 1861, est d'une extrême simplicité ; il est principalement applicable dans les petites et moyennes exploitations. Après avoir réduit les betteraves en pulpe, et en avoir extrait le jus selon la méthode ordinaire, M. Rousseau chauffe le jus avec trois millièmes de son poids de plâtre cru pulvérisé, substance commune et à bas prix. Le plâtre se combine avec l'albumine, et entraîne sous forme d'écume toutes les substances que la défécation ordinaire a pour but d'éliminer. L'écume se forme dès que le jus est chauffé à 100 degrés ; elle est blanche, épaisse, très-abondante ; le jus est d'une limpidité parfaite. Il ne tarderait pas à se colorer fortement en brun au contact de l'air ; pour l'en empêcher, on y ajoute 6 à 8 pour cent de son poids d'hydrate de peroxyde de fer (rouille), substance d'un prix très-peu élevé. En quelques secondes, le contact de l'hydrate de peroxyde de fer sépare du liquide tout ce qui peut y rester de matières organiques pouvant être altérées par le contact de l'air, causes de la coloration du jus, qui dès lors reste à la fois parfaitement transparent et incolore. Il ne reste qu'à procéder à l'évaporation dans des chaudières dont la disposition permet l'application directe de la chaleur produite par toute espèce de combustible à bas prix, sans risquer de brûler le sirop. Celui-ci, rapproché au degré convenable, versé dans les moules et égoutté, donne du premier jet, et sans raffinage préalable du sucre cristallisé, blanc, bon à être livré au commerce et à la consommation.

Malgré sa supériorité évidente sur ses devanciers, le procédé Rousseau n'a pas résolu le problème de la sucrerie agricole ; il n'a pas doté l'industrie rurale d'un moyen suffisamment simple, facile à pratiquer, permettant au producteur de betteraves d'en extraire le sucre lui-même, sans être, comme précédemment, dans la nécessité de les vendre à un industriel qui lui rend les pulpes épuisées, pour la nourriture de ses bestiaux. MM. Moufflet et Lair, d'Orléans, ont proposé en février 1864 un nouveau système employant un outillage peu compliqué ; ils ont convoqué, à Créteil, aux portes de Paris, tous ceux qui prennent intérêt à l'industrie sucrière à des expériences qui devaient, selon eux, aboutir du premier coup à la création si désirée de la sucrerie agricole ; ils ont échoué, et la description de leur procédé semble superflue.

Vers la même époque, un habile chimiste de Valenciennes (Nord), M. Pésier, introduisait dans la grande usine de Herrin, qui travaille de 50 à 60 mille kilogr. de betteraves par jour, un moyen entièrement nouveau d'extraction du sucre de betteraves, moyen promptement adopté par la grande industrie sucrière, parce qu'il présente à la fois les deux conditions recherchées : perfection et économie. Après avoir lavé, râpé et pressé les betteraves à l'ordinaire ; après avoir concentré dans le vide le jus clarifié par la chaux en excès, il introduit dans de vastes cylindres de tôle une partie de sirop et trois d'alcool à 90 degrés. Ce mélange, agité vivement, forme en peu de temps un précipité brun dont on le sépare par décantation ; il est alors soumis à la distillation pour reprendre l'alcool qui peut servir indéfiniment, car il ne donne pas plus de *deux millièmes* de perte par chaque opération. Le reste du travail suit son cours habituel ; la cristallisation se fait à souhait ; il résulte de l'emploi de l'alcool une économie de 1 fr. 50 c. par 100 kil, de sucre obtenu.

Raffinage du sucre. Beaucoup de fabriques de sucre de betteraves livrent leur sucre brut aux raffineurs, dont l'industrie spéciale consiste à convertir le sucre brut en sucre blanc. Mais dans les sucreries agricoles, jointes à des exploitations rurales, il peut être plus avantageux d'utiliser les loisirs de la morte saison pour raffiner immédiatement le sucre de betteraves, et le livrer au commerce sous sa forme définitive de sucre blanc cristallisé. C'est pourquoi l'on croit utile d'ajouter, comme complément aux procédés de la sucrerie, ceux du raffinage des sucres tel qu'il est pratiqué dans les raffineries, tel qu'il peut l'être sans trop de difficulté ni d'embarras dans les sucreries agricoles.

Avant de se mettre à l'œuvre, il faut se procurer le matériel et quelques matières premières indispensables. Les chaudières, cuves, filtres et formes qui ont servi pour la fabrication du sucre brut, peuvent également servir pour le raffinage. Il faut, en outre, et c'est le principal, disposer d'un local vaste et bien aéré, où les formes remplies de

pains de sucre raffiné puissent être disposées sans encombrement pour l'égouttement, et où les pains de sucre
puissent recevoir facilement les manipulations qui font
partie de l'opération du raffinage.

Comme matière première, il faut faire provision de noir
animal pour les filtrages, et de sang ou d'œufs pour la
clarification des sirops. Le sang de boucherie transvasé
dans des tonneaux fortement soufrés s'y conserve bien
pendant un certain temps, malgré sa nature putrescible,
pourvu qu'on y mêle un peu de plâtre en poudre, dans la
proportion d'un décilitre seulement pour 100 litres de sang.
Néanmoins, comme le sang corrompu exhale une odeur
des moins agréables, il vaut mieux s'abonner avec l'abat-
toir le plus rapproché, et enlever fréquemment le sang des
animaux de boucherie fraîchement tués, en proportion des
besoins de la raffinerie. L'emploi des œufs pour la clarification des sirops est préférable à celui du sang de boucherie; mais, d'une part, les œufs coûtent fort cher; de
l'autre, on ne peut pas toujours s'en procurer en quantité
suffisante au moment du besoin. On compte qu'en moyenne
six à huit œufs du poids de 300 à 350 grammes représentent, quant à leur effet utile pour la clarification, un litre
de sang.

L'opération du raffinage commence par l'*égrenage* du
sucre brut. Au moment où il est retiré des formes, ce sucre
n'est pas complétement homogène; il contient des agglo-
mérations dures qu'on en sépare pour les broyer en les
faisant passer entre deux cylindres cannelés. Ce broyage
est nécessaire pour que toute la masse se fonde rapidement, et qu'elle se convertisse en sirop dans le temps le
plus court possible. La fonte se fait dans les chaudières
servant à la défécation du jus de betteraves. Ces chaudières étant à double fond, le sirop y est chauffé par les
tuyaux à vapeur qui circulent entre les deux fonds. Dès

que le sucre, vivement agité dans les chaudières, est complétement fondu dans une quantité d'eau suffisante pour le
dissoudre en totalité, on y ajoute le sang , dans la proportion d'un à un et demi pour cent du volume du sirop ; le
sang est préalablement mêlé et fortement battu avec quatre
à cinq fois son volume d'eau. Dès que le sirop a reçu le sang
et qu'il a pris quelques bouillons, il est mêlé à un volume
de noir animal égal au sirop, puis coulé dans les filtres
chargés aussi de noir animal. La disposition des chaudières
doit permettre de faire écouler le sirop directement dans les
filtres. Ceux dont on se sert pour le premier filtrage, dans
les raffineries, sont des caisses peu profondes, en bois
doublé de cuivre, à fond percé de trous, surmontant des
bassins où le sirop est recueilli. Le premier filtrage donne
des sirops encore troubles, mais à demi décolorés, qui
finissent par devenir tout à fait clairs. La clairce, tandis
qu'elle est encore chaude, est soumise au second filtrage
sur du noir en grains. On opère pour le second filtrage
exactement comme pour le filtrage des sirops de sucre de
betteraves, dans les appareils décrits ci-dessus (page 2).
Après chaque filtrage de la clairce raffinée, les filtres sont
rechargés de noir neuf ; ce n'est point une dépense pour
la raffinerie. Le noir ayant servi soit au premier, soit au
second filtrage, est chargé de débris de substances animales
qui lui donnent des propriétés fertilisantes de beaucoup supérieures à celles du noir neuf ; c'est alors surtout qu'il devient
précieux pour le *pralinage* du seigle destiné aux semailles,
dans les terres nouvellement défrichées, plutôt légères que
fortes. Le second filtrage est lent et continu ; la clairce du
premier filtrage doit arriver par le haut des filtres en quantité égale à celle du sirop clair qui s'en écoule par le bas.
La clairce du second filtrage est évaporée 'et rapprochée,
soit dans les chaudières évaporatoires, soit dans le vide,
en utilisant les appareils dont la sucrerie est pourvue. Le

sirop suffisamment concentré est versé dans les cuves à cristalliser, puis dans les formes, dès que les premiers cristaux apparaissent sur les parois des cuves.

Il n'y a dans ce qui précède rien qui ne ressemble aux procédés ordinaires de la fabrication du sucre de betteraves, quiconque s'est bien tiré des premiers se tirera également bien des autres ; la différence des manipulations commence quand il s'agit de remplir les formes de sirop raffiné devant donner du sucre blanc.

Les formes de terre le plus généralement en usage doivent, lorsqu'elles sont neuves, être préalablement remplies d'argile grise plastique réduite à l'état de bouillie claire, qu'on y laisse pendant deux ou trois jours. Au moment de s'en servir, on en ôte l'argile ; elles sont soigneusement lavées, puis trempées dans de l'eau fraîche très-propre et portées dans l'*empli*. Les raffineurs désignent sous ce nom une pièce dans laquelle se fait le remplissage des formes, et qui n'a pas d'autre destination. Dans une raffinerie jointe à une sucrerie agricole, l'empli peut être une petite pièce ménagée à côté des appareils de concentration et des cuves à cristalliser ; le sol de cette pièce est dallé en pierres tenues constamment propres, légèrement en pente, pour que le sirop qui tombe s'écoule par une rigole vers un réservoir, et ne soit pas perdu. La température de l'empli, pendant l'opération du remplissage des formes, ne doit pas descendre au-dessous de 35 degrés centigrades ; les précautions nécessaires doivent être prises pour qu'aucun courant d'air froid du dehors ne puisse y pénétrer. Les formes remplies doivent séjourner huit heures au moins et douze au plus dans l'empli, après quoi elles sont portées dans le local que les raffineurs nomment *grenier*. Toute pièce close, où l'on peut maintenir une température constante de 25 à 28 degrés centigrades, peut tenir lieu du grenier d'une raffinerie. Les formes pleines y sont posées, la pointe en bas, dans des planches percées de trous. Quand la cristallisation, qui doit marcher lentement, commence à se manifester dans les formes, on en remue le contenu avec la lame d'un grand couteau de bois de hêtre ; c'est ce que les raffineurs nomment *mouver* le sucre ; ce remuage ramène au centre des formes les portions de sucre solidifiées les premières sur leurs parois; elles hâtent la prise en masse, et diminuent le *retrait* que prend le sucre en se refroidissant.

Au bout de douze heures de séjour dans le grenier, la *patte blanche* se montre à la surface qui sera la base de chaque pain de sucre ; c'est une première croûte blanche et sèche qui permet de présager la bonne qualité du sucre, et le succès de l'opération; mais tout n'est pas fini. Les pains de sucre doivent rester six à sept jours dans le grenier pour se *purger*, c'est-à-dire pour laisser écouler par le trou de la pointe des formes le sirop liquide mélangé de mélasse que le sucre raffiné contient, quoiqu'en moindre quantité que le sucre brut. Des bassins sont placés sous les pains de sucre pour recevoir le produit de leur égouttement. Quand le sucre en est là, on abaisse la température du grenier à 20 degrés centigrades. Alors la patte blanche de chaque pain est grattée avec un couteau et réduite en poudre, ce qui met à découvert un vide intérieur, causé par le retrait du sucre solidifié. Les râclures des pattes sont passées au crible et versées dans les vides des pains pour les combler en appuyant dessus avec précaution; puis, on procède au *terrage*.

Pour *terrer* le sucre, on applique sur la patte reformée de chaque pain une couche d'argile grise plastique réduite en pâte molle, d'une épaisseur de 2 à 3 centimètres. Le terrage est renouvelé deux fois au moins, trois fois au plus, à des intervalles égaux de sept jours chacun.

Après le dernier terrage, la dernière couche d'argile

étant enlevée, la surface de la patte blanche est râclée légèrement pour la rendre égale et unie, ce qui se nomme *plamoter* les pains de sucre; après quoi l'on peut les *locher*, c'est-à-dire les ôter des formes. Les pains lochés sont placés sur les planches, la pointe en haut et exposés pendant vingt-quatre heures au contact de l'air; pour que rien ne puisse en altérer la blancheur, il est d'usage de les *coiffer*, c'est-à-dire de les couvrir aux deux tiers de leur hauteur d'un cornet de gros papier. Quand le sucre a ainsi pris l'air, tout n'est pas encore terminé; il reste à *étuver* les pains de sucre, ce qui doit se faire avec de grandes précautions. Toute chambre garnie de dressoirs tout autour et dans laquelle on peut produire la température voulue en y faisant circuler des tuyaux à vapeur, peut faire fonction d'étuve; celles que l'on construit exprès pour cette destination peuvent ordinairement contenir mille pains. Le premier jour, la température est élevée de quelques degrés seulement au-dessus de la température extérieure; elle est graduellement augmentée jusqu'à ce qu'elle arrive à 45 ou 50 degrés, terme extrême, qu'elle ne doit pas dépasser. La durée totale de l'étuvage est de six jours. Il importe à la bonne qualité du sucre que les pains, au sortir de l'étuve, soient portés dans un local à température douce, où ils se refroidissent très-lentement. Dès qu'ils sont complétement froids, on peut les livrer au commerce.

Les mélasses, que l'opération du raffinage produit en petite quantité, étant faciles à placer à des prix avantageux pour la distillerie qui en obtient de l'alcool fin, les procédés longs et minutieux pour en extraire ce qu'elles contiennent de sucre cristallisable offrent peu d'intérêt; ils ne sont dans aucun cas du domaine d'une raffinerie ajoutée à une sucrerie qui fait partie d'une exploitation rurale grande ou moyenne.

CHAPITRE III.

COMPTABILITÉ AGRICOL

NOTIONS GÉNÉRALES.

Notre époque a réalisé, sans contredit, en France de grandes et radicales améliorations agricoles ; sous le rapport de la comptabilité, elle n'a progressé que bien lentement. Dans beaucoup d'exploitations rurales et des plus importantes, le fermier tient pour toute comptabilité, quand il a le temps, une simple main courante sur laquelle il inscrit, non sans de fréquentes lacunes, ce qu'il paye et ce qu'il reçoit ; le tout confusément, sans aucune espèce de classement ou d'ordre quelconque. Il met dans le tiroir ce qu'il reçoit ; il prend de l'argent dans le tiroir tant qu'il y en a ; quand il n'y en a plus, il se demande comment cela se fait, et il n'est pas en son pouvoir de trouver la réponse à cette question. De là à une ruine complète et sans remède, il n'y a qu'un pas. On objecte que bien des fermiers ne tiennent aucune comptabilité régulière de leurs opérations, et qu'ils font néanmoins assez bien leurs affaires ; c'est comme si l'on objectait à l'utilité de la médecine l'exemple des gens doués d'une telle vigueur de tempé rament, que, tout en ne négligeant rien de ce qui devrait les rendre malades, ils se portent passablement, et vivent plus ou moins longtemps, tant bien que mal.

Pour l'agriculture contemporaine, la tenue d'une comptabilité régulière n'est pas seulement une chose utile, c'est une nécessité. Il est indispensable au fermier qui tient à ne pas se ruiner de connaître non-seulement en bloc le chiffre de ses recettes et de ses dépenses, et ce qui lui reste en fin de compte, mais ce que lui coûte et ce que lui rend chacun des produits de son exploitation ; il faut que d'un coup d'œil, pour chacun de ces produits, il puisse apercevoir nettement le profit et la perte, sans autre peine à prendre que celle d'en faire le relevé deux fois ou quatre fois par an, plus souvent s'il en a le loisir. Il faut que sa comptabilité soit tellement claire que les résultats s'offrent à lui d'eux-mêmes, sans qu'ils puissent lui échapper; que chacun des comptes serve de contrôle aux autres, avec réciprocité ; que la trace de tout déboursé, de toute rentrée, s'y retrouve nécessairement et sans pouvoir se perdre. Avec un pareil système de comptabilité exactement appliqué, toute négligence, tout gaspillage, toute infidélité se montre à découvert; le fermier sait à qui s'en prendre ; le mal est arrêté dès son début. Ainsi, comme le dit M. de Morogues, une comptabilité bien tenue est pour le cultivateur une source sûre de faits et d'observations ; elle est l'expérience du passé et le guide de l'avenir.

S'il était besoin d'appuyer ce qu'on avance ici quant à la nécessité d'une bonne comptabilité agricole sur les plus respectables autorités, j'aurais à rappeler les efforts constants de Mathieu de Dombasle pour faire adopter en France l'usage de la comptabilité dans les fermes, grandes ou petites; je l'ai entendu souvent redire à ses élèves : « Pas de succès en agriculture sans économie ; pas d'économie sans ordre; pas d'ordre sans une bonne comptabilité. » En Angleterre, sir John Sinclair avait dit avant Dombasle :

« Outre l'avantage évident qu'un homme trouve à bien

connaître ses affaires et à éviter d'être trompé, la tenue des comptes réguliers produit sur le fermier un effet moral très-important; c'est pour lui un stimulant continuel aux habitudes d'ordre et de travail. »

Avant d'entrer dans l'exposé des détails du système de comptabilité qui me semble convenir le mieux à l'Agriculture française dans son état actuel, une observation paraît nécessaire. Les fermes des pays de grande culture, dont chacune comprend plusieurs centaines d'hectares, et où s'exerce en grand une ou plusieurs des industries accessoires exposées dans le chapitre précédent, ne sont pas des fermes à proprement parler ; ce sont des fabriques de denrées alimentaires ou autres, dont les chefs, en général éclairés par une bonne éducation, disposent de capitaux très-importants.

La comptabilité d'une ferme dans ces conditions peut être tenue, comme celle de toute autre fabrique, par un commis aux écritures qui n'a pas autre chose à faire ; le fermier doit seulement surveiller son travail. Pour la comptabilité d'une telle manufacture de denrées agricoles, il n'y a pas lieu d'introduire un système particulier; dès que la ferme est assez considérable pour que, sans s'imposer un sacrifice trop lourd, le fermier puisse payer un agent comptable, la comptabilité commerciale et industrielle, la tenue régulière des livres en partie double, est assurément ce qu'il y a de mieux; chaque culture, chaque division de l'exploitation a son compte ouvert sur les livres ; elle y est créditée de tout ce qu'elle donne, débitée de tout ce qu'elle reçoit; le livre d'entrée et de sortie montre exactement ce que deviennent tous les produits, depuis les céréales jusqu'aux œufs des poules de la basse-cour; la balance de fin d'année fait ressortir la situation ; l serait impossible de rien imaginer de mieux, de rien conseiller de meilleur dans la pratique.

L'aspect de la question change si l'on considère la comptabilité d'une ferme encore importante, pas assez toutefois pour supporter la dépense d'un commis aux écritures, n'ayant à s'occuper d'autre chose que de la tenue des livres. Le fermier, s'il a reçu une bonne éducation, est le plus souvent très-capable de tenir ses livres en partie double ; mais l'élément essentiel, le temps, lui manque ; dès qu'il s'est laissé arriérer, déborder, il ne peut plus remettre ses écritures au courant ; il est plus empêtré que s'il n'avait tenu qu'une simple main courante, comme le font la plupart des cultivateurs placés dans ces conditions. Il y a donc une limite hors de laquelle il n'est plus possible d'appliquer aux exploitations agricoles le système de la comptabilité commerciale et industrielle ; il faut autre chose de plus simple, de plus praticable ; c'est ce qui fait l'objet de ce chapitre.

L'ensemble du système de comptabilité agricole simplifié, à l'usage des fermes qui ne peuvent adopter la tenue des livres en partie double, peut être esquissé en quelques traits qui en résument la substance. Il comprend d'abord un registre de *recettes* et *dépenses*, divisé en deux parties ; 1re partie : recettes et dépenses *en nature* ; 2me partie : recettes et dépenses *en argent*. Chaque partie contient autant de chapitres qu'il y a de cultures dans l'exploitation. Prenons pour exemple le froment. Son compte comprend deux titres : — A : granges et meules. — B : chambre à blé. A la moisson, les gerbes, comptées deux fois avant d'être engrangées ou mises en meules, sont inscrites au compte granges et meules, avec leur date d'entrée. A mesure que les gerbes sont battues, le nombre de gerbes battues est porté en dépense pour les granges et meules ; le grain mesuré est porté en recette pour la chambre à blé ; ainsi des autres céréales. Les livraisons à la chambre à blé sont inscrites avec leur date, et le nombre de gerbes qui ont fourni le grain enmagasiné.

La dépense en nature, pour les céréales, comprend trois sections : — A : semences — B : consommation — C : vente. Ce genre de produits ne pouvant recevoir que l'une de ces trois destinations, la totalité des grains inscrits comme reçus par la chambre à blé doit se retrouver en entier dans le relevé de ces trois sections.

Les fourrages et les plantes sarclés, devant être vendus ou consommés tels qu'ils sont récoltés, sont inscrits dans une seule section.

La seconde partie, celle des recettes et dépenses en argent, n'est pas divisée en chapitres. Elle se compose de tableaux arrêtés à la fin de chaque mois ; ces tableaux font connaître à tout moment la situation de l'exploitation. Les tableaux de chaque mois contiennent autant de colonnes qu'il y a de sources de recettes et de dépenses ; le nombre des colonnes est variable selon la nature et l'étendue des cultures ; chaque chapitre des recettes et dépenses en nature correspond à une colonne des tableaux de recettes et dépenses en argent. Ces comptes se contrôlent d'eux-mêmes ; car ils font voir si, comment et jusqu'à quelle concurrence, les produits en nature ont été réalisés en argent. Ce qui ne l'est pas doit se retrouver en magasin, ou bien à l'article consommation en nature. Grâce aux titres des tableaux et à l'entête de chaque colonne, le cultivateur n'a que quelques chiffres à inscrire et à relever pour voir toujours clair dans ses affaires.

Le cultivateur intelligent, s'il a reçu tant soit peu d'éducation, peut entrevoir dans ce qui précède la clef du système de comptabilité simplifiée. Afin qu'il ne reste aucun point obscur, aucune difficulté d'application pratique, on adopte l'hypothèse d'une ferme moyenne, dont les terres ont une surface totale de 80 hectares, pour faire voir et toucher du doigt toute la comptabilité d'une pareille exploitation, à laquelle la tenue des livres en partie double ne peut être appliquée.

Sur la première feuille du registre on doit tracer le tableau de toutes les pièces de terre dont se compose la ferme, avec les indications qui servent de point de repère pour la comptabilité de l'année courante. Ce tableau, à renouveler tous les ans, donne le numéro d'ordre de chaque pièce, sa désignation, sa mesure en hectares, la nature du sol, et son emploi pendant la dernière campagne agricole. Ce dernier renseignement facilite la marche d'un bon assolement, conforme au climat local et aux conditions économiques du pays. Les remarques particulières sont consignées dans une colonne d'observations.

TABLEAU des terres de l'exploitation de Mondétour (Aisne).

Nos D'ORDRE.	NOMS DES PIÈCES.	MESURE.		NATURE DE LA TERRE.	EMPLOI L'ANNÉE DERNIÈRE.	OBSERVATIONS.
		Hect.	Ares.			
1	Le Vivier..........	15	50	Argileuse.	Froment et trèfle.	Semé tard, mais bon grain.
2	Le Cormier.........	10	25	Argilo-calcaire.	Orge.	Bien semée, bien récoltée, très-bonne.
3	La Fresnaye........	4	25	Bonne légère.	Pommes de terre.	En partie malades. 3/4 de récolte.
4	Les Sept-Hectares...	7	00	Bonne forte.	Colza.	Beau, mais gâté par les orages; 2/3 de récolte bonne qualité.
5	Les Molières........	5	00	Argilo-siliceuse.	Colza.	Comme le précédent.
6	Vauvorsant.........	12	75	Légère très-bonne.	Lin.	Qualité supérieure. — Produit moyen.
7	Béchereau..........	15	25	Argilo-calcaire.	Luzerne.	3e année. — Plein rapport; fourrage abondant, excellent.
		70	00			
8	Val Benoît..........	10	00	Argilo-siliceuse.	Prairie permanente naturelle, en dehors de l'assolement.	Très-bon foin. — Rendement moyen.

Modèle du registre des recettes et dépenses en nature et en argent.

PREMIÈRE PARTIE.

RECETTES ET DÉPENSES EN NATURE.

CHAPITRE Ier. — *Froment.*

1re *Section.* — Granges et meules.

Gerbes serrées.

Pièce nº 3. — La Fresnaye...................... 1,260 gerbes·
—   nº 4. — Les Sept-Hectares.................... 2,180
—   nº 5. — Les Molières...................... 1,540

Ensemble........ 4,980

Distribution.

Grange du Nord.............................. 1,800 gerbes.
Grange du Midi............................. 1,450
Meule nº 1................................. 865
Meule nº 2................................. 865

Total égal........... 4,980 gerbes.

Rentrée commencée le 11 août, terminée le 17.

Ce qui précède doit remplir la feuille de droite; sur celle **de gauche** sont consignées les observations relatives **au froment.**

Remarques générales.

Façons.   La terre a reçu 3 labours et 2 hersages.

Fumure.   La terre a reçu une fumure de 50 mètres cubes par hectare, pour les pommes de terre de l'an dernier.

Semailles.   16 hectares, 25 ares. — Pièces nos 3, 4 et 5. — Blé de semence. — Blanc de Bergues et rouge anglais. — 32 hectolitres, 50 litres. — 2 hectolitres par hectare.— Commencé le 11 octobre. — Terminé le 22 octobre. — Temps couvert et calme. — Très-favorable. — Bonne levée.

Hivernage.   Hiver long. — Neige abondante. — Printemps sec. — Pas de limaces. — Peu de mauvaise herbe.

Eté.   Peu d'orages. — Pas de grêle. — Pas de verse. — Très belle paille.

Moisson.   Commencée le 4 août. — Terminée le 14. — Temps sec, chaud, très-favorable. — Belle récolte.

2e *Section.* — Chambre à blé.

Cette section se résume en un tableau où sont consignés.

1o La date du battage;

2o Le nombre des gerbes battues;

3o Le produit du battage;

4o Les observations.

TABLEAU des entrées dans la chambre à blé.

DATES.	NOMBRE DES GERBES battues.	PRODUIT DU BATTAGE.		OBSERVATIONS.
		hectolit.	litres.	
Octobre.				
11	415	34	60	
12	425	35	50	Battage à la mécanique.
13	400	32	80	Grain plein et sec.
Novembre.				Peu de déchet au criblage.
4	325	27	30	
5	375	31	25	Rendement moyen par hec-
6	410	34	50	tare, 26 hectol. 20 litres.
Décembre.				Dépassant de 2 hect. 20 li-
5	400	33	25	tres le rendement moyen
6	380	31	50	des bonnes années.
9	315	30	25	
12	415	35	25	
14	560	46	75	
17	560	47	00	
Total...	4,980	420	20	

Les feuilles du registre pour chacune des céréales autres que le froment (seigle, orge, avoine, sarrasin, maïs) sont de point en point semblables à la feuille du froment; chaque feuille est placée en regard d'une page de remarques générales conçues dans les mêmes termes; il n'y a à changer que le nom du froment remplacé par le nom de chaque céréale, avec les faits de détail puisés dans la main courante, où tout se trouve mentionné pêle-mêle. Cette main courante doit toujours être tenue, aussi complète que possible, jour par jour; le point capital, c'est que le fermier ne se persuade pas que la main courante suffit; qu'il se persuade, bien au contraire, que cela ne le dispense ni des registres, ni des tableaux, auxquels la main courante doit seulement fournir des éléments.

Les produits autres que les céréales sont consignés d'après la même méthode; on en donne pour exemple le colza.

En admettant qu'on ait cultivé plus ou moins toutes les céréales, elles auront occupé sur le registre six chapitres; celui du colza sera par conséquent le chapitre 7. Mais comme, en raison de sa disposition à se perdre par l'égrenage, le colza doit être battu aussitôt qu'il est récolté, il ne figure pas au compte granges et meules; il est battu sur place dans des toiles, et rentré immédiatement dans le grenier. Son compte consiste donc dans un simple tableau, en regard duquel seront placées les remarques générales.

TABLEAU d'entrée de la graine de colza dans le grenier.

DATES.	NUMÉROS D'ORDRE et NOMS DES PIÈCES.	PRODUIT DU BATTAGE.		OBSERVATIONS.
		hectolitres.	litres.	
Juillet.				
12	Nº 1. — Le Vivier...............	123	50	Battage au fléau, sur place, dans des toiles.
13	Id. Id.................	124	60	Graine mûre, d'un beau noir, peu de rouge.
17	Id. Id.................	122	40	Rendement par hectare : 25 hectolitres 48 litres. —
22	Nº 2. — Le Cormier...........	125	50	2 hectolitres 25 litres au-dessous de la moyenne
23	Id. Id.................	126	00	des bonnes années.
	Ensemble...........	622	00	

Sur la page de gauche, en regard du tableau précédent, on inscrit

Remarques générales.

Façons. — La terre a reçu deux labours et deux hersages.
Fumure. — La terre a reçu une fumure de 60 mètres cubes par hectare.
Plantation. — Exécutée au plantoir à la main sur la pièce n° 1; à la charrue sur la pièce n° 2. — Temps favorable, bonne reprise.
Hivernage. — Long-neige abondante. — Colza très-beau à la fin de l'hiver.
Printemps. — Floraison précoce. — Étêtement. — Bonne grenaison.
Récolte. — Commencée le 12 juillet. — Terminée le 23. — Contrariée par le mauvais temps. — Orages. — Javelles renversées. — Perte par égrenage.

En jetant les yeux sur le tableau et sur les remarques générales qui l'accompagnent, le fermier retrouve tous les faits de la culture de son colza, avec le résultat en regard. Quel temps a-t-il dépensé pour cela? Quelques minutes par jour pendant cinq jours pour placer des chiffres dans les colonnes du tableau, et un quart d'heure pour relever sur la main courante les détails de culture. Pour toutes les recettes en nature provenant des autres cultures de son exploitation, la dépense de temps est également limitée, sans rien ôter de la précision et de l'exactitude des résultats.

Le compte de recette en nature des fourrages est tellement simple qu'il peut être consigné dans un seul tableau, montrant les quantités de fourrage sec récolté sur les prairies naturelles et les prairies artificielles, bottelé et serré dans le grenier à fourrage.

CHAPITRE IX.

FOURRAGES

TABLEAU du foin et de la luzerne rentrés dans
le grenier à fourrage.

FOIN DES PRAIRIES NATURELLES.		
DATES.	NOMBRE de bottes de 5 kilogr.	OBSERVATIONS.
Juin 14	3,500	Bonne fenaison.
16	2,500	Fanage à la mécanique et au râteau à cheval. — Temps favorable. — Rendement par hectare : foin 4,000 kil.; regain 1,000 kil.
17	2,000	Foin rentré dans les meilleures conditions. — Rendement égal à la moyenne des bonnes années.
Septembre 12	1,400	
14	600	
	10,000	
LUZERNE.		
Mai 25	2,800	Première et seconde coupe très-bonnes; regains plus faibles, mais bonne qualité. — Rendement par hectare : 4,000 kil., plus faible d'un cinquième que la moyenne des bonnes années.
Juin 28	4,000	
Juillet 30	2,700	
Septembre 26	2,500	
	12,000	

Sur la page de gauche, en regard du tableau précédent :

Remarques générales.

Façons. — La prairie a reçu un roulage au printemps.
Fumure. — 12 mètres cubes par hectare de terreau et de compost.
Amendement. — Cendres de bois, — 3 hectolitres par hectare.
Hivernage. — Parties basses inondées; pas de dommage.
Fenaison. — A l'époque habituelle dans de bonnes conditions. —
Foin bottelé parfaitement sec

Luzernes.

Façons. — Deux hersages au printemps.
Amendement. — Plâtre en poudre, — 350 kilog par hectare.
Hivernage. — La luzerne a souffert, quoique jeune et en pleine vi
gueur, de la durée de l'hiver. — Les hersages et le plâtre ont
réparé une partie du mal.

La forme de la main courante ou registre général est
des plus simples. On y mentionne à la date de chaque
jour les opérations de toute nature, les recettes et les
dépenses. Tout ce qui est relaté sur la main courante ne
donne pas toujours lieu à des recettes ou à des dépenses;
dans ce cas, les colonnes de recettes et dépenses restent
vides ; mais on a soin de poser des guillemets dans l'ali-
gnement, afin de prévenir toute confusion. Le tableau
suivant montre la forme d'une feuille de la main courante.

DATES.

DATES.	OBJETS MENTIONNÉS.	RECETTES.		DÉPENSES.	
Juillet 4		fr.	c.	fr.	c.
	Payé à sept moissonneurs, pour six jours de travail, à 3 fr. 50 la journée........................	»	»	147	00
	Nourriture des mêmes pendant la semaine......................	»	»	42	00
6	Livré 300 bottes de paille nouvelle de seigle, à 31 fr. les 100 bottes..	93	00	»	»
7	Rentré au grenier 2,700 bottes de foin de la prairie naturelle nº 3, ayant valu au dernier marché 48 fr. les 100 bottes............	1,296	»	»	»
8	Déchaumé la pièce de seigle mois-sonnée nº 4. Demi-journée de hersage......................	»	»	»	»
	Labour donné à la même pièce; deux charrues, deux laboureurs, 4 chevaux......................	»	»	»	»
9	Vendu 250 hectolitres de pommes de terre précoces de la pièce nº 5, à 5 fr. 25 c l'hectolitre..........	1,312	50	»	»

Chaque soir, tout ce qui a été porté sur la main courante se reporte, par quelques chiffres, aux feuilles du registre contenant les tableaux relatifs à chaque objet ; le relevé de ces chiffres à la fin de chaque mois dessine clairement la situation.

Pour le dépouillement régulier de la main courante, la principale, et pour ainsi dire la seule difficulté d'exécution, c'est l'évaluation en argent des choses pour lesquelles on ne débourse pas de monnaie. Avec un peu de réflexion, cette difficulté est facilement surmontée. D'abord, pour tout ce qui peut se vendre, il y a un prix courant, de notoriété publique, qu'on assigne aux produits au moment où ils sont rentrés, en adoptant le prix du dernier marché, comme dans l'exemple ci-dessus. En effet, tout produit vaut pour le fermier le prix auquel il peut être vendu ; car il ne tient qu'à lui de le vendre. Si le foin, au moment de la récolte, pouvait être vendu 48 francs les cent bottes, c'est à ce prix qu'il doit être porté au compte des animaux qui doivent le consommer, afin de se rendre compte de ce que coûte leur nourriture.

Pour le hersage relaté dans l'exemple ci-dessus, il y a toujours des gens qui ont besoin de temps à autre de louer une herse, avec un cheval pour la traîner et un ouvrier pour la conduire. Ce travail vaut en réalité le prix qu'on en peut obtenir. Ce prix n'a pas besoin d'être porté sur la main courante; il le sera sur le tableau des travaux; de sorte qu'en réunissant les relevés des douze mois, le fermier verra en chiffres précis ce que chaque genre de travail agricole lui aura coûté, ce que chaque genre de récolte lui aura produit : c'est le but définitif de toute comptabilité ; si elle ne mène pas là, elle ne mène à rien.

La feuille des ouvriers fournit aux tableaux de dépense en argent des éléments indispensables, qui feraient ressortir à l'instant toute erreur, s'il s'en était glissé quelqu'une à ce sujet dans la main courante. Afin de prévenir toute confusion, cette feuille ne doit mentionner que les ouvriers employés à la journée, soit toute l'année, soit temporairement.

NOMS des OUVRIERS.	JOURS DU MOIS																
	1 Mardi.	2 Mercredi.	3 Jeudi.	4 Vendredi.	5 Samedi.	6 Dimanche.	7 Lundi.	8 Mardi.	9 Mercredi.	10 Jeudi.	11 Vendredi.	12 Samedi.	13 Dimanche.	14 Lundi.	15 Mardi.	16 Mercredi.	17 Jeudi.
Durand..........	1	1	1	1	1	»	½	½	1	1	1	1	»	»	1	1	1
Legros..........	1	1	1	½	½	1	1	1	1	1	½	1	1	1	1	1	1
Roussel.........	½	½	»	»	»	1	1	1	½	½	1	1	1	1	1	1	1
Martin..........	1	1	1	1	1	»	1	1	1	1	1	1	»	1	1	1	1
Laforêt..........	1	1	1	1	1	»	1	1	1	1	1	1	»	1	1	1	1
Chauvin.,........	1	1	1	1	1	»	1	1	1	1	1	1	»	1	1	1	1
Le Merle........	1	1	1	1	1	»	1	1	1	1	1	1	»	1	1	1	1

Tous les soirs, après l'appel, les journées doivent être marquées sur la feuille *en présence des ouvriers ;* cette mesure est indispensable pour éviter toute contestation les jours de paye ; s'il y a des ouvriers qui ne savent pas lire, ceux de leurs camarades plus instruits vérifient que le temps qu'ils ont donné est exactement marqué, ainsi que les demi-journées et les absences. La feuille des ouvriers sert ainsi naturellement de contrôle pour le compte particulier de chaque travailleur, à la fin de la semaine ou de

Ouvriers.

ET DE LA SEMAINE.														NOMBRE de journées.	PRIX de la journée.		TOTAL de ce qui est dû.	
18 Vendredi.	19 Samedi.	20 Dimanche.	21 Lundi.	22 Mardi.	23 Mercredi.	24 Jeudi.	25 Vendredi.	26 Samedi.	27 Dimanche.	28 Lundi.	29 Mardi.	30 Mercredi.	31 Jeudi.		fr.	c.	fr.	c.
1	1	»	»	½	1	1	1	½	»	1	1	1	1	23	2	25	51	75
½	½	1	1	1	1	1	1	1	»	1	1	1	1	27 1/2	2	50	67	50
1	1	1	1	»	»	1	1	1	»	1	1	½	½	22	2	25	49	50
1	1	»	1	1	1	1	1	1	»	1	1	1	1	27	2	50	67	50
1	1	»	1	1	1	1	1	1	»	1	1	1	1	27	2	50	67	50
1	1	»	1	1	1	1	1	1	»	1	1	1	1	27	2	50	67	50
1	1	»	1	1	1	1	1	1	»	1	1	1	1	27	2	50	67	50

la quinzaine. C'est de même, en présence des intéressés, que doivent être marqués les à-compte qu'on a pu remettre aux ouvriers sur leur demande, dans l'intervalle entre deux jours de solde.

Aux époques de l'année où il y a lieu d'employer des femmes, une feuille spéciale est dressée pour inscrire leurs journées, dans la même forme que la feuille des ouvriers ; le travail des femmes y est inscrit avec les mêmes précautions que celui des hommes.

Sur le registre des recettes et dépenses en nature, la première partie se complète toujours dans la même forme, la plus simple possible.

Ainsi, toute la récolte des pommes de terre est inscrite sur un seul tableau où sont indiqués les jours d'arrachage, les noms des pièces de terre, et les quantités récoltées ; une colonne d'observation, où sont consignées les particularités de la récolte, complète le tableau, comme le montre le modèle ci-dessous.

Pommes de terre.

DATES.	PIÈCES DE TERRE.	RENDEMENT.		OBSERVATIONS.
		hectol.	litres.	
Septemb. 14	Nᵒ 5.	485	60	Temps sec, favorable pour l'arrachage. — Maladie décroissante : un huitième environ de pommes de terre gâté : le reste sain, bonne qualité. Rendement moyen, 180 hectolitres par hectare.

Des tableaux semblables, exactement dans la même forme, sont dressés pour les betteraves, carottes, navets, topinambours, et pour tous les genres de produits autres que les précédents qui peuvent être admis dans une exploitation rurale.

Il peut arriver que par des motifs quelconques le fermier n'ait pas cultivé l'un des produits nécessaires à la consommation intérieure de son ménage, ou bien qu'il n'en ait pas récolté la quantité dont les gens et les bestiaux de son exploitation peuvent avoir besoin. Il y a lieu, dans ce cas, d'acheter au dehors les quantités qui manquent.

Mais comme ce sont toujours des produits *en nature*

qui entrent dans la ferme, on leur consacre des tableaux à la suite des produits récoltés et dans la même forme que ces produits. Par exemple, on a récolté trop peu d'avoine ; celle qu'il y a lieu d'acheter est inscrite dans la forme suivante :

Avoine achetée.

DATES.	QUANTITÉS.		PRIX par hectolitre.		PRIX TOTAL.		OBSERVATIONS.
	hect.	lit.	fr.	c.	fr.	c.	
Mars. 7	6	50	7	25	47	13	Avoine blanche de Flandre pour semailles.
Juin. 14	16	»	5	80	92	80	Avoine noire du pays pour les attelages ; bonne qualité pesant 60 kilog. à l'hectolitre.

On a d'autre part récolté trop peu de fourrage sec, et il y a lieu d'en acheter pour assurer l'approvisionnement des bestiaux pendant l'hivernage. Les quantités achetées sont inscrites dans la forme suivante :

Luzerne achetée.

DATES.	QUANTITÉS.	PRIX des 100 bottes.		PRIX TOTAL.		OBSERVATIONS.
		fr.	c.	fr.	c.	
Novemb. 8	300 bottes.	35	50	106	50	Regain de luzerne pour les bêtes d'élève. Bonne qualité.

Les mêmes modèles servent pour les divers fourrages secs, ou pour tous les autres produits qu'il peut y avoir lieu d'acheter; leur place est à la suite des produits du même genre récoltés sur les terres de l'exploitation. Ces exemples montrent toute l'élasticité d'une méthode qui se prête avec la même facilité à tous les genres d'exploitation rurale.

La seconde division de la première partie comprend les tableaux qui montrent les dépenses en nature. Dans une ferme où l'élève, l'entretien et l'engraissement du bétail tiennent une place importante, une grande partie des produits n'est pas destinée à être vendue sous sa forme primitive ; il faut, pour que le fermier en fasse de l'argent, qu'il les convertisse en viande sur pied, en laines, en lard et autres produits du même genre.

Pour savoir ce que ces produits lui coûtent, il faut qu'il puisse suivre la trace de tout ce que les animaux objets de ses soins ont consommé avant d'être vendus : c'est ce que lui montrent de plus important les tableaux des dépenses en nature. Ces tableaux comprennent en première ligne les céréales, dont la partie consommée à la ferme doit trouver sa place dans le relevé de chaque mois. Un seul tableau pour chaque céréale permet de voir ce qu'est devenu ce qui manque au magasin; la comparaison du résultat de ces tableaux avec ceux des recettes en nature donne par une simple soustraction la situation à un moment quelconque. Si l'existence en magasin ne correspond pas exactement aux chiffres des tableaux, c'est qu'il y a une *fuite;* il faut au plus vite la rechercher et la boucher.

Le tableau de dépense en nature du froment indique tous les emplois possibles de cette céréale, lesquels se réduisent à trois seulement : les semailles, la consommation et la vente. Il n'est pas nécessaire que la colonne des ventes indique les prix, qui trouveront leur place dans le tableau des recettes en argent; ces prix sont portés en outre à leur date sur la main courante, ce qui suffit pour

en contrôler le montant; le tableau des dépenses **en na-**
ture ne doit indiquer que les quantités sorties, avec **leurs**
destinations, dans la forme suivante:

Dépenses en nature : froment.

DATES.	SEMENCES		CONSOM-MATION.		VENTE.		OBSERVATIONS.
	Hectolit.	Litres.	Hectolit.	Litres.	Hectolit.	Litres.	
Octobre.							
1	10	50	»	»	»	»	Blé blanc de Bergues trié, premier choix.
20	»	»	2	50	»	»	Envoyé au moulin pour le pain de ménage.
Novembre.							
9	»	»	»	»	120	»	Bonne vente ; argent sur le sac.
24	»	»	»	»	87	»	Vente en baisse ; moitié à 3 mois de crédit.
26	14	50	50	»	»	»	Blé roux anglais. — Dernières semailles.
Décembre.							
5	»	»	1	50	»	»	Envoyé au moulin pour le pain de ménage.
14	»	»	»	»	240	»	Vente en hausse, argent comptant.

L'addition des colonnes de ce tableau fait voir au fermier ce qu'il a employé de blé pour ses semailles, ce que
son ménage en a consommé, et ce qu'il en a vendu, le
tout moyennant la simple insertion d'un chiffre dans une
colonne. S'il laisse le désordre s'introduire chez lui, faute
de s'astreindre à la tenue d'un pareil mode de comptabilité simplifiée, il n'aura pas pour excuse envers lui-même
que le temps lui a manqué.

Le tableau des dépenses en nature du seigle ne diffère
en rien de celui du froment. Celui de l'orge exige une légère modification ; la colonne de consommation comprend
deux divisions : porcherie et basse-cour, ce qui donne au
tableau la forme suivante :

Orge.

| DATES. | SEMENCES. | | CONSOMMATION. | | | | VENTE. | | OBSERV TIONS. |
			PORCHERIE.		BASSE-COUR				
	hect.	lit.	hect.	lit.	hect.	lit.	hect.	lit.	
Mars. 12	8	50	»	»	»	»	»	»	Orge chevalier; belles semailles.
20	»	»	»	»	»	»	18	»	Vente avantageuse ; forte hausse.
Mai. 7	»	»	3	»	»	»	»	»	Orge nue pour les truies portières.
16	»	»	»	»	1	50	»	»	Orge chevalier pour les poules couveuses.

Sur le tableau de dépense en nature de l'avoine, la colonne de consommation admet trois divisions : chevaux, troupeau, basse-cour, ce qui donne au tableau la forme suivante :

Avoine.

| DATES. | SEMENCES. | | CONSOMMATION. | | | | | | VENTE. | | OBSERVATIONS. |
			CHEVAUX.		TROUPEAU.		BASSE-COUR				
	hect.	lit.	hect.	lit.	hect.	lit.	hect.	lit.	hect.	lit.	
Mars 5	8	60	6	50	4	50	1	25	40	»	Bonne vente au comptant, prix favorable.

Les légères modifications qui peuvent être nécessaires dans la forme de chacun des tableaux des dépenses en nature se présentent d'elles-mêmes, et il est à peine nécessaire de les indiquer ; tant il est facile de les trouver et de les introduire, en se rapportant aux précédents tableaux. Par exemple, le tableau de dépense en nature du foin sec n'a que deux colonnes principales, consommation et vente. La colonne de consommation admet quatre divisions : chevaux, — bêtes bovines, — troupeau, — lapins. Il va sans dire que, selon le mode d'exploitation et les conditions économiques de chaque région agricole, le nombre des divisions de cette colonne peut être augmenté ou diminué à volonté.

Foin sec.

DATES.	CONSOMMATION.				VENTE.	OBSERVATIONS.
	CHEVAUX.	BÊTES bovines.	TROUPEAU.	LAPINS.		
Janvier. 3	kil. 250	kil. 330	kil. 200	kil. 15	kil. 500	Prix faible; abondance, mais qualité médiocre.

Le tableau de dépense en nature des pommes de terre admet pour la colonne de consommation trois divisions : Ménage, — Porcherie, — Troupeau. Dans les très-grandes exploitations auxquelles est jointe une féculerie ou une distillerie, les pommes de terre qui reçoivent l'une ou l'autre de ces deux destinations sont inscrites à la colonne des ventes, comme vendues soit à la féculerie, soit à la distillerie, au prix courant du moment; car le prix qui peut être réalisé en argent à un moment donné est le seul vrai prix de tout produit agricole, le seul qui doive figurer dans un système quelconque de comptabilité. On a fait remarquer que les grandes fermes desquelles dépendent diverses industries accessoires rattachées à l'agriculture, ont assez d'importance pour occuper un agent comptable, qui tient les livres en partie double, comme ceux de toute autre usine; mais la féculerie sur une échelle restreinte peut faire partie d'une exploitation moyenne, de la catégorie des fermes auxquelles s'applique spécialement la méthode de comptabilité simplifiée; c'est pourquoi l'on indique la manière d'inscrire au tableau les pommes de terre dont on extrait la fécule à la ferme; on doit les supposer vendues à la féculerie, au prix qu'il eût été possible d'en obtenir au marché.

Pommes de terre.

DATES.	PLANTATION.		CONSOMMATION.						VENTE.		OBSERVATIONS.
			MÉNAGE.		PORCHERIE.		TROUPEAU.				
Mars.	hect.	lit.	hect.	lit.	hect.	lit.	hect.	lit.	hect.	lit.	Bonne qualité, richesse moyenne en fécule, vente facile.
10	20	50	2	50	4	50	3	50	15	50	

Par application de la même méthode, le tableau de la dépense en nature des féveroles admet à la colonne de consommation deux divisions : Chevaux, — Porcherie. — Dans les fermes où l'on donne des féveroles aux vaches ou aux bœufs à l'engrais, une division peut être ajoutée à la colonne de consommation.

Féveroles.

DATES.	SEMENCES.		CONSOMMATIONS.				VENTE.		OBSERVATIONS.
			CHEVAUX.		PORCHERIE.				
Février.	hect.	lit.	hect.	lit.	hect.	lit.	hect.	lit.	Vente favorable, qualité supérieure.
14	6	50	3	50	2	»	16	»	

Ainsi, une fois que le fermier a bien arrêté, conformément à ses cultures et aux conditions de son exploitation, les tableaux dans lesquels doivent être inscrites toutes les recettes en nature provenant des champs qu'il cultive, et la dépense en nature de ces mêmes produits, sa besogne est toute préparée; il n'a qu'à s'imposer la loi de tenir exactement sa main courante et d'en reporter les données sur les tableaux, pour tenir sans peine, et pour ainsi dire sans dépense de temps, sa comptabilité à jour, quant à la partie la plus importante de ses affaires.

C'est encore à un système analogue qu'il doit avoir recours pour tenir les comptes des étables, de la bergerie, de la porcherie, de l'écurie, de la basse-cour et de la laiterie, divisions de son domaine où il lui importe de voir aussi clair que partout ailleurs, s'il tient à pouvoir fermer la porte au désordre et au gaspillage.

La comptabilité simplifiée suit à l'égard des bestiaux la même marche qu'à l'égard de toutes les autres parties de l'exploitation; elle se décompose en recettes en nature, dépenses en nature, recettes en argent, et dépenses en argent. Cette division suffit pour que tout ce que donnent les bestiaux et tout ce qu'ils reçoivent s'y trouve inscrit sur des tableaux qui se contrôlent réciproquement.

Pour les bêtes bovines, dans les pays où le labourage se fait avec les bœufs d'attelage, et dans ceux où l'abondance des fourrages permet d'engraisser les bœufs pour la boucherie, il faut inscrire séparément les recettes et les dépenses concernant, d'une part, les vaches laitières, de l'autre, les bœufs, soit de travail, soit de boucherie. On dresse d'abord le tableau des animaux existants dans l'exploitation, afin de n'avoir qu'un chiffre à ajouter ou à changer, en cas d'achats qui en augmentent le nombre, ou de ventes et de pertes qui le diminuent. Les veaux, étant considérés comme des produits en nature, figurent avec la date de leur naissance au tableau des recettes en nature.

Tableau des vaches laitières.

NOMBRE.	NOMS.	RACES	AGE.	ACHATS.		VENTES.		PERTES.		OBSERVATIONS.
				Dates.	Noms.	Dates.	Noms.	Dates.	Noms.	
Janvier 1er	— La Blonde.	Flandrine.	2 ans.							
11	La Blanche..	*Id.*	5 ans.	Mars						
	La Rayée ...	*Id.*	2 ans.	12	Résolue.	Juin	Follette.	Août		
12 mars	La Négresse .	Cotentine.	*Id.*	*Id.*	Allongée	7	Blonde.	17	Badine.	Morte de la péripneumonie.
13	La Badine...	*Id.*	*Id.*	Juillet		*Id.*	Rousse.			
	La Fauve....	*Id.*	4 ans.	4	Douce.	*Id.*	....	....	....	Bonne qualité 16 litres par jour, bonne acquisition.
7 juin	La Bigarrée .	Bretonne.	3 ans.							
10	La Douce....	Cotentine.	2 ans.							
4 juillet	— La Rousse .	Flandrine.	*Id.*							
11	La Bourrue .	*Id.*	*Id.*							
17 août	— La Follette.	*Id.*	3 ans.							
10	La Caille	*Id.*	4 ans.							
	La Résolue ..	Cotentine.	3 ans.							
	L'Allongée...	Flandrine.	2 ans.							

Ce tableau permet au fermier de voir d'un coup d'œil, et sans perdre du temps à des recherches continuelles dans sa main courante, les mutations qui peuvent survenir dans *le personnel* de ses vaches laitières. Dans les colonnes qui portent ces titres, il inscrit à la date des achats l'âge et la race des vaches dont il fait l'acquisition ; dans la colonne des noms, il ajoute les vaches achetées; il barre les vaches vendues ou mortes ; tout cela se fait en moins de temps qu'il n'en faut pour le dire. Quant au prix des ventes et des achats, il les trouve aux tableaux de recettes et dépenses en argent. Ainsi, toutes les données dont il peut avoir besoin à un moment quelconque se retrouvent à l'instant, par la simple inspection d'une colonne d'un tableau.

Il voit sur le tableau précédent qu'il avait au premier janvier onze vaches ; treize, le 12 mars ; dix, le 7 juin ; onze, le 4 juillet, et dix, le 17 août; qu'il en a acheté deux, le 12 mars; vendu trois, le 7 juin; acheté une, le 4 juillet et perdu une de la péripneumonie, le 17 août. Les mêmes renseignements ne pourraient lui être fournis d'aucune autre manière, sous une forme aussi simple et aussi expéditive.

Un seul tableau montre les recettes en nature provenant des vaches laitières. Les produits de ces vaches consistent en lait, veaux et fumier. Le premier tableau indique jour par jour les quantités de lait fournies par les vaches, et toutes les semaines, la quantité de fumier retiré des étables, exprimé en mètres cubes. Cette appréciation n'a rien de difficile quand le fumier, à mesure qu'il est enlevé des étables, est formé en tas réguliers, d'une surface mesurée d'avance, dont il s'agit simplement de vérifier la hauteur pour les cuber. Si le fumier des étables est mélangé avec celui des écuries et de la porcherie, il est facile d'évaluer par approximation la part de fumier provenant de chaque genre d'animaux, d'après la quantité de litière qu'ils reçoivent, et le temps pendant lequel la litière a séjourné sous eux.

Il importe beaucoup que le fermier, par sa comptabilité, puisse toujours savoir de combien de mètres cubes de fumier il peut disposer à un moment donné, afin d'en faire la répartition conformément aux besoins de ses diverses cultures.

Recettes en nature,

TABLEAU DES PRODUITS DES VACHES LAITIÈRES.

NOMS des vaches.	PRODUIT EN LAIT.							FUMIERS. — Mètres cubes.	VEAUX.		OBSERVATIONS.
	Lundi.	Mardi.	Mercredi.	Jeudi.	Vendredi.	Samedi.	Dimanche.		Mâles.	Femelles.	
	Litres.	Litres.	Litres.	Litres.	Litres.	Litres.	Litres.				Toutes les vaches en plein lait, sauf la Blanche, la Bourrue et la Follette qui doivent vêler en mars.
La Blanche.	10	10	11	12	9	10	11				
La Blonde..	12	13	11	14	12	13	13				
La Rayée...	10	9	10	11	9	10	10	Mercr. 6			
La Négresse.	14	15	14	14	15	13	14				
La Badine..	12	12	12	11	12	10	11				
La Fauve...	10	9	10	10	10	10	10				
La Bigarrée.	9	8	8	9	8	9	9				
La Douce...	15	16	15	15	16	14	15				
La Rousse..	12	13	12	12	12	12	11	Samedi. 7			
La Bourrue.	9	9	9	8	8	9	9				
La Follette..	10	10	10	9	9	10	10	Total 11			
TOTAUX..	123	124	122	125	120	120	123		Total de la semaine : 857 litres.		

La durée de la gestation des vaches étant connue très-exactement, on peut supprimer la colonne des veaux pour les semaines où aucune naissance n'est attendue.

Le tableau de la laiterie qui figure au chapitre des dépenses en nature sert de contrôle au tableau précédent; il montre ce que la laiterie a reçu de lait, quelle quantité a été vendue en nature, quelle quantité a servi à faire du beurre ou du fromage, et ce qu'il est resté de petit-lait. On peut objecter à cette disposition qu'à la rigueur il n'y a pas *dépense* réelle de tous les produits; mais, pour la régularité des comptes, il est indispensable que la fermière puisse voir où a passé la totalité du lait de ses vaches ; ce tableau est lui-même contrôlé par celui des recettes en argent provenant de la laiterie.

Recettes en nature.

TABLEAU DE L'EMPLOI DU LAIT DES VACHES.

DATES. — Janvier.	LAIT				PETIT-LAIT.	OBSERVATIONS.
	REÇU par la laiterie.	VENDU en nature.	EMPLOYÉ			
			en beurre.	en fromage.		
	litres.	litres.	litres.	litres.	litres.	
1	123	43	40	40	70	Rendement moyen en beurre :
2	124	54	35	35	60	
3	122	42	40	40	70	crème abondante ;
4	125	45	40	40	70	fromages très-gras pour la saison d'hiver.
5	120	50	35	35	60	
6	120	50	35	35	60	
7	123	43	40	40	70	

Le tableau précédent doit être dressé sur une feuille assez longue pour qu'il puisse servir pendant un mois, et que la fermière n'ait à la fin de l'année qu'à faire le relevé de douze tableaux semblables pour savoir ce que, dans tout le cours de l'année, ses vaches lui ont fourni de lait, et quel en a été l'emploi.

Dans les cantons où l'on entretient de nombreux troupeaux de chèvres, le même modèle peut servir pour l'emploi de leur lait; il n'y a à retrancher que la colonne du beurre, tout le lait des chèvres devant être vendu en nature ou converti en fromage.

Dans les pays où se pratique en grand l'engraissement des bœufs de boucherie, le même système leur est applicable. Le tableau des recettes en nature pour les bœufs en voie d'engraissement présente le nombre des bœufs, leur race, leur poids au début de l'engraissement, et l'accroissement en poids qui constitue le bénéfice de l'opération; à cet effet, les bœufs sont pesés à jeun une fois par semaine; les tableaux doivent être dressés pour un mois.

Tableau des recettes en nature des bœufs à l'engrais.

BŒUFS.	RACES.	POIDS au début.		ACCROISSEMENT EN POIDS.								ACCROISSEMENT total en janvier.		OBSER-VATIONS.
				8 janvier.		15 janvier.		22 janvier.		29 janvier.				
1er janvier.		kil.	gram	kil.	gram.	kil.	gram.	kil.	gram.	kil.	gram.	kil.	gram	
Nº 1.	Cotentin.	400	»	8	400	7	500	8	500	8	500	32	700	Nº 4 malade, très-maigre au début.
— 2.	Limousin.	350	500	7	500	6	900	7	400	8	»	39	800	
— 3.	id.	370	500	7	800	6	900	7	600	7	900	30	200	
— 4.	id.	292	800	6	950	7	»	6	800	7	»	27	750	
— 5.	id.	420	600	7	550	6	700	7	»	8	800	30	50	Nº 12 mange mieux que tous les autres.
— 6.	Poitevin.	425	»	8	500	7	500	8	»	9	»	33	»	
— 7.	id.	430	»		600	8	»	8	500	8	900	34	»	
— 8.	id.	412	800	8	500	8	»	8	500	8	750	32	250	
— 9.	id.	405	800	8	600	7	900	8	»	8	750	33	250	
— 10.	Charolais.	400	500	9	500	9	»	9	»	9	500	37	»	
— 11.	id.	411	600	9	»	8	700	9	500	9	500	36	700	
— 12.	id.	425	900	9	500	8	900	9	800	9	800	38	»	
											Ensemble	394	700	

Le fermier voit, par ce tableau, de combien chacun de ses bœufs a profité par semaine et par mois. S'il compare le total de 394 kilogr. 700 grammes d'augmentation de ses bœufs du 1ᵉʳ au 29 janvier, avec la quantité d'aliments qu'ils ont consommés, le prix de ces aliments lui étant connu, ainsi que celui auquel il peut vendre la viande sur pied, il voit, par une simple addition d'une part et une soustraction de l'autre, si et combien il aura de bénéfice à continuer l'engraissement. Le tableau lui montre en même temps quelles sont les races qui s'engraissent le plus rapidement, et dont l'engraissement peut lui être le plus profitable.

Le compte du troupeau de bêtes à laine doit être, comme celui des bêtes bovines, précédé d'un tableau indiquant la situation du troupeau au commencement de l'année, c'est-à-dire le nombre, la race, le sexe et l'âge des animaux dont il se compose. Deux colonnes, sur ce tableau, indiquent, l'une les augmentations provenant des naissances, l'autre les diminutions par décès; les achats et les ventes, autres causes d'accroissement ou de réduction dans le chiffre des bêtes à laine, ont aussi leurs colonnes, de sorte que la situation du troupeau à un moment donné peut toujours être connue par la simple inspection du tableau.

Tableau du troupeau

NOMBRE et races.	SEXES et âges.	PRODUITS.		DATES des naissances.	DÉCÈS.		DATES des décès.
		Mâles.	Femelles.		Mâles.	Femelles.	
Brebis. 120	Brebis.			Février			Janvier
	50, 1 an.	7	9	14	»	5	5
(race Mérine.)	50, 2 ans.	6	7	16	»	2	février
—	20, 3 ans.	5	8	24			16
				mars			mars
béliers. 5	béliers.	12	12	6	1	»	12
	4, 2 ans.	12	10	8			
(race de Mauchamps.)	1, 3 ans.	10	10	12			
				avril.			
		1	3	5			
		2	1	6			
		55	60	»	1	5	»

Dans le tableau précédent on voit qu'à la fin des quatre premiers mois de l'année les 120 brebis ont donné 115 agneaux, 55 mâles et 60 femelles. La colonne des ventes montre que le fermier n'a pas vendu d'agneaux, trouvant plus avantageux de les élever, ce qui s'explique par la note consignée à la colonne d'observations. Il a vendu 8 brebis et en a perdu 3 ; il en a acheté 12, ce qui augmente d'une seulement le nombre de ses brebis. Le bélier mort a été remplacé ; les moutons sont gardés pour être vendus gras après la tonte.

La partie la plus importante des recettes en nature est consignée sur ce tableau à la colonne des naissances ; il ne reste, pour compléter les recettes en nature provenant du troupeau, qu'à relever le produit de la tonte des bêtes ovines.

de bêtes ovines.

ACHATS.			DATES des achats.	VENTES.			DATES des ventes.	OBSERVATIONS.
Béliers.	Brebis.	Moutons.		Béliers.	Brebis.	Moutons.		
1	»	»	Mars 7	2	»	»	Mars 3	
»	12	»	14	»	8	»	avril 9	Naissances nombreuses, décès rares ; pas de malades ; pâturages abondants ; printemps favorable aux bêtes ovines.
»	»	10	20	»	»	»		
1	12	10	»	2	8	»	»	

Le tableau de la situation du troupeau peut n'être renouvelé qué deux fois par an, au premier janvier et au premier juillet ; mais les relevés sont plus faciles à additionner quand on dresse les tableaux pour quatre mois seulement, comme dans l'exemple ci-dessus.

Le tableau du produit de la tonte des moutons ne contient ordinairement qu'une seule ligne de chiffres dans chaque colonne ; il en contient deux dans les cantons où le climat local permet de tondre les bêtes ovines deux fois par an. Le but de ce tableau est de montrer combien le troupeau a fourni de laine de chaque sorte, afin qu'il serve de contrôle à l'article laines dans le tableau des recettes en argent.

RECETTES

Recettes en nature.

TABLEAU DE LA TONTE DU PRODUIT DES BÊTES OVINES.

DATE.	LAINE DES										OBSERVATIONS.
	béliers.		brebis.		moutons.		agneaux.		ensemble.		
	kil.	gram.	kil.	gram.	kil.	gram.	kil.		kil.	gram.	
Juin 15	14	800	216	000	16	800	54	900	302	500	Bonne qualité; laine fine, longue et forte.

<pre>
                                   kil.   gram.
Moyenne des béliers... 2   960
    —   des brebis.... 1   800
    —   des moutons.. 2   100
    —   des agneaux... «   477
</pre>

Le produit en nature des attelages, produit qui consiste, uniquement dans leur travail, doit être précédé d'un tableau où sont consignés, pour chaque animal, son nom, propre, sa race, son âge et son poil.

TABLEAU des chevaux d'attelage.

NOMS.	RACES.	SEXE.	AGE.	POIL.	OBSERVATIONS.
Faraud.	Ponthieu...	Entier..	5 ans.	Blanc.	Élevé à la ferme.
Blondin.	Ponthieu...	Entier..	6 ans.	Noir.	Élevé à la ferme.
La Pie.	Percheronne	Jument.	4 ans.	Tigrée.	A donné un poulain.
Grison..	Bretonne...	Hongre.	5 ans.	Gris pommelé.	N'ont jamais été malades.
Brunette	Bretonne...	Jument.	5 ans.	Bai brun.	
la Douce	Bretonne...	Jument.	5 ans.	Bai clair.	

On comprend comment ce tableau peut être modifié dans les fermes où les bœufs ou les mulets remplacent les chevaux comme animaux d'attelage.

Le tableau des recettes en nature provenant des animaux d'attelage, chevaux, bœufs ou mulets, est dressé par mois ; il consiste en une feuille, sous la même forme que la feuille des ouvriers. Cette feuille indique l'emploi du temps des animaux, avec les fractions de journée et les chômages, sans assigner une valeur en argent à leur travail. Cette valeur sera indiquée au tableau des dépenses ; car, en réalité, le fermier pourrait donner ses attelages en location à un prix connu dans le pays ; et c'est même ce qu'il fait de temps en temps pour obliger des voisins. Le travail des attelages lui coûte ce qu'il en pourrait retirer, ce qu'il est obligé de payer lui-même, quand il lui arrive de louer à un voisin un attelage supplémentaire dans un moment de presse. Par le relevé des douze feuilles de travail des attelages, le fermier voit ce que ses chevaux de service lui ont fourni en nature pour la nourriture et les soins qu'il leur a donnés; il peut exprimer le tout en chiffres, connaissant d'une part le prix des rations reçues

Recettes

FEUILLE DE TRAVAIL

NOMS des chevaux.	JOURS DU MOIS																	
	1 lundi.	2 mardi.	3 mercredi.	4 jeudi.	5 vendredi.	6 samedi.	7 dimanche.	8 lundi.	9 mardi.	10 mercredi.	11 jeudi.	12 vendredi.	13 samedi.	14 dimanche.	15 lundi.	16 mardi.	17 mercredi.	18 jeudi.
Faraud.......	1	1	1	1	1	1	»	1	1	»	»	»	1	»	1	1	1	$\frac{1}{2}$
Blondin......	1	1	1	1	1	1	»	1	1	»	»	»	1	»	1	1	1	$\frac{1}{2}$
La Pie.......	1	$\frac{1}{2}$	1	1	1	1	»	1	1	»	»	»	1	»	1	1	1	1
Grison.	1	$\frac{1}{2}$	1	1	1	1	»	1	1	»	»	»	1	»	1	1	1	1
Brunette......	1	1	1	1	1	1	»	1	1	$\frac{1}{2}$	$\frac{1}{2}$	»	1	»	1	1	1	1
La Douce.....	1	1	1	1	1	1	»	1	1	»	»	»	1	»	1	1	1	1

La porcherie, pour ses recettes en nature, exige deux tableaux; le premier indiquant le nombre, le sexe, l'âge et la race des truies et des verrats, les produits des deux sexes, l'accroissement en poids des porcs d'élève, et celui des porcs à l'engrais. Ce tableau doit être renouvelé tous les trois mois; il peut l'être tous les mois dans les fermes où la facilité du placement des produits, la proximité d'une forêt de chênes pour l'engraissement des porcs à la glandée, ou toute autre circonstance locale, engage le fermier à élever et engraisser un grand nombre de porcs.

On voit dans le tableau dressé comme modèle que pendant le mois de janvier on a obtenu six portées donnant ensemble 62 petits, 33 mâles et 29 femelles, et que pendant le même mois les porcs d'élève ont augmenté de par les attelages, de l'autre le prix de leur journée de travail dans sa localité.

en nature.

DES ANIMAUX D'ATTELAGE.

ET DE LA SEMAINE.

19 vendredi.	20 samedi.	21 dimanche.	22 lundi.	23 mardi.	24 mercredi.	25 jeudi.	26 vendredi.	27 samedi.	28 dimanche.	29 lundi.	30 mardi.	31 mercredi.	JOURS de service.	OBSERVATIONS.
½	1	»	1	1	1	1	1	1	»	1	1	1	23	Les attelages ont eu en janvier 3 jours de chômage forcé pour cause de neige épaisse, plus leur repos habituel des dimanches.
½	1	»	1	1	1	1	1	1	»	1	1	1	23	
1	1	»	1	1	½	½	1	1	»	½	½	1	21 ½	
1	1	»	1	1	1	1	1	1	»	1	1	½	23	
1	1	»	½	½	1	1	1	1	»	1	1	½	23 ½	La Douce s'est enclouée du pied droit de devant le 31 janvier au soir.
1	1	»	1	1	1	1	1	1	»	1	1	1	24	

poids de 59 kilog. 500 grammes, et les porcs à l'engrais, de 100 kilog. 800 grammes. On y voit aussi l'accroissement en poids de chaque animal en particulier. La valeur en argent n'est pas indiquée ; elle compliquerait inutilement ce tableau ; on la retrouve sur le tableau des recettes en argent provenant de la porcherie.

VERRATS. — Janvier.	RACES et âges.	TRUIES	RACES et âges.	PRODUITS.		PORCS d'élève.	POIDS au début.	
				Mâles.	Fe- melles.		kil.	gram.
Nº 1.	Craonnais. 2 ans.	Nº 1.	Craonnaise. 1 an.	6	4	Nº 1.	15	500
Nº 2.	Craonnais. 18 mois.	Nº 2.	Craonnaise. 1 an.	5	6	Nº 2.	12	900
						Nº 3.	14	700
Nº 3.	Essex. 2 ans.	Nº 3.	Essex. 2 ans.	4	3	Nº 4.	12	500
		Nº 4.	Essex. 2 ans.	6	5	Nº 5.	15	400
						Nº 6.	11	800
		Nº 5.	Essex. 1 an.	6	5	Nº 7.	12	500
		Nº 6.	Tonkin. 2 ans.	6	6	Nº 8.	14	700
				33	29		110	»

Le second tableau des recettes en nature de la porcherie n'indique pas autre chose que les mutations par ventes
et achats, avec les dates, pour servir de contrôle au tableau
des recettes et à celui des dépenses en argent. Ce tableau
peut être, sans inconvénient, dressé pour six mois, ou
même pour un an, selon le plus ou moins d'importance de
la porcherie. Il montre, à un moment donné, le chiffre des
animaux de chaque espèce ; il constate, d'après la main
courante, l'admission ou la suppression de telle ou telle
race dans la porcherie. La colonne d'observations montre
d'un coup d'œil les conditions dans lesquelles se sont réalisés les achats et les ventes, et à quelles époques de l'année ces conditions ont été plus ou moins avantageuses.

en nature.

LA PORCHERIE.

ACCROIS-SEMENT.		PORCS à l'engrais.	POIDS au début.		ACCROIS-SEMENT.		OBSERVATIONS.
kil.	gram.		kil.	gram.	kil.	gram.	
7	800	N° 1.	40	500	16	400	Toutes les truies ont été à peu près également fécon- des ; les Essex et la truie Tonkin sont celles qui élè- vent le mieux leurs portées.
8	400	N° 2.	45	600	15	800	
6	900	N° 3.	47	800	17	500	
7	500	N° 4.	42	700	16	800	
6	800	N° 5.	40	900	17	500	
7	400	N° 6.	41	500	16	800	
6	800						
7	900						
59	500		259	»	100	800	

Recettes en nature.

2ᵉ TABLEAU DE LA PORCHERIE.

VERRATS.	ACHATS.	VENTES.	DATES.	TRUIES.	ACHATS.	VENTES.	DATES.	PORCS.	ACHATS.	VENTES.	DATES.	OBSER- VATIONS.

Les données contenues dans le 2ᵉ tableau de la porcherie pourraient à la rigueur être introduites dans le 1ᵉʳ tableau ; mais elles le rendraient trop compliqué, ce qui
pourrait donner lieu à des omissions ou à des erreurs. En

en formant un tableau séparé, on est plus certain de ne rien oublier, et ce tableau n'est pas de trop dans les exploitations où l'on élève beaucoup de porcs, et où, par conséquent il peut y avoir occasion, soit d'en vendre, soit d'en acheter, pour ainsi dire tous les jours de l'année. En cela comme en tout le reste, on ne peut trop le répéter, chacun se conforme aux conditions économiques de son exploitation ; il suffit de montrer, par un nombre suffisant d'exemples, que le système de comptabilité simplifiée peut s'appliquer avec une égale facilité à toutes les circonstances qui peuvent se présenter dans la pratique.

Tableau de la

POULES. — 125.				DINDES. — 14.			
DATES.	NAIS-SANCES.	VENTES.	PERTES.	DATES.	NAIS-SANCES.	VENTES.	PERTES.
Avril				Avril			
5	12	»	»	»	»	»	»
12	16	»	»	»	»	»	»
27	22	»	7	»	»	»	»
30	28	»	4	29	14	»	»

On suppose que le tableau précédent a été dressé le 1er avril. La fermière voit, en jetant un coup d'œil sur les colonnes de ce tableau, que ses couveuses lui ont donné, dans le courant d'avril, 78 poulets, 14 dindonneaux, 35 oisons et 92 canards. La colonne des pertes lui montre qu'elle a perdu pendant le même mois 11 poulets, 5 oisons et 13 canards ; elle n'a pas perdu de dindonneaux ; les colonnes de vente sont vides ; elle préfère élever ses jeunes volailles ; elle n'en vend pas en avril. La même marche, continuée de mois en mois, lui donnera constamment l'é-

La comptabilité de la basse-cour réclame autant de tableaux que la fermière élève d'espèces de volailles ; c'est en se rendant compte des moindres détails qu'elle arrivera à se former une idée juste des bénéfices que peut lui produire une basse-cour bien gouvernée. Il lui faut d'abord un tableau général analogue à celui du troupeau, indiquant le nombre et l'espèce des volailles qui peuplent sa basse-cour, afin qu'elle n'ait jamais qu'un chiffre à inscrire dans une colonne, pour se rendre compte exactement de ce qui existe chez elle de volailles de chaque espèce à un moment donné. Ce tableau doit être renouvelé au moins deux fois par an.

basse-cour.

IES. — 24.				CANARDS. — 32.			
DATES.	NAIS-SANCES.	VENTES.	PERTES.	DATES.	NAIS-SANCES.	VENTES.	PERTES.
Avril				Avril			
11	8	»	»	5	22	»	»
14	11	»	»	18	34	»	»
18	16	»	5	24	36	»	9
»	»	»	»	»	»	»	4

tat de situation du personnel de sa basse-cour. Au premier octobre, n'ayant plus de naissances à constater, la saison des couvées étant passée, elle dressera un tableau semblable, en supprimant seulement la colonne des naissances devenue sans emploi. Tout cela lui servira à éviter toute erreur dans les tableaux de recettes en nature provenant de chaque espèce de volaille, chacun de ces tableaux étant partiellement contrôlé par le tableau général de la basse-cour.

TABLEAU des recettes en nature provenant des poules.

DATES.	NOMBRE des poules.	ŒUFS.	POULETS éclos.	POULETS élevés.	POULETS vendus.	PERTES.	DATES.	OBSERVATIONS.
Avril							Avril	
1	123	60	»	»				Printemps précoce. — Les premières couvées ont bien réussi. Moyenne des œufs, pour 112 pondeuses, un peu plus de 15 par tête en 30 jours. 11 pertes dont 3 vieilles poules le 27 avril et 8 jeunes poulets, 4 le 27 avril et 4 le 30.
2	»	56	»	»		7	27	
3	»	60	12	12		4	30	
4	»	52	»	»				
5	»	58	»	»				
6	»	54	»	»				
7	»	57	»	»				
8	»	62	»	»				
9	»	59	»	»				
10	»	63	»	»				
11	»	57	»	»				
12	»	58	16	16				
13	»	61	»	»				
14	»	60	»	»				
15	»	55	»	»				
16	»	56	»	»				
17	»	61	»	»				
18	»	59	»	»				
19	»	54	»	»				
20	»	60	»	»				
21	»	57	»	»				
22	»	55	»	»				
23	»	53	»	»				
24	»	61	»	»				
25	»	60	»	»				
26	»	62	»	»				
27	122	63	22	22				
28	»	61	»	»				
29	»	59	»	»				
30	»	69	28	28				
		1.753	78	78		11		

Il est facile à la fermière de se convaincre, en faisant l'addition de la colonne des œufs du tableau précédent, de cette vérité trop souvent méconnue, que des poules de bonnes races, bien traitées et bien nourries, pondant à peu près régulièrement tous les deux jours, quand elles ne couvent pas ou qu'elles n'ont pas de couvées à élever, rapportent beaucoup au delà de leur nourriture.

Des tableaux semblables sont dressés tous les mois pour les autres genres de volailles. Celui des oies contient une colonne de plus, pour le rendement en plumes et duvet.

Quand la période des couvées est passée, on remplace sur le tableau la colonne qui s'y rapporte par une colonne d'engraissement, ou bien on la supprime simplement, dans le cas où l'on n'engraisse pas de volailles. La clef du système étant donnée et les modèles de tableaux les plus usités étant dressés, rien de plus facile à la ménagère intelligente que d'en augmenter ou d'en diminuer le nombre, et de les modifier selon les conditions économiques de sa basse-cour.

Le tableau des recettes en nature provenant des lapins est dressé d'après les mêmes données ; il montre le nombre des lapins reproducteurs mâles et femelles, les produits de chaque femelle, les ventes et les pertes avec leurs dates. La colonne des ventes peut être supprimée pour les mois où la fermière sait qu'elle n'aura pas de lapins bons à vendre ; elle rétablira cette colonne sur les tableaux des mois suivants.

RECETTES EN NATURE.

TABLEAU des recettes en nature provenant des lapins.

DATES.	LAPINS.		PRODUITS.	DATES.	VENTES.	DATES.	PERTES.	DATES.	OBSERVATIONS.
	Mâles.	Femelles.							
Avril 1er	3	No 1	9	Avril 3	»	»	2	7	Toutes les femelles ont porté. — Les portées s'élèvent bien. — Peu de mortalité.
		No 2	10	12	»	»	»	»	
		No 3	8	14	»	»	»	»	Moyenne des portées : 8 lapereaux.
		No 4	6	16	»	»	3	18	
		No 5	10	16	»	»	»	»	
		No 6	9	19	»	»	»	»	
		No 7	5	21	»	»	»	»	
		No 8	7	28	7	30	»	»	7 petits nés le 3 avril ont été vendus le 30, à 50 c. pièce.
			64		7		5		

La fermière voit par ce tableau que dans le courant d'avril 8 femelles lui ont donné 64 lapereaux ; qu'elle n'en a perdu que 5, et qu'ils viennent si bien que, le 30 avril, des lapereaux nés le 3, âgés par conséquent de moins d'un mois, ont obtenu 50 centimes la pièce. Le même tableau lui montre aussi quelles sont celles de ses lapines qui donnent les portées les plus nombreuses et qui payent le mieux la nourriture et les soins qu'elle leur accorde,

On comprend qu'il peut y avoir dans chaque exploitation, selon le climat et les conditions de l'agriculture locale, une foule d'objets de détail pour lesquels chacun admettra des colonnes de plus dans certains tableaux, et dressera de nouveaux tableaux au besoin ; ceux qui précèdent sont assez nombreux et assez détaillés pour que le cultivateur y trouve des modèles applicables à toutes les circonstances qui peuvent se présenter dans l'agriculture française.

SECONDE PARTIE.

RECETTES ET DÉPENSES EN ARGENT

Cette partie est un peu moins compliquée que la première ; quoique les recettes et les dépenses en nature doivent se retrouver dans les recettes et dépenses en argent, et faire ressortir le bénéfice du cultivateur, il y a toujours, dans une exploitation rurale, moins à recevoir et à dépenser en argent qu'en nature.

Dans les fermes moyennes ou petites, un petit nombre de tableaux suffit pour les recettes en argent, qui toutes proviennent de la vente des produits sous diverses for-

mes, sauf accidentellement, du louage, des attelages et des
instruments de labour ou de transport, à prix d'argent, ce
qui n'a jamais lieu que de loin en loin. Dans tous les cas,
pour plus de clarté dans la comptabilité, on ne doit pas
craindre de faire les tableaux assez nombreux pour les
rendre individuellement simples et peu chargés.

La forme du tableau qui suit permet d'indiquer les
quantités vendues et leur prix ; une addition montre le
résultat des ventes par mois ; chaque tableau peut être
dressé pour six mois. Le nombre des tableaux, tous
sous la même forme, est déterminé par le nombre des
produits récoltés dans chaque exploitation. Celui des fourrages secs et des racines qu'on donne ici pour exemple est
au fond exactement le même que celui des céréales. Dans
les fermes où l'on adopte le principe excellent en lui-même
de ne jamais vendre ni racines fourragères, ni fourrages
secs, tout ce qu'on en peut produire étant consommé

RECETTES

TABLEAU des recettes en argent pro-

FROMENT.				SEIGLE.				ORGE.				AVOINE.		
Ven-tes.		Prix.	Dates.	Ven-tes.		Prix.	Dates.	Ven-tes.		Prix.	Dates.	Ven-tes.		Prix.
hect.	lit.	fr. c.	Janv.	hect.	lit.	fr. c.	Janv.	hect.	lit.	fr. c.	Janv.	hect.	lit.	fr. c.
12	50	275 »	5	»	»	» »	»	»	»	» »	»	»	»	» »
»	»	» »	»	8	50	131 75	9	4	»	48 »	9	»	»	» »
42	50	977 50	15	»	»	» »	»	»	»	» »	»	22	»	165 »
»	»	» »	»	»	»	» »	»	»	»	» »	»	»	»	» »
»	»	» »	»	»	»	» »	»	»	»	» »	»	»	»	» »

par le bétail de l'exploitation, ce tableau devient inutile. Il suffit de conserver les colonnes des pommes de terre et des betteraves, dans le cas où l'on a occasion d'en vendre à une féculerie, une distillerie ou une sucrerie indigène. On remarquera que, dans ce tableau, les colonnes de quantités n'ont pas de subdivisions, parce qu'elles concernent des produits vendus constamment par 100 ou même par 1,000 kilogrammes. Dans la colonne des pommes de terre, la division des quantités est seule divisée en hectolitres et litres, parce qu'il peut arriver qu'on en vende moins d'un hectolitre à la fois.

Le fermier aura soin de modifier, d'après les mêmes données, les tableaux de ses recettes en argent, tous divisés de la même manière, de sorte qu'à un moment donné il pourra toujours vérifier par une simple addition combien les denrées qu'il aura vendues lui auront produit de recettes en argent.

EN ARGENT.

venant de la vente des céréales.

Dates.	MAÏS.				Dates.	SARRASIN.				Dates.	OBSERVATIONS.
	Ventes.		Prix.			Ventes.		Prix.			
	hect.	lit.	fr.	c.		hect.	lit.	fr.	c.		
Janv.					Janv.					Janv.	
»	»	»	»	»	»	»	»	»	»	»	
»	»	»	»	»	»	»	»	»	»	»	
15	»	»	»	»	»	»	»	»	»	»	Froment bien vendu 23 fr. l'hectolitre : hausse de 1f. sur le dernier cours.
»	3	50	32	50	25	»	»	»	»	»	
»	»	»	»	»	»	12	50	175	»	28	

TABLEAU des recettes en argent prove

FOIN.			LUZERNE.			TRÈFLE.			POMMES DE	
Dates.	Quan- tités.	Prix.	Dates.	Quan- tités.	Prix.	Dates.	Quan- tités.	Prix.	Dates.	Quan- tités.
	kil.	fr. c.		kil.	fr. c.		kil.	fr. c.		kil.
Janv.			Janv.			Janv.			Janv.	
5	1,500	75 »	8	2,500	87 50	10	500	30 »	6	4,000

Dans le chapitre des dépenses en argent, deux tableaux doivent être consacrés aux gages des domestiques à l'année, un pour les hommes, l'autre pour les femmes. La forme indiquée pour ces tableaux donne pour chaque domestique le taux de ses gages par mois et la date de chaque payement. Si l'un des domestiques a reçu des à-compte dans le courant du mois, on les inscrit à leur date ; s'il y en a qui laissent accumuler leurs gages pour recevoir une plus forte somme à la fois, la colonne des payements qui les concerne reste vide, ce qui suffit pour montrer depuis combien de temps ils n'ont rien reçu. Si, dans le courant de l'année, un domestique est congédié et remplacé, il suffit de le rayer dans sa colonne et d'y substituer à son nom celui de son remplaçant. On marque avec la même facilité à la colonne des gages les augmentations qu'il peut y avoir lieu d'accorder à ceux qui le méritent par des services exceptionnels. Dans tous les cas, le relevé des chiffres d'une seule colonne montre toujours à un moment donné

EN ARGENT.

nant des fourrages et des racines.

TERRE	CAROTTES.			BETTERAVES.			NAVETS.			OBSERVATIONS
Prix.	Dates.	Quantités.	Prix.	Dates.	Quantités.	Prix.	Dates.	Quantités.	Prix.	
fr. c.		kil.	fr. c.		kil.	fr. c.		kil.	fr. c.	
200	Janv. 6	2,000	36 »	Janv. 8	50,000	90 »	Janv. 12	7,000	105 »	

ce qui est dû à un domestique et ce qu'il a reçu, ce qui permet d'arrêter son compte à volonté. L'addition de toutes les colonnes montre ce qui a été dépensé en argent dans le courant de l'année pour le payement des gages des domestiques.

TABLEAU des gages des domes

NOMS et fonctions.	GAGES par mois.	PAYEMENTS.	DATES.	NOMS et fonctions.	GAGES par mois.	PAYEMENTS.	DATES.	NOMS et fonctions.
	fr. c.	fr. c.			fr. c.	fr. c.		
LAURENT (Baptiste), laboureur.	25 »	25 »	Janv. 2	MARTIN (François) laboureur.	25 »	25 »	Janv. 2	MÉNAND (Nicolas), charretier.

TABLEAU des gages des domes

NOMS et fonctions.	GAGES par mois.	PAYE-MENTS.	DATES.	NOMS et fonctions.	GAGES par mois.	PAYE-MENTS.
	fr. c.	fr. c.			fr. c.	fr. c.
LEFRANC (Marguerite) fille de basse-cour.	12 50	12 50	Janvier 2	BLONDIN (Marie), fille de basse-cour.	12 50	12 50

Le tableau des dépenses pour la nourriture du ménage rentre spécialement dans les attributions de la fermière. La forme du tableau restant la même, le nombre et les titres des colonnes peuvent varier selon le régime alimentaire de chaque canton et les conditions économiques de chaque exploitation. Ce tableau doit être dressé pour un mois,

EN ARGENT.

tiques à l'année. (N° 1. — Hommes.)

GAGES par mois.	PAYEMENTS.	DATES.	NOMS et fonctions.	GAGES par mois.	PAYEMENTS.	DATES.	OBSERVATIONS.
fr. c.	fr. c.	Janv.	VAUDRON (Victor), berger.	fr. c.	fr. c.	Janv.	
25 »	25 »	2		30 »	30 »	2	

EN ARGENT.

tiques à l'année. (N° 2. — Femmes.)

DATES.	NOMS et fonctions.	GAGES par mois.	PAYEMENTS.	DATES.	OBSERVATIONS.
Janvier 2	MÉNANT (Françoise), vachère.	fr. c.	fr. c.	Janvier. 2	
		10 50	10 50		

afin que chaque dépense y puisse être marquée jour par
jour. Parmi ces dépenses, il y en a beaucoup qui ne sont
pas payées en argent; mais, ainsi qu'on a déjà eu l'occasion de le faire observer, rien n'est plus facile que de les
évaluer en argent. Le pain, par exemple, est toujours fait
à la ferme, avec de la farine provenant des grains récoltés

sur les terres de l'exploitation. Mais la fermière connaît toujours le prix courant des grains et farines dans le pays, de manière à pouvoir calculer le prix du pain de son ménage. Si elle veut s'épargner la peine de faire ce calcul, elle peut inscrire le prix du pain tel qu'il est vendu chez le boulanger du bourg le plus rapproché de sa ferme. Le relevé de douze tableaux semblables lui donnera à la fin de l'année le montant des dépenses du ménage, comme si elle avait acheté tout ce que le ménage a consommé. Rien de plus facile que de défalquer sa propre nourriture, celle de son mari et de ses enfants, et de se rendre compte, à un centime près, de ce que lui a coûté en argent la nourriture de ses domestiques.

DÉPENSES EN ARGENT.

TABLEAU des dépenses pour la nourriture du ménage.

DATES.	PAIN.	VIANDE de boucherie	PORC.	LÉGUMES	BOISSONS	ÉPI-CERIES.	OBSERVATIONS.
	fr. c.	fr. c.	fr. c.	fr. c.	fr. c.	fr. c.	
Janvier							
1	8 96	10 50	4 50	1 20	4 50	» 80	Pas de variation dans le prix du pain et dans celui des boissons, pendant le mois de janvier.
2	8 96	10 50	2 80	2 50	4 50	» 80	
3	8 96	10 50	2 80	2 50	4 50	» 80	
4	8 96	10 50	3 50	1 40	4 50	» 80	
5	8 96	10 50	2 80	1 40	4 50	» 80	
6	8 96	10 50	1 60	1 40	4 50	» 80	
7	8 96	10 50	2 80	1 40	4 50	» 80	
8	8 96	4 80	3 50	1 40	4 50	» 80	
9	8 96	4 80	2 80	1 40	4 50	» 80	
10	8 96	4 80	2 80	1 40	4 50	» 80	
11	8 96	4 80	2 80	1 40	4 50	» 80	
12	8 96	4 80	2 80	1 40	4 50	» 80	
13	8 96	4 80	2 80	1 40	4 50	» 80	
14	8 96	4 80	2 80	1 40	4 50	» 80	
15	8 96	4 80	2 80	1 40	4 50	» 80	
16	8 96	4 80	2 80	1 40	4 50	» 80	
17	8 96	4 80	2 80	1 40	4 50	» 80	
18	8 96	4 80	2 80	1 40	4 50	» 80	
19	8 96	4 80	2 80	1 40	4 50	» 80	
20	8 96	4 80	2 80	1 40	4 50	» 80	
21	8 96	4 80	2 80	1 40	4 50	» 80	
22	8 96	4 80	2 80	1 40	4 50	» 80	
23	8 96	4 80	2 80	1 40	4 50	» 80	
24	8 96	4 80	2 80	1 40	4 50	» 80	
25	8 96	4 80	2 80	1 40	4 50	» 80	
26	8 96	4 80	2 80	1 40	4 50	» 80	
27	8 96	4 80	2 80	1 40	4 50	» 80	
28	8 96	4 80	2 80	1 40	4 50	» 80	
29	8 96	4 80	2 80	1 40	4 50	» 80	
30	8 96	4 80	2 80	1 40	4 50	» 80	
31	8 96	4 80	2 80	1 40	4 50	» 80	

C'est encore à la même marche que le fermier doit s'en tenir pour se rendre compte de ce que lui coûtent les divers travaux de labours, semailles et récoltes, exécutés dans les champs dépendant de sa ferme. Il dresse des tableaux où chaque genre de travail est indiqué, avec sa date, et où le prix de ce travail est marqué, d'après le prix courant du pays et du moment, comme s'il avait loué à prix d'argent des hommes et des attelages pour faire toutes ses opérations de culture.

DÉPENSES EN ARGENT.

TABLEAU des travaux de culture.

DATES.	NATURE des travaux.	ANIMAUX occupés.	HEURES d'attelage.	PRIX.		LABOUREURS occupés.	PRIX.		OBSER-VATIONS.
				fr.	c.		fr.	c.	
Janvier 1	»	»	»	»	»	»	»	»	
2	Labours	6	6	18	»	3	7	50	
3									
4									
5									
6									
7									
8									
9									
10									
etc.									

Il suffit d'un tableau par mois pour les travaux courants, tels que les labours et les charrois dont on s'occupe plus ou moins toute l'année, avec un ou deux tableaux pour la fenaison, la moisson, les semailles, les vendanges et les autres travaux que chaque saison ramène. Sur ces tableaux, le fermier voit l'emploi du temps de tous ses serviteurs et ouvriers et de tous ses attelages ; les colonnes des tableaux sont contrôlées par la main courante et la feuille des ouvriers.

L'heureuse variété de sols et de climats qui fait de la France le jardin de l'Europe introduit nécessairement une variété équivalente dans le mode d'exploitation du sol, par conséquent, dans les articles à mèntionner sur les tableaux de comptabilité agricole simplifiée. Mais l'élasticité de ce système est assez grande pour se prêter avec la même facilité à tous les genres de culture. Il n'y a, comme on l'a fait observer au début de ce chapitre, d'exception que pour les très-grandes fermes, assez importantes pour faire tenir leurs livres en partie double, comme ceux de toute autre industrie, par un agent comptable n'ayant pas d'autre besogne.

On s'est utilement servi pour le travail qui précède des données exposées dans un mémoire de M. Gabiaud sur la comptabilité rurale, mémoire couronné par la Société d'agriculture de la Seine, à la suite d'un concours, en 1813.

CHAPITRE III.

COMMERCE DES DENRÉES AGRICOLES.

NOTIONS GÉNÉRALES.

La situation du cultivateur, au point de vue du placement des produits du sol, est complétement changée par la facilité que lui offrent les chemins de fer pour faire voyager en peu de temps et à peu de frais ses produits, et les faire arriver sur les points où ils peuvent trouver des acheteurs aux conditions les plus avantageuses. Son horizon n'est plus limité, comme il l'était précédemment, aux marchés de son voisinage immédiat; il se rapproche sous ce rapport de la condition du commerçant; il échappe souvent à la nécessité toujours dispendieuse de recourir aux intermédiaires; il a, pour toutes ces raisons, besoin de posséder une connaissance au moins sommaire des usages du commerce, en ce qui concerne les denrées agricoles.

Ces denrées se divisent très-naturellement en deux sections, celle des *produits végétaux*, et celle des *produits animaux*. La première section comprend : 1° les *céréales*; 2° les *graines légumineuses*; 3° les *graines oléifères*; 4° les *fourrages*; 5° les *vins*; 6° les *huiles*; 7° le *lin*; 8° le *chanvre*.

La seconde section comprend : 1° les *bestiaux ;* 2° les *laines ;* 3° la *soie ;* 4° le *miel* et la *cire ;* 5° les *volailles* et les *lapins ;* 6° le *beurre,* le *fromage* et les *œufs.*

CÉRÉALES.

Dans le commerce comme en agriculture , on désigne sous le nom collectif de *céréales* le *froment,* le *seigle,* l'*orge,* l'*avoine,* le *maïs* et le *sarrasin.* Le froment est en France, comme dans toute l'Europe, la première des céréales. Le commerce des blés et des autres céréales , généralement désigné sous le nom de *commerce des grains,* a été à diverses époques soumis à des restrictions ayant pour but, les unes de limiter ou de prohiber l'importation des grains étrangers, pour prévenir l'avilissement des prix, préjudiciable au producteur, les autres de s'opposer en temps de disette ou de cherté à l'exportation des grains. De nos jours, les entraves, soit à l'entrée, soit à la sortie, ont disparu ; le commerce intérieur et extérieur des céréales est entièrement libre. Le système de droits variables selon la moyenne des prix sur nos différents marchés intérieurs, système compliqué, longtemps en vigueur sous le nom d'*échelle mobile,* n'est plus qu'un souvenir. Son principal inconvénient consistait dans l'incertitude continuelle qui pesait sur le commerce des grains, les droits pouvant varier à chaque instant, et pour des causes impossibles à prévoir.

FROMENT.

Quand le blé arrive sur le marché, l'acheteur base son opinion, quant à la valeur de cette marchandise, sur quatre considérations principales, savoir : 1° le poids ; 2° la sécheresse ; 3° la netteté ; 4° la régularité. De ces quatre qualités, le poids est la plus importante ; car plus le blé est pesant, plus il contient de farine, moins il contient de son. C'est pourquoi les diverses qualités de froment sont classées commercialement d'après le poids de l'hectolitre. La qualité tout à fait supérieure, désignée sous le nom de *premier choix*, ne doit pas peser moins de 80 à 82 kilogrammes à l'hectolitre ; le blé doit être en outre parfaitement sec, très-net, c'est-à-dire exempt, aussi complétement que possible, de toute graine de mauvaise herbe, et très-régulier, c'est-à-dire exempt de grains ridés ou cassés, de sorte que tous les grains en soient sensiblement de la même grosseur.

Après le premier choix viennent les blés de première qualité ; ils réunissent les qualités exigées des blés de premier choix, et pèsent 78 à 79 kilogrammes à l'hectolitre. La seconde qualité est celle qui constitue la grande masse des blés ordinaires ; aussi elle est souvent désignée sous le nom de *blé marchand* ; ce blé ne pèse pas plus de 76 à 77 kilogrammes à l'hectolitre. Enfin, le blé de troisième qualité est terne, inégal, et ne dépasse pas le poids de 75 kilogrammes à l'hectolitre. Il y a cependant des blés de ce poids qui se vendent bien et qui sont même recherchés des meuniers, quand, par un criblage très-soigné, ils arrivent sur le marché parfaitement nets, sans graines étrangères, sans grains cassés, sans poussière surtout, ce qui dépend toujours du producteur. C'est quand, par suite des intempéries des saisons, le froment manque un peu de poids, que le fermier doit mettre tous ses soins à lui donner les deux qualités qui dépendent de lui, la netteté et la régularité. Les blés de troisième qualité, pourvu qu'ils soient suffisamment nets et réguliers, se placent aussi facilement que les autres, depuis que l'usage s'est introduit de vendre les céréales, non plus à la mesure, dont le poids relatif est nécessairement variable, mais aux 100 kilogrammes, qui représentent, pour une quantité donnée de grains, un rendement en farine connue d'avance du vendeur comme de l'acheteur. Malheureusement, cet usage si rationnel n'est pas partout en vigueur.

Les qualités de froment les plus recherchées du commerce sont les *blancs*, les *roux* et les *bigarrés*. Les blés blancs sont également estimés et placés au premier rang dans nos départements du Nord comme dans ceux du Midi. Les meilleurs blés blancs sont, dans le Nord, le blé *blanc de Bergues*, et, dans le Midi, les blés nommés *touzelle* et *saissette*. Les froments *roux*, aussi désignés sous le nom de *blés rouges*, sont les plus cultivés dans nos pays à blé ; le meilleur dans cette série est le *mary-gold*, d'origine anglaise, mais très-répandu en France. Les bons blés roux ne sont inférieurs aux blancs qu'en ce qu'ils contiennent un peu plus de son. Les *blés bigarrés* sont un mélange de diverses variétés de froments, les uns blancs, les autres roux ; dans toute la région Nord et Nord-Est de la France, les fermiers sèment ces variétés en mélange au lieu de les semer isolément. Les blés bigarrés sont en général très-recherchés dans la meunerie.

SEIGLE.

La production du seigle était au commencement de ce siècle égale à la moitié de celle du froment ; elle en est aujourd'hui à peine le tiers, et la proportion du seigle par rapport au froment tend à décroître. De meilleurs procédés de culture, surtout l'extension donnée aux prairies artificielles, ont transformé une grande partie des terres à seigle en terres à blé. Néanmoins, le seigle est encore le produit principal d'un grand nombre de départements ; ceux qui en produisent le plus sont : la Marne, l'Aube, le Cher, la Haute-Vienne, la Dordogne et l'Ain. L'espèce commune, ou *seigle d'hiver*, est presque seule dans le commerce, le seigle *multicante* ou de la Saint-Jean, dont le grain est petit et maigre, figure rarement sur les marchés ; le seigle de Rome, très-beau grain, volumineux et riche en farine, n'est presque pas cultivé en France, parce qu'il mûrit mal dans le centre et le Nord, et que, dans le Midi où il arriverait à complète maturité, on lui préfère le froment.

Le prix moyen du seigle se maintient assez régulièrement entre 40 et 50 pour cent du prix moyen du froment. Dans les années de grande abondance, où les prix descendent au-dessous de cette moyenne, une grande partie de la récolte passe à la distillation.

AVOINE.

On ne trouve guère dans le commerce en France que deux espèces d'avoine, la blanche dans le Nord, et la noire dans le reste de la France. Les variétés les plus riches en farine, cultivées en Écosse pour la préparation du gruau d'avoine, base de la nourriture habituelle des montagnards écossais, ne sont pas connues en France. Néanmoins, le commerce de l'avoine, spécialement employée à la nourriture des chevaux, donne lieu à des transactions très-importantes ; la production totale en France est d'environ 40 millions d'hectolitres. L'avoine est de toutes les céréales celle qui se conserve le plus aisément, et qui redoute le moins l'influence de l'humidité, ou les attaques des insectes. Le fermier peut donc, en toute sûreté, différer la vente quand les prix lui semblent trop bas. L'avoine de bonne qualité doit être exempte de toute odeur, et peser de 42 à 45 kilogrammes à l'hectolitre. Celle de Bretagne, réputée la meilleure à juste titre, dépasse souvent le popis de 50 kilogrammes à l'hectolitre. On considère comme étant de qualité tout à fait inférieure celle qui pèse moins de 38 kilogrammes.

ORGE.

La production de l'orge en France est beaucoup plus limitée que celle de l'avoine; les départements de l'Aube et de la Marne sont ceux qui en produisent le plus. Les orges de ces deux départements, ainsi que celles des départements du Nord, de l'Aisne et du Pas-de-Calais, ont pour principal débouché la brasserie. Les fermiers qui cultivent en grand l'orge pour la vendre aux brasseurs doivent proportionner la production aux besoins présumés, et ne pas conserver d'orge d'une année à l'autre, parce que l'orge de deux ans germe inégalement, le *maltage* en est difficile, de sorte qu'on fait un tort réel au brasseur en lui vendant de l'orge de l'année précédente au lieu d'orge nouvelle, la seule qui convienne à son industrie. La même observation s'applique à l'orge vendue aux distillateurs de grains et de pommes de terre, qui doivent employer une certaine quantité d'orge maltée en qualité de ferment. La production totale de l'orge en France ne dépasse pas un cinquième de la production du froment. Dans nos départements du Midi l'orge est très-cultivée pour la nourriture des mulets et des bœufs d'attelage. Le prix moyen de l'orge, dans les années ordinaires, est de 5 à 10 pour cent inférieur à celui du seigle.

SARRASIN.

Le commerce du sarrasin est aussi important que celui du froment ou du seigle dans ceux de nos départements où la bouillie et les galettes de farine de sarrasin remplacent le pain pour la nourriture habituelle des classes laborieuses, spécialement dans les cinq départements de l'ancienne Bretagne. La conservation du sarrasin, aussi désigné sous le nom de *blé noir*, quoique la plante qui le fournit n'ait avec le blé aucune espèce de rapport, est aussi facile que celle de l'avoine. La presque totalité du sarrasin est consommée par les pays de production ; néanmoins, la France en exporte une certaine quantité en Hollande ; les Hollandais préfèrent le sarrasin de Bretagne à celui des autres provenances. Le prix du sarrasin suit assez régulièrement celui de l'orge.

MAÏS.

Les départements du Doubs, du Jura, de la Haute-Saône, et quelques-uns de nos départements de la région du Sud-Ouest, produisent d'assez grandes quantités de maïs, aussi nommé très-improprement *blé de Turquie*, dont la farine, préparée en bouillie sous le nom de *gaudes*, occupe dans le régime alimentaire des Francs-Comtois la place occupée par le sarrasin dans la nourriture des Bretons. Le prix du maïs, vendu en totalité sur les marchés des pays de production, suit assez régulièrement celui du seigle.

USAGES DU COMMERCE DES GRAINS.

Le fermier, ainsi qu'on l'a déjà fait observer, doit désirer, tant pour l'accomplissement de ses devoirs envers la société que dans son véritable intérêt bien entendu,

que le prix des grains se maintienne dans une moyenne
en rapport avec les ressources de la grande masse des
consommateurs. Si l'avilissement des prix compromet ses
intérêts, la cherté exagérée compromet, ce qui est bien
plus sérieux, l'ordre et la sécurité publics. En temps de
disette ou d'excessive cherté des grains, il est clair que le
fermier, s'il fait le commerce des grains, est plus exposé
que tout autre à recevoir le contre-coup du mécontente-
ment aveugle des classes souffrantes de la population. Il
ne lui faut qu'un peu de réflexion pour voir qu'il n'a point
d'intérêt à provoquer le renchérissement excessif du plus
nécessaire des aliments. Le commerce des grains exige
de la part du producteur la plus grande prudence; les va-
riations de la température déroutent à tout moment les
prévisions qui semblaient le mieux fondées; une récolte
très-belle en apparence ne tient pas au battage ce qu'elle
semblait promettre, le contraire a lieu très-souvent, ce qui
donne lieu à la baisse des céréales, alors que la hausse
était attendue; de là les désastres qui emportent fréquemment la fortune des marchands de grains, et celle des
fermiers qui, au lieu de vendre à un prix raisonnable et
d'alimenter les marchés, comme c'est leur devoir, gardent,
dans l'espoir d'une hausse qui n'arrive pas, la plus grande
partie de leur récolte de céréales d'une année à l'autre.

Les principaux centres d'affaires pour le commerce des
céréales sont, en France : Paris, Rouen, Lyon, Gray
(Haute-Saône), Nantes, Bordeaux et Marseille. Cette dernière place fait peu d'affaires en blés du pays; on y commerce principalement en blés durs d'Algérie, de Turquie,
de Naples, d'Odessa sur la mer Noire, et de Taganrog sur
la mer d'Azof. Les grandes importations de céréales étrangères par Marseille influent très-sensiblement sur la
moyenne des prix dans toute la France. Paris seul absorbe
de 3 millions et demi à 4 millions d'hectolitres de froment

par an. Les ventes se font à la halle, sur échantillon, par l'entremise des facteurs. Les payements se font par l'entremise de la caisse de la boulangerie ; l'acheteur dont les fonds sont déposés à cette caisse donne en payement au vendeur des bons que celui-ci peut toucher à présentation. En général, le froment, le seigle et l'orge sont vendus soit à l'hectolitre, soit aux 100 kilogrammes, mode de vente rationnel, qui ne peut donner lieu à aucun mécompte ; l'avoine seule est encore, selon l'ancien usage, vendue à l'hectolitre et demi, qui correspond à peu près à l'antique *setier* ; mais la vente au poids, la seule qui soit réellement conforme aux intérêts du vendeur comme à ceux de l'acheteur, tend à prévaloir. Toutes les ventes de grains se font au comptant.

A Marseille, les vieux usages ne sont pas encore déracinés ; le blé s'y vend par *charge* de 160 litres ; le mesurage est payé 15 centimes par hectolitre. A Nantes, les ventes se font en gros, par tonneau de 15 hectolitres ; la vente au poids, vivement réclamée par une partie du commerce de cette place, n'y est pas encore adoptée. A Bordeaux, on vend régulièrement les blés, soit à l'hectolitre, soit aux 100 kilogrammes, mode de vente qui devrait être partout en vigueur. A Gray, centre du commerce des grains de la Bourgogne, ainsi qu'à Lyon, à Rouen et à Bordeaux, où la plus grande partie des céréales est amenée par bateaux, le débarquement est à la charge de l'acheteur. La formule adoptée pour la réception des blés par le destinataire veut que le blé soit *loyal* et *marchand*, c'est-à-dire exempt de mauvaise odeur, d'avaries et d'insectes ; dans le cas contraire, il peut être refusé, et rester pour compte de l'expéditeur.

FARINES.

La connaissance des farines est un peu plus difficile que

celle des grains ; il y a néanmoins, entre les farines anciennes ou échauffées et les farines récentes de première
qualité, des différences qu'un peu d'habitude apprend
aisément à saisir. La farine fraîche de froment, même
quand elle est le plus blanche, a cependant ce qu'on nomme
un *œil jaunâtre*, qu'elle perd en vieillissant. Si l'on en
prend une forte pincée dans le creux de la main, et qu'on
la pelotonne entre les doigts, elle doit rester quelques
instants en pelotte ; celle qui tombe immédiatement en
poussière n'est pas récente ; si l'on y plonge les doigts,
elle doit y adhérer et les blanchir ; dans le cas contraire
il y a lieu de présumer qu'elle est moulue depuis long
temps, ou bien qu'elle s'est échauffée pendant ou après la
mouture.

Les usages du commerce sont aussi peu fixes pour les
farines que pour les grains. A Paris, on en est encore,
ainsi qu'à Rouen, à l'ancien sac de 157 kilogrammes,
lourd, difficile à transporter, plus difficile encore à ramener par le calcul à la mesure légale du quintal métrique.
Dans tout le Midi, le sac de farine est de 125 kilogrammes,
poids plus rapproché du système métrique ; il y a lieu de
s'étonner que toutes les farines ne soient pas, d'un bout à
l'autre de la France, vendues par sacs de 100 kilogrammes,
plus transportables, seuls conformes aux lois sur les
poids et mesures depuis si longtemps en vigueur et si
incomplétement appliquées. Paris seul absorbe par jour
près de 3,000 sacs de farine de 157 kilogrammes. Les
facteurs de la halle aux grains et farines perçoivent un
droit fixe de 1 fr. 25 c. par sac. Les payements se font
par l'entremise de la caisse de la boulangerie, soit au
comptant, soit à quinze jours, et très-rarement à un mois
de crédit. La *mercuriale* de chaque marché, c'est-à-dire
le prix moyen de chaque qualité de farine, servant de base
à la détermination de la taxe du pain, est calculée sur le

prix des 100 kilogrammes , quoiqu'à Paris les farines ne soient jamais vendues au quintal métrique.

Quand la boulangerie des grandes villes achète des blés marchands et qu'elle les fait moudre à son compte, elle paye en moyenne la mouture sur le pied de 1 fr. 25 à 1 fr. 30 c. par 100 kilogrammes. On compte qu'un bon blé soumis à un système de mouture perfectionné donne, pour 100 kilogrammes, 68 kilogrammes de farine blanche de première qualité, 8 kilogrammes de farine blanche de seconde qualité, 6 kilogrammes de farine bise, 22 kilogrammes de son, recoupe et remoulage, et 2 kilogrammes de déchet. C'est sur cette base qu'on doit calculer en moyenne le rendement d'un bon froment en farine.

GRAINES LÉGUMINEUSES.

Le commerce des graines des plantes légumineuses servant à la nourriture de l'homme, graines comprises sous la dénomination générale de légumes secs, est très-développé à Paris, qui reçoit la plus grande partie de ces produits des départements de l'Aisne et de l'Oise ; il l'est plus encore dans tous nos départements maritimes, en raison de la place importante que tiennent les légumes secs dans la nourriture des marins. Les haricots, pois, fèves, lentilles, sont en effet à la fois très-nourrissants sous un volume réduit, et d'une conservation facile. Ces deux qualités les rendent particulièrement propres aux approvisionnements des équipages des navires pour les voyages de long cours.

A Paris, de même que dans nos ports de mer, les légumes secs se vendent à l'hectolitre, presque toujours au comptant, argent sur le sac. Comme ces légumes, lorsqu'ils ont vieilli, cuisent difficilement, ce qui les rend indigestes et de mauvais goût, il importe beaucoup au producteur de placer tout le produit de sa récolte avant la récolte suivante, sans quoi, ce qui pourrait lui rester ne trouverait pas d'acheteurs, si ce n'est dans les fabriques de légumes cuits, séchés et pulvérisés, qui peuvent seules utiliser les vieux légumes secs. Il va sans dire que ces fabriques ne les achètent qu'à très-bas prix.

GRAINES OLÉIFÈRES.

La série des graines oléifères récoltées en France comprend le *colza*, la *navette*, la *moutarde*, la *caméline*, le *pavot-œillette*, la *graine de lin*, et celle de *chanvre*. De toutes ces graines, celle de *colza* est celle qui donne lieu aux transactions les plus importantes, surtout depuis que la culture du colza, longtemps cantonnée dans le département du Nord, s'est étendue dans tous nos pays de grande culture, spécialement dans les cinq départements de l'ancienne Normandie.

La meilleure graine de colza est celle du *colza d'hiver* : elle doit être ronde, lisse, d'un beau noir lustré, sans mélange de graines ridées ou rougeâtres ; lorsqu'on la coupe en deux, la coupure doit être d'un beau jaune et très-riche en huile. La graine de colza d'été ou de printemps (colza annuel) est plus petite, d'un noir moins foncé, mêlée d'un plus grand nombre de grains tirant sur le rouge ; aussi son prix est-il toujours inférieur de 10 à 12 pour cent à celui de la graine de colza d'hiver. Le poids de la graine de colza peut varier dans de très-larges proportions. Dans les années défavorables l'hectolitre de cette graine de qualité inférieure ne pèse pas plus de 55 à 58 kilogrammes. Dans les bonnes années la qualité moyenne pèse entre 62 et 65 kilogrammes à l'hectolitre, et la première qualité, de 68 à 70 kilogrammes.

Les ventes réelles se font à l'hectolitre, au comptant; mais la graine de colza, sujette à une foule de causes accidentelles de hausse ou de baisse, est, comme l'huile de la même graine, l'objet de nombreux marchés fictifs, qui constituent un véritable jeu. Les prix sont basés sur le poids de la graine, poids qui correspond assez exactement à son rendement en huile. Les tourteaux de graine de colza se vendent soit au poids, sans égard au nombre, soit au compte, par cent, mais en basant les prix sur 100 kilogrammes.

La *graine de navette*, plante très-voisine du colza, diffère peu de celle du colza; elle s'en distingue par une teinte générale rougeâtre qui lui est propre, mais qui n'est pas pour cette graine, comme pour celle de colza, un signe d'infériorité. La graine de navette bisannuelle ou d'hiver contient environ, par hectolitre, 22 kilogrammes d'huile; celle de la navette d'été, ou navette annuelle, n'en donne pas plus de 17 à 18 kilogrammes. Le tourteau de ces deux graines ne diffère pas sensiblement du tourteau de graine de colza; il sert aux mêmes usages et se vend au même prix.

La *graine de moutarde noire* et de *moutarde blanche* est à peu près aussi riche en huile que celle de navette; son huile sert de même pour l'éclairage et la fabrication des savons de potasse; son prix suit assez exactement celui de la graine de navette; la plante est peu cultivée, et sa graine n'existe jamais dans le commerce en quantités très-importantes.

La *graine de caméline* fournit en moyenne 30 kilogrammes d'huile par 100 kilogrammes; l'huile et les tourteaux de caméline se vendent habituellement au même prix que l'huile de colza et de navette; ils sont propres aux mêmes usages. La graine de caméline se vend à l'hectolitre ou bien aux 100 kilogrammes.

La *graine de pavot-œillette* pèse en moyenne 60 à 62 kilogrammes à l'hectolitre ; son poids peut aller jusqu'à 65 kilogrammes ; c'est un maximum qu'elle atteint rarement. Sa richesse en huile varie entre 28 et 35 pour cent ; cette circonstance, jointe à la qualité supérieure de l'huile d'œillette, la première des huiles comestibles après l'huile d'olive, justifie l'élévation de son prix qui, depuis plusieurs années, se maintient entre 30 et 32 fr. l'hectolitre. Cette graine se vend soit à l'hectolitre , soit aux 100 kilogrammes, au comptant. La meilleure qualité est d'un gris uniforme, un peu foncé ; celle qui offre des reflets verdâtres a été récoltée imparfaitement mûre ; elle est moins riche en huile, et n'est que de seconde qualité. Jusqu'à la fin du dernier siècle l'huile d'œillette passait, bien à tort, pour être douée de propriétés nuisibles à la santé ; sous tout le règne de Louis XV les marchands en détail ne pouvaient conserver chez eux cette huile en magasin qu'en la mêlant à une certaine quantité d'essence de térébenthine, qui la dénaturait et empêchait qu'elle ne fût vendue comme huile comestible. Les progrès de la chimie moderne ont fait disparaître ces injustes préventions ; tout le monde en France, à l'exception des familles aisées ou riches, mange la salade et la friture à l'huile d'œillette, et personne n'en est indisposé.

La *graine de lin*, tant celle qui se récolte en France que celle qu'on fait venir du dehors pour les semailles , donne lieu à beaucoup d'affaires. La meilleure, quelle que soit sa provenance, est lustrée, coulant librement entre les doigts, non pas plate, mais sensiblement bombée sur ses deux surfaces. L'hectolitre de bonne qualité pèse entre 65 et 74 kilogrammes. Sa richesse en huile est très-variable : elle peut rendre en maximum 25 pour cent de son poids d'huile ; elle n'en rend souvent pas au delà de 18 à 20 pour cent. La vente se fait au comptant, soit à l'hectolitre, soit aux 100 kilogrammes.

La *graine de chanvre*, aussi désignée sous le nom de *chènevis*, ne donne qu'une huile de qualité inférieure, et n'en donne pas plus de 14 à 16 kilogrammes à l'hectolitre, du poids de 45 à 50 kilogrammes ; la meilleure qualité peut peser jusqu'à 55 kilogrammes. La vente se fait à l'hectolitre, au comptant.

A partir de la fin de 1862, le commerce des huiles de grains et la culture des plantes à grains oléifères ont subi une rude atteinte par l'introduction subite sur le marché européen de masses considérables d'huile de pétrole, bitume liquide dont l'Amérique du Nord possède des sources inépuisables, et qu'elle peut livrer, pour l'éclairage domestique, à des prix beaucoup plus bas que ceux des huiles de graines. Néanmoins, l'huile de Pétrole essentiellement explosible et dont, par conséquent, l'emploi n'est jamais exmpt de danger, est impropre à la fabrication du savon de potasse ; elle laisse par cela seul une belle place au commerce des huiles de graines. Ce commerce n'est pas plus dangereux que les autres, quand il est sincère ; malheureusement, il ne l'est pas toujours. Il y a, dans nos grandes villes du Nord ainsi qu'à Paris, des spéculations qui jouent à la hausse et à la baisse sur les huiles et les graines oléagineuses, comme sur les effets publics et les actions de chemins de fer. On s'abstient d'indiquer les usages de ce jeu, qui ne mérite pas le nom de commerce, car il est fait par des gens qui ne possèdent ni une graine de colza, ni une goutte d'huile. Quelques uns y font fortune ; beaucoup s'y ruinent, et il n'y a pas lieu de les plaindre.

GRAINES FOURRAGÈRES.

La place importante allouée aux prairies artificielles dans

l'assolement de toutes les fermes soumises à un système progressif de culture, rend très-actif le commerce des graines de ces plantes, spécialement des graines de *luzerne*, de *trèfle*, de *sainfoin*, de *lupuline* et de *raigrass*. La graine de luzerne ne se vend jamais à la mesure, elle se vend au poids, par balles de 180 kilogrammes. La plus estimée vient de nos départements méridionaux sous le nom de *luzerne de Provence* ; celle des départements de l'Ouest, qu'on nomme dans le commerce *luzerne de Poitou*, n'est que de seconde qualité; elle vaut de 25 à 30 pour cent de moins que celle de Provence. Cette graine perd en vieillissant ses propriétés germinatives; l'acheteur doit s'assurer que celle qu'on lui vend est récente; trop souvent les marchands achètent de vieilles graines de luzerne qu'ils mêlent à celle de la dernière récolte, fraude condamnable, qui cause un préjudice très-grave à l'acheteur, et qu'il lui est très-difficile de reconnaître.

La *graine de trèfle* se vend, comme celle de luzerne, par balles de 100 kilogrammes. Elle perd de même ses propriétés germinatives au bout d'un an. Le fermier doit donc se faire une loi de vendre dans l'année tout ce qu'il a récolté de graine de trèfle au delà des besoins de ses propres cultures.

La *graine de sainfoin* est ordinairement vendue à l'hectolitre, dont le poids varie entre 30 et 32 kilogrammes ; celle qui ne pèse que 27 à 28 kilogrammes est imparfaitement mûre. Quoique la graine de sainfoin conserve deux ans et même trois ans ses propriétés germinatives, c'est toujours celle de l'année qui lève le mieux, et qui doit être achetée de préférence pour les semailles.

La *graine de lupuline*, également désignée sous le nom de *minette dorée*, se vend soit à l'hectolitre, du poids moyen de 80 à 81 kilogrammes, soit au poids, par balles de 100 kilogrammes. La plante appartient au même genre que la luzerne (*medicago*); la graine âgée de plus d'un an ne lève pas. La graine de *raigrass* appartient à deux plantes distinctes, l'*ivraie vivace* ou *raigrass anglais*, et l'*ivraie d'Italie* ou *raigrass d'Italie*. La graine de raigrass anglais pèse de 40 à 42 kilogrammes à l'hectolitre ; celle de raigrass d'Italie ne pèse que 26 à 27 kilogrammes à l'hectolitre ; elle se vend néanmoins de 12 à 15 pour cent plus cher que la première, parce que le raigrass d'Italie est un fourrage remontant très-avantageux à cultiver dans les terres calcaires, lorsqu'on peut les arroser d'engrais liquide.

VINS.

La France est essentiellement le pays des bons vins, à la fois fins, légers, salubres, faciles à digérer, et d'une saveur agréable. Le commerce des vins, soit à l'intérieur, soit à l'extérieur, donne lieu à des transactions très-importantes ; il s'en faut de beaucoup, cependant, que même dans les années d'extrême abondance le vin soit mis par le commerce à la portée de tous les consommateurs. Dans un grand nombre de départements le vin est encore un objet de luxe, à la portée des personnes aisées ou riches ; en 1850, la statistique constatait qu'*un tiers* de la population de la France ne boit pas de vin.

La connaissance des vins n'est pas à beaucoup près aussi facile et aussi commune que celle des grains ; pour prononcer avec certitude sur le mérite d'un vin fin, sur son âge, sa franchise de saveur et l'ensemble des propriétés qui en déterminent la valeur, il faut posséder un goût délicat et très-exercé, ce qui n'est pas donné à tout le monde ; les bons dégustateurs de vins sont rares. On dit d'un vin qu'il est *droit en goût* ou *franc de goût* lorsqu'un bon dégustateur n'y découvre aucune saveur étrangère à celle qui appartient à chaque cru en particulier. On sait que les meilleurs vins de France sont ceux de Champagne, de Bourgogne et de Bordeaux ; ces derniers sont, parmi les vins fins, les plus abondants ; le seul département de la Gironde en produit annuellement plus de deux millions d'hectolitres. Ce sont ceux de tous nos vins qui se conservent le mieux et qui gagnent le plus en vieillissant ; on embarque fréquemment des vins de Bordeaux à bord des navires qui partent pour des voyages de long cours, rien que pour faire voyager ces vins, qui reviennent sensiblement améliorés. Les vins de Bordeaux sont rangés dans trois classes : la première ne comprend que les vins des crus les plus renommés ; leur prix s'élève quelquefois jusqu'à 6,000 francs le tonneau de 912 litres ; inutile de faire observer qu'il s'en produit très-peu à ce prix. Dans les bonnes années, le prix moyen des vins de Bordeaux de première classe varie de 2,400 à 3,000 francs le tonneau. La seconde classe comprend de très-bons vins, plus accessibles que ceux de la première au commun des consommateurs ; ce sont ceux qui alimentent principalement le commerce d'exportation ; leur prix ordinaire est de 1,800 à 2,000 francs le tonneau. Les vins de Bordeaux de troisième classe, souvent peu inférieurs à ceux de la seconde classe, valent de 1,600 à 1,700 francs le tonneau.

En dehors des diverses classes de vins de Bordeaux récoltés dans la Gironde, la vallée de la Garonne fournit en abondance de très-bons vins consommés sur place. Il ne manque aux vins de la Haute-Garonne, pour rivaliser avec les bons vins ordinaires de Bordeaux, que de la réputation et des débouchés.

Au midi du bassin de la Garonne, la vallée de l'Adour et celles du versant français des Pyrénées produisent de bons vins en petite quantité, au delà des besoins de la consommation locale, et qui pourtant jouissent d'une réputation méritée ; ce sont, dans les Basses-Pyrénées, le vin de Jurançon, dont le commerce a pour centre Bayonne, et le vin de Roussillon ou de Rivesaltes, dont le commerce se fait à Perpignan. Ce dernier est considéré comme vin de dessert.

La région du Midi, jusqu'au pied des Alpes, produit principalement des vins très-riches en alcool, dont on fait les eaux-de-vie d'Armagnac et de Montpellier, et une petite quantité de vins de dessert, dont les plus renommés sont les vins muscats de Lunel et de Frontignan et la blanquette de Limoux. En remontant la vallée du Rhône et celles de ses affluents le commerce enlève, soit pour la consommation des grandes villes, soit pour l'exportation, les vins fins de la côte du Rhône et les vins légers mais très-agréables du Beaujolais, dont les vignobles touchent presque à ceux de la Bourgogne.

Les vins de Bourgogne se distinguent par leur bouquet; ils provoquent la gaieté, puis, pour peu qu'on en abuse, l'ivresse, bien plus vite que les vins de Bordeaux. La Côte-d'Or, Saône-et-Loire et l'Yonne sont ceux des départements de l'ancienne Bourgogne qui fournissent le plus de bons vins à la consommation; ceux de l'Yonne ne sont, par rapport aux autres, que de seconde qualité. Nulle part le commerce des vins n'est soumis à une mesure uniforme; les pièces et les feuillettes varient quant à leur contenance d'un canton à l'autre. Il est plus que jamais question de contraindre tous les producteurs de vins à adopter, pour la facilité du commerce, des pièces uniformes de deux hectolitres, et des demi-pièces d'un hectolitre. La même réforme s'étendrait aux verreries, qui ne pourraient plus fabriquer que des bouteilles de litre et de demi-litre pour les vins qui ne se vendent pas en pièces, parce qu'ils doivent, comme les vins de Champagne, mousseux ou non, vieillir en bouteilles.

Au nord de la Bourgogne, la Marne et la Haute-Marne fournissent au commerce les vins de Champagne, recherchés non-seulement en France, mais dans toute l'Europe et dans les autres parties du monde, partout où s'est implantée la race européenne. Les vins de Champagne, dont les plus estimés sont ceux d'Aï, d'Épernay, de Reims et de Sillery, sont de tous les vins de France ceux dont il est le moins possible d'abuser impunément, bien qu'ils ne puissent nuire à ceux qui en usent avec modération. La plus grande partie de ces vins se vend en bouteilles.

USAGES DU COMMERCE DES VINS.

Nulle part en France le commerce des vins ne se fait au comptant, si ce n'est par exception. A Paris, les termes de payement ordinaires sont de trois mois pour les vins de la Bourgogne et des bords de la Loire, et de six mois pour les vins du Midi. Des droits élevés, tant au profit de l'État qu'à celui des villes, grèvent les vins, et entravent plus ou moins les transactions commerciales sur cette denrée. C'est dans le but de faciliter ces transactions qu'en 1808 Napoléon Ier fonda le vaste entrepôt de Paris, terminé sous le règne de Louis XVIII. Cet établissement peut recevoir dans ses caves voûtées, à l'abri des plus grandes eaux, bien qu'à portée de la Seine pour la facilité des arrivages, un million d'hectolitres de vin et 100,000 hectolitres d'eau-de-vie ou d'alcool. Moyennant un droit modéré de magasinage, les commerçants y peuvent conserver leurs vins en entrepôt jusqu'au moment de la vente. Les droits, n'étant acquittés qu'à la sortie, sont payés non par le vendeur, mais par l'acheteur. L'accroissement de la population de Paris, par conséquent, celui de tous les genres de consommation, ayant dépassé toutes les prévisions, l'entrepôt des vins à Paris s'est trouvé trop petit; des quantités énormes de vins sont entreposées à Bercy, dans d'immenses magasins actuellement compris dans l'enceinte de la capitale. Sans tous ces entrepôts, le commerce des vins pour la consommation de Paris serait pour ainsi dire impossible, tant il absorberait de capitaux, rien que pour l'acquittement des droits avant la vente au détaillant ou au consommateur. A Paris, presque tout le commerce en gros des vins se fait par l'entremise des courtiers et des commissionnaires, auxquels les vins sont adressés en entrepôt, pour en opérer le placement au compte des expéditeurs, moyennant une remise déterminée.

HUILES.

On a précédemment exposé les causes pour lesquelles, dans nos départements méridionaux, il ne se produit qu'une si faible quantité d'huile d'olive comestible. (V. *Arbres fruitiers.*) On désigne souvent l'huile d'olive comestible produite en France sous le nom d'*huile d'Aix*, parce que c'est à Aix que s'en fait le principal commerce. L'huile d'Aix est vendue par barils de 25, 50 et 100 kilogr.; les mois de décembre et janvier sont ceux où les ventes sont le plus actives ; elles se font par l'entremise des commissionnaires moyennant une remise de 2 p. 0|0.

L'huile d'œillette, comestible comme l'huile d'olive, quoique moins délicate et d'un prix moins élevé, se vend, soit par tonneaux d'un hectolitre, soit par pièces de diverses contenances. Dans ce dernier cas elle est livrée au *dépotage*, c'est-à-dire que l'huile est transvasée à sa réception, mesurée et payée à un prix déterminé par hectolitre. Les huiles de colza, de navette, de caméline, de moutarde et de chènevis, soit pour l'éclairage, soit pour les usages industriels, sont vendues non pas à la mesure mais au poids. C'est également au poids que ces huiles sont vendues dans le commerce de détail; un hectolitre d'huile de colza pèse en moyenne 91 kilogr. A Paris et dans toutes nos grandes villes les huiles de graines épurées pour les lampes sont vendues en gros au quintal métrique, et en détail au kilogramme.

L'huile de noix comestible n'est mentionnée que pour mémoire; il s'en produit si peu qu'elle n'est pas dans le commerce; la totalité de ce qui s'en produit est vendue sur les lieux de production.

COMMERCE DU LIN.

Les départements qui fournissent à l'industrie manufacturière le plus de lin sont ceux du Nord, du Pas-de-Calais, de l'Orne, du Calvados, de Maine-et-Loire et les cinq départements de l'ancienne Bretagne. Le lin, à l'état de filasse, est mis dans le commerce *peigné* ou *brut*. Le lin brut, qui n'a pas subi l'opération du peignage, ayant été simplement *teillé*, est vendu dans le Nord par bottes du poids de 1,500 grammes; 50 à 60 de ces bottes forment une *balle*. Dans la Somme le lin brut est vendu par bottes de 2 kilogrammes, qu'on nomme dans le pays *pierres*.

Le lin peigné est lisse, blond, avec des reflets d'un gris argenté; il se vend par petits écheveaux de la grosseur du doigt, dont 16 réunis en paquet sont nommés *queue de cheval*, du poids de 500 grammes. Les lins peignés se classent, d'après leur nuance, en lins blancs, gris et roux. Les blancs sont les plus estimés; ils proviennent de lins *ramés*, principalement récoltés dans les arrondissements de Douai et de Valenciennes (Nord). Les lins gris viennent surtout de la Belgique et de notre extrême frontière du Nord. Les meilleurs ont un éclat soyeux, en quelque sorte métallique. Les lins roux, produits en très-grandes quantités dans quelques cantons du Calvados, de la Somme et de Maine-et-Loire, sont durs et cassants; leur aspect se rap proche sensiblement de celui de la filasse de chanvre ; ce sont les lins les plus communs.

On désigne dans le commerce sous le nom de *lin moyen* la qualité la plus abondante des lins moitié blancs, moitié gris, récoltés dans l'Ouest et le Sud-Ouest, et expédiés dans le Nord pour alimenter les belles fabriques de toiles de Lille et des environs. Le producteur vend généralement ses lins bruts ou peignés, au comptant, à des marchands en gros, qui les livrent à l'industrie manufacturière à trois mois et six mois de crédit.

COMMERCE DU CHANVRE.

L'Aube, la Marne et la Haute-Marne (ancienne Champagne) ont été longtemps en possession de fournir à l'industrie le meilleur chanvre ; aujourd'hui, les chanvres les plus estimés sont récoltés dans la Somme, dans Indre-et-Loire et dans Maine-et-Loire. Le chanvre est, comme le lin, mis dans le commerce, soit peigné, soit à l'état brut. Le chanvre brut est rude au toucher, grossier, inégal, offrant des brins de diverses longueurs depuis $1^m,30$ jusqu'à $1^m,60$. Le beau chanvre peigné est à peu près uniformément long de $1^m,10$ à $1^m,20$; il est soyeux, doux au toucher, avec des reflets tirant plus sur le gris que sur le jaune.

Dans la Somme le chanvre peigné est vendu par paquets de 3 kilogr. 500 grammes. Dans la Haute-Marne les bottes de filasse de chanvre sont du poids de 13 à 15 kil. Les marchands en gros les achètent au comptant au producteur ; ils les assortissent par qualités et les revendent aux fabricants de toiles, à 3 mois de crédit, par balles de 50 et de 100 kilogr.

COMMERCE DES FOURRAGES.

D'après la statistique officielle, le foin des prairies natu-

relles représente en France 742 millions, et celui des prairies artificielles 204 millions. Cette masse de produits ne
donne pas lieu à des transactions commerciales en rapport
avec son importance, parce que la plus grande partie de
ce genre de récolte ne se vend pas; elle est consommée sur
place par le bétail de chaque exploitation. Les quantités
mises dans le commerce sont principalement destinées aux
50,000 chevaux de l'armée et aux chevaux, soit de luxe, soit
de travail, qui font le service des transports à l'intérieur de
Paris et des autres grandes villes. Le foin des prairies naturelles ou artificielles est généralement vendu par 100 bottes du poids de 5 kilogr. chacune. De juin en octobre ces
bottes doivent peser 6 kilogr. 500 grammes; d'octobre en
avril, 5 kilogr. 500 grammes, et d'avril en juin, 5 kilogr.
juste, parce que, à cette époque de l'année, on admet que
le foin est arrivé à un état de parfaite dessiccation.

COMMERCE DES BESTIAUX. — BÊTES BOVINES.

Le commerce des bêtes bovines, le plus souvent dési-
gnées sous le nom de gros bétail, donne lieu en France à
un grand mouvement de capitaux, tant pour l'intérieur que
pour l'extérieur. Longtemps l'importation des bestiaux
étrangers a été prohibée d'une manière absolue, ou frap-
pée de droits élevés qui équivalaient à une prohibition.
Aujourd'hui, sous le régime de la liberté du commerce, le
nombre des bestiaux annuellement importés a considérablement augmenté; il continue à s'accroître d'année en
année depuis que, par l'achèvement du réseau des chemins de fer européens, il est devenu facile de faire arriver
en peu de temps et à peu de frais sur nos marchés les
bestiaux des pays qui peuvent en produire beaucoup et à
bas prix. Le commerce des bestiaux destinés pour la boucherie ne supporte plus, sous le nom d'octroi, que les

droits fort lourds prélevés à l'entrée de Paris et des grandes villes. A Paris, ces droits ont subi depuis quelques années une importante modification; l'entrée perçue autrefois par tête l'est actuellement au poids. Le droit d'octroi par tête excluait de la consommation de Paris les bêtes bovines de petite et de moyenne taille; l'octroi au poids admet les bestiaux des pays d'élève, dont les conditions économiques ne permettent pas la production des animaux des grandes races.

La vente des bœufs de travail et des vaches laitières à l'intérieur se fait généralement en foire, argent comptant. Pour la vente des bœufs de boucherie, à Paris et dans les grandes villes, il y a des caisses spéciales sous la surveillance de l'autorité municipale; les bouchers payent leurs achats en bons à vue sur ces caisses, où leurs fonds sont déposés.

Le commerce des bestiaux, exposé à divers genres de fraude de la part des marchands qui vont acheter les animaux chez les éleveurs pour les revendre en foire, avait plus besoin que tout autre de garanties spéciales; elles lui ont été données par la loi sur les *vices rédhibitoires*; cette loi spécifie les cas où l'acheteur, lésé par la fraude du vendeur, peut lui rendre l'animal vendu et s'en faire restituer le prix. Avant cette loi, un dédommagement ne pouvait être réclamé en pareille circonstance qu'en invoquant l'article du Code Napoléon qui dit textuellement :

« Le vendeur est tenu de garantir la chose vendue, à raison des défauts cachés qui la rendent impropre à l'usage auquel on la destine, ou qui diminueraient tellement ce usage que l'acheteur ne l'aurait pas acquise, ou n'en aurait donné qu'un moindre prix, s'il l'avait connue. » En principe, la loi considère comme vice rédhibitoire toute affection grave de l'animal vendu, quand cette affection n'est pas visible par elle-même et qu'elle est frauduleusem nt dissimulée à l'acheteur au moment de la vente. Mais, afin de fermer la porte à une foule de réclamations mal fondées, la loi a spécifié comme vices rédhibitoires pour les bêtes bovines, sans distinction de sexe ni d'âge, la phthisie pulmonaire et l'épilepsie, et pour les vaches laitières en particulier, le renversement de l'utérus après le part, quand la vache a vélé au domicile du vendeur. L'acheteur a pour faire sa réclamation un délai légal de neuf jours, dans lesquels n'est pas compté celui de la livraison. Quand le vendeur n'est pas marchand de bestiaux, les contestations de ce genre sont portées devant le juge de paix sans entrevue préalable de conciliation, attendu l'urgence; il y a nomination d'experts et jugement arbitral. Le vendeur peut être admis à fournir la preuve que les animaux vendus par lui sont devenus malades par la faute de l'acheteur, quand celui-ci les a mis en contact avec des animaux atteints de maladies contagieuses. Si la vente a été faite par un marchand de bestiaux, l'affaire doit être portée devant le tribunal de commerce.

COMMERCE DES CHEVAUX.

On connaît sous le nom de maquignons la classe de marchands qui fait exclusivement le commerce des chevaux, commerce auquel ne préside pas toujours la plus entière bonne foi. Les transactions qui ont pour objet la vente des chevaux par l'intermédiaire des maquignons donnent lieu à des contestations fréquentes, dans lesquelles les dispositions de la loi sur les vices rédhibitoires sont souvent éludées avec adresse. Cette loi déclare vices rédhibitoires pour les chevaux, ainsi que pour les ânes et les mulets, les affections suivantes : fluxion périodique, épilepsie, morve, farcin, maladie chronique de la poitrine dite *courbature ancienne*, immobilité, pousse, cornage chro-

nique, tic sans usure des dents, hernies inguinales intermittentes, et boiterie intermittente pour cause de vieux
mal. Les deux premières de ces maladies peuvent ne se
manifester qu'à d'assez longs intervalles ; la loi accorde à
l'acheteur, pour faire sa réclamation, un délai de trente
jours ; ce délai n'est que de neuf jours quant aux autres
vices rédhibitoires des bêtes chevalines.

Sans manquer de confiance dans l'équitable impartialité
des magistrats, l'acheteur agit prudemment lorsqu'avant
toute action judiciaire il tente un arrangement à l'amiable
par l'entremise officieuse d'un vétérinaire ; s'il a affaire à
un vendeur doué seulement d'une demi-bonne foi, il aura
lieu de vérifier la réalité du proverbe qui dit qu'un mauvais arrangement vaut mieux qu'un bon procès. S'il a affaire
à un coquin déterminé, il ne peut espérer d'en avoir raison
que devant les tribunaux.

Lorsqu'on achète un cheval avant de l'examiner en détail, on ne doit pas manquer de l'observer à distance pour
se rendre compte de ses formes et de son aplomb. Pour les
achats de quelque importance, il est toujours utile de se
faire accompagner, comme conseil, d'un vétérinaire expéri-
menté. Dans la plupart des pays d'élève du cheval, on vend
tous les ans aux grandes foires presque tous les poulains
parvenus à l'âge où ils peuvent commencer à travailler.
Ces jeunes chevaux sont achetés par les cultivateurs des
pays de grandes plaines fertiles ; ils les font travailler
d'abord modérément, ensuite plus activement, à mesure
qu'ils prennent de la force, de manière à leur faire gagner
leur nourriture pendant la seconde moitié de l'élevage, et
à les revendre plus tard avec bénéfice comme chevaux
faits. La valeur d'un cheval augmente jusqu'à l'âge de
5 ans ; elle reste à peu près stationnaire de 5 à 7 ans
quand le cheval est bien nourri et qu'il n'est pas excédé de
travail. Passé cet âge, la valeur du cheval diminue gra-

duellement. Les principales foires aux chevaux se tiennent au printemps et en automne, parce qu'à ces deux époques de l'année le fermier peut juger sa récolte de fourrage, et voir ce qui lui en reste de disponible avant d'entrer dans la saison d'hiver, afin de ne pas augmenter inconsidérément le nombre de ses animaux, et de ne pas se trouver plus tard embarrassé pour les nourrir.

La France reçoit une assez grande quantité de chevaux du dehors, notamment des chevaux de carrosse du Mecklembourg et du Danemark, et des chevaux de selle d'Angleterre. La France exporte aussi un assez grand nombre de chevaux, spécialement de bons reproducteurs des races de travail des Ardennes, du Perche et du Ponthieu. Les chevaux français ne payent aucun droit de sortie; les chevaux étrangers payent à leur entrée en France un droit de 25 francs par tête, quelle que soit leur provenance.

COMMERCE DES BÊTES OVINES.

Le commerce intérieur des bêtes ovines ou bêtes à laine se fait au comptant dans les grandes foires à moutons, qui se tiennent principalement en mai, juin, septembre et octobre. Dans les foires de mai et juin, on vend surtout des bêtes jeunes et maigres destinées à l'engraissement ; dans les foires de septembre et octobre, les principales ventes portent sur des bêtes engraissées prêtes pour la boucherie. Pour ceux de ces animaux qui approvisionnent Paris et les grandes villes, les ventes se font sous la surveillance de l'autorité comme celles des bêtes bovines. (Voy. *Commerce des bêtes bovines.*) La France reçoit du dehors annuellement environ 400,000 moutons de boucherie venant presque tous d'Allemagne et représentant une valeur de 11 à 12 millions ; elle en exporte environ 120,000 d'une valeur de 2 millions 500,000 fr., en partie pour l'Espagne, en partie pour l'Angleterre.

La loi ne reconnaît comme vices rédhibitoires, pour les bêtes ovines, que deux maladies : la clavelée et le sang de rate. Pour que la réclamation puisse être admise, il faut que le troupeau, au moment de la vente, porte la marque du vendeur. La présence d'*un seul* animal atteint de la clavelée dans un troupeau, quel qu'en soit le nombre, suffit pour que la loi soit applicable, la clavelée étant essentiellement et rapidement contagieuse. Le sang de rate n'est considéré comme vice rédhibitoire que si, dans les neuf jours qui ont suivi la vente, il est mort de cette maladie *un quinzième* au moins du nombre total des animaux vendus, toujours à la condition que ces animaux portent ostensiblement la marque du vendeur. Les mêmes vices rédhibitoires sont admis à l'égard des chèvres qui, dans les pays de montagnes, sont élevées en grand nombre, et donnent lieu à des transactions importantes aux foires de nos départements montagneux.

COMMERCE DES PORCS.

La loi n'admet point de vices rédhibitoires à l'égard des porcs, non que ces animaux ne puissent être, comme les autres bestiaux, atteints de maladies qui leur ôtent tout ou partie de leur valeur, mais parce que ces maladies sont apparentes et qu'il faut, pour ainsi dire, fermer les yeux pour ne pas en apercevoir les symptômes. Dans la plupart des départements le commerce des porcs est entre les mains de marchands dont les principales affaires consistent à acheter dans les grandes fermes les jeunes porcs d'élève et les porcs maigres tout élevés, pour aller de foire en foire les revendre à ceux qui les engraissent. Cet usage s'est longtemps opposé, dans l'ouest de la France, à l'introduction des races de porcs d'origine asiatique à jambes très-courtes ; les marchands de cochons n'en voulaient pas parce qu'il leur était impossible de les faire marcher. Ces races, en raison de leur supériorité réelle, s'étant multipliées en dépit de cet obstacle, les marchands ont pris le parti de les faire voyager en voiture. Dans les foires, ainsi qu'aux marchés des environs de Paris, où sont vendus les porcs gras pour l'approvisionnement des marchés de la capitale, toutes les ventes se font au comptant, sans intermédiaire entre le vendeur et l'acheteur.

COMMERCE DES LAINES.

Quoique la France produise en moyenne 96 millions de kilogrammes de laine tous les ans, il s'en faut de beaucoup que sa production soit au niveau des besoins de son industrie manufacturière; elle reçoit de l'extérieur au delà de 40 millions de kilogrammes de laines étrangères, et l'importation annuelle tend plutôt à s'accroître qu'à diminuer. Les laines communes se distinguent des laines fines par des caractères bien tranchés, dont le plus saillant est leur grande inégalité; une mèche de laine commune contient des brins de 8 centimètres de long associés à d'autres de 25 à 27 centimètres; les brins des laines fines sont de longueur sensiblement égale. Les départements qui entourent celui de la Seine dans un rayon de 150 kilomètres sont ceux qui fournissent le plus de laines fines, mérinos pures, ou métisses-mérinos. Les laines sont vendues en suint, ordinairement à moitié propres, les toisons ayant été lavées à dos avant la tonte. Les ventes se font quelquefois au comptant, plus souvent à trois mois de crédit; l'emballage et l'enlèvement sont à la charge de l'acheteur. Toutefois, dans Eure-et-Loir et dans les autres départements où les grandes fermes à moutons sont nombreuses, le fermier s'engage habituellement à rendre les laines vendues à une station de chemin de fer. Les prix sont établis au poids par kilogramme ou par 500 grammes. L'acheteur exercé peut calculer sans erreur grave quelle sera la perte en poids des laines en suint par le lavage; cette perte peut être de 10, de 15 et même de 20 pour cent.

On nomme *laines mortes* celles qu'on détache à l'aide de la chaux des toisons des bêtes abattues pour la boucherie ; ces laines sont nommées *pelades* dans le Midi et *pelures* dans le reste de la France. Les pelures lavées portent dans le commerce le nom d'*écouailles ;* les écouailles se vendent habituellement par balles du poids de 80 à 100 kilogr.

COMMERCE DU BEURRE.

A l'exception des départements du Midi, dans lesquels l'huile d'olive remplace le beurre pour la cuisine de toutes les classes de la société, l'importance économique du beurre en France est de premier ordre, et cette denrée de première nécessité donne lieu à des transactions commerciales très-considérables, soit pour l'approvisionnement de Paris et des grandes villes, soit pour l'exportation. Les départements qui livrent au commerce le plus de beurre au delà de la consommation locale, sont ceux de la Seine-Inférieure, du Calvados, de l'Orne, des Côtes-du-Nord, de la Sarthe, de l'Oise, du Nord et du Pas-de-Calais ; les beurres de la Seine-Inférieure et des Côtes-du-Nord (beurres de Normandie et de Bretagne) sont les plus estimés. Les environs immédiats de Paris envoient deux fois par semaine aux marchés de la capitale de grandes quantités de beurre commun, vendu directement par demi-kilogramme par le producteur au consommateur ; c'est la *livre* de beurre frais traditionnelle en pain de forme oblongue, ordinairement enveloppée d'une feuille de chou, de poirée ou de betterave. Mais la partie la plus importante de l'approvisionnement de Paris en beurre frais ou légèrement salé lui est envoyée des départements plus éloignés par mottes du poids de 25 à 30 kilogr. Ce beurre est vendu aux enchères par les facteurs, qui offrent au vendeur comme à l'acheteur toutes les garanties désirables. Ils fournissent un cautionnement élevé, sont surveillés par l'autorité compétente avec une juste sévérité, et le commerce du beurre pour leur propre compte leur est interdit. Il est prélevé à la halle de Paris sur la vente en gros du beurre un droit de 2 1/2 pour cent, dont la moitié pour la ville, l'autre moitié pour les facteurs. Ce droit est indépendant du droit d'abri fixé à 1 fr. par 100 kilogr.

Quant au commerce du beurre à l'extérieur, il est entièrement libre ; presque toute l'exportation de cette denrée se fait en Angleterre. Le beurre frais ou fondu paye un droit d'exportation de 5 fr. par 100 kilogr. ; le beurre salé ne paye que 25 centimes par 100 kilogr.

COMMERCE DES ŒUFS.

Le nombre considérable de millions d'œufs absorbés par la consommation de Paris et par l'exportation en Angleterre donne lieu à des transactions très-actives, réglées par des usages particuliers, basés sur la nature fragile de cette marchandise. Pour le commerce en grand, les œufs sont vendus par paniers, dont chacun doit en contenir 1,040, c'est-à-dire 10 centaines avec les 4 au cent. On désigne sous le nom de *déchet* les œufs qui manquent sur ce nombre à chaque panier, y compris ceux qu'on trouve cassés ou gâtés dans les paniers, et ceux qui sont cassés accidentellement pendant le comptage. Quand le déchet ne dépasse pas 10 œufs par panier de 1,040, le vendeur ne doit à l'acheteur aucune compensation. Si le déchet est de 11 à 14 œufs, le vendeur en rend cinq ; il en rend 10 pour un déchet de 15 à 19, et 13 pour un déchet de 20 à 24. Les frais de comptage des œufs sont à la charge de l'acheteur ; il est libre de ne pas les faire compter et d'en prendre livraison tels qu'ils sont; mais dans ce cas, quel que soit le déchet, il n'a droit à aucune compensation.

COMMERCE DE LA SOIE.

La plus grande partie des éleveurs de vers à soie vend les cocons aussitôt l'éducation terminée. (Voyez *Vers à soie*, tome III). Il en résulte que le commerce de la soie détachée des cocons, à l'état de *soie grége* ou de *soie ouvrée*, n'est pas entre les mains des éleveurs; il y a cependant des cultivateurs du Midi qui dévident eux-mêmes leurs cocons, et vendent leur soie toute préparée. Le commerce des soies est soumis à un genre particulier de vérification qui a pour but d'en déterminer le *titre* et le *conditionnement*. Le titre de la soie comprend la grosseur du brin, sa régularité et ses autres propriétés physiques. Le conditionnement a été d'abord pratiqué à Turin dès 1750; il n'a été introduit en France qu'en 1800. La soie peut, sans paraître mouillée au toucher, contenir jusqu'à 25 pour cent de son poids d'eau; le conditionnement, précédé de la dessiccation à l'étuve, a pour but de montrer à l'acheteur combien un échantillon donné contient de soie réelle, et d'empêcher qu'il ne paye un kilogr. d'eau au même prix qu'un kilogr. de soie. Les essais se font actuellement par des procédés simples et sûrs, dont les frais ne dépassent pas 14 centimes par kilogr., payés moitié par le vendeur, moitié par l'acheteur.

En temps ordinaire, les fabriques françaises de soieries achètent à l'étranger, outre la soie produite en France, environ 1,900,000 kilogr. de soie par an, représentant une valeur de 108,000,000 de francs. Depuis que les maladies, en décimant les magnaneries, ont découragé un grand nombre d'éleveurs et réduit la production des soies françaises dans des proportions déplorables, l'importation des soies du nord de l'Italie et de la Turquie. d'Asie s'est considérablement accrue; mais tout fait espérer que cet état anormal de la production et du commerce de la soie en France n'est que passager.

La même cause a donné une importance extraordinaire au commerce des œufs désignés sous le nom de graine de vers à soie, dont le prix habituel de 90 à 100 fr. le kilogr. s'est progressivement élevé à 300, 400, et dernièrement à 500 fr. le kilogr. pour des œufs provenant de papillons présumés exempts de maladie, mais dont la postérité n'en a pas été plus exempte que celle des autres.

COMMERCE DU MIEL.

Le miel de nos départements du Midi, connu dans le commerce sous le nom de *miel de Narbonne,* est vendu par barils de bois blanc, longs et étroits, dont chacun contient 60 kil. de miel. C'est le meilleur miel qui se récolte en France, on pourrait ajouter en Europe. Le Calvados fournit des miels peu inférieurs à ceux du Midi, ce qui tient à leur préparation très-soignée et aux immenses vergers d'arbres fruitiers dont les abeilles utilisent les fleurs. Le Loiret et les départements du centre fournissent au commerce de bons miels de qualité moyenne, connus sous le nom de *miel du Gâtinais.* Les Landes et les cinq départements de l'ancienne Bretagne produisent de très-grandes quantités de miel communs, qui, s'ils étaient bien préparés, ne seraient pas inférieurs au miel du Gâtinais; ces miels sont mis dans le commerce par barriques contenant chacune 250 à 300 kil. de miel. On vend, en outre, pour l'usage exclusif de la table, du miel très-fin, soit du Calvados, soit du Midi, par pots qui en contiennent depuis 500 grammes jusqu'à 5 et quelquefois 10 kilogr. Le commerce des miels est, comme celui des huiles co-

mestibles, entre les mains de commissionnaires, **qui pré-**
lèvent 2 pour cent sur les prix de vente.

COMMERCE DE LA CIRE.

La cire est dans le commerce sous les deux états de
cire jaune et de cire blanche, ou cire vierge. Cette dernière
espèce de cire, qui a été raffinée et blanchie, ne donne lieu
qu'à des affaires limitées ; le commerce de la cire jaune est
au contraire très-important. Il en existe une grande variété
de qualités, selon leurs lieux de provenance. Les Landes
et la Bretagne sont les parties de la France qui produisent
le plus de cire ; le Calvados et la Bourgogne en produisent
aussi, mais beaucoup moins. La cire de Bretagne est la
plus estimée, parce qu'elle est fondue avec beaucoup de
soin et qu'elle possède la propriété de se blanchir aisément. Les pains de cire de Bretagne pèsent depuis 3 jusqu'à 30 kilogr. ; ils sont expédiés par balles du poids de
75 à 100 kilogr. La cire des Landes est à peu près de
même qualité que celle de Bretagne ; on sait que, dans le
travail des abeilles, la qualité de la cire est habituellement
inverse de celle du miel. Le Gâtinais, la Côte-d'Or et les
autres départements de l'ancienne Bourgogne livrent au
commerce de fortes parties de cire, mais elle est de qualité inférieure et ne peut pas être blanchie. Cette cire a
pour principal débouché la préparation de l'encaustique et
le frottage des appartements.

La France ne produit pas assez de cire pour sa consommation, bien que, dans l'éclairage domestique, les bougies
de stéarine aient à peu près partout remplacé les bougies
de cire. La France reçoit annuellement du dehors 4 à
500,000 kil. de cire, d'une valeur de 1,700,000 fr. La
production de la cire est, comme celle du miel, en progrès
dans plusieurs départements Les conditions du commerce
de la cire sont les mêmes que celles du commerce du miel.

CHAPITRE V.

DROIT RURAL ET POLICE RURALE.

NOTIONS PRÉLIMINAIRES.

L'étude approfondie du droit rural ne convient qu'aux avocats de profession ; elle serait plus nuisible qu'utile au commun des cultivateurs même instruits, en ce sens qu'elle favoriserait outre mesure, même à leur insu, la disposition naturelle aux habitants des campagnes à plaider pour des sujets frivoles. Mais il est utile, on pourrait dire indispensable, à tous les cultivateurs, sans distinction, de bien connaître quelques-unes des dispositions des lois qui leur sont particulièrement applicables, et qui concernent leurs intérêts les plus importants. Le résumé de ces dispositions, en les éclairant sur les véritables limites de leurs droits, loin d'éveiller en eux l'esprit processif, est au contraire de nature à les détourner de s'embarquer dans des procès sans issue, en les mettant à même de se passer de l'intervention de ces gens de loi sans cesse occupés à souffler le feu, qui sont dans nombre de départements un fléau pour les campagnes.

Les notions de droit rural dont la vulgarisation semble le plus nécessaire se rapportent aux objets suivants :

1° Rapports entre le cultivateur et le propriétaire ;

2° Rapports entre voisins ;

3° Régime et usages forestiers ;

4° Lois et règlements sur la vente et l'échange des bestiaux.

Ces quatre divisions du droit rural seront exposées séparément.

RAPPORTS ENTRE LE CULTIVATEUR ET LE PROPRIÉTAIRE.

Ces rapports comprennent les *baux à ferme*, le *métayage*, le *cheptel*, les *devoirs du fermier*, et le *règlement des contestations* qui peuvent survenir entre le fermier et le propriétaire.

Ainsi qu'on l'a déjà fait remarquer (chapitre 1er, page   ), dans les pays de grande culture, où l'exploitation du sol est entre les mains de fermiers disposant de capitaux plus que suffisants, le fermage à prix d'argent est préférable au métayage ; il laisse au cultivateur éclairé plus de latitude pour tirer de la terre le meilleur parti possible en l'améliorant ; il concilie également les intérêts du fermier et ceux du propriétaire.

Si l'on compulse les anciens baux dans les cartons des études des notaires de campagne, on voit qu'à une époque peu éloignée de la nôtre les baux à ferme à prix d'argent dépassaient très-rarement le terme de 9 ans, et qu'ils étaient surchargés de clauses et de restrictions. Il est vrai que, pourvu que les termes fussent exactement acquittés à l'échéance, et que la terre fût maintenue en bon état de culture, on ne regardait pas de très-près à la stricte application de toutes ces entraves ; mais c'est toujours un mal que l'une des parties contractantes prenne des engagements quelconques avec l'intention arrêtée de ne pas les tenir. De nos jours, les exemples donnés par les propriétaires fonciers de la Grande-Bretagne ont engagé beaucoup de grands propriétaires français à accorder à des fermiers aisés et instruits des baux à très-long terme, avec faculté de renouvellement à l'expiration du bail, moyennant des conditions déterminées d'avance d'un commun accord. Le fermier qui cultive avec de telles garanties de stabilité dans sa position peut se regarder comme chez lui; il a tout intérêt à porter à son maximum la fertilité du sol, par conséquent sa valeur foncière; il sait qu'il aura le temps de se rembourser de ses avances par les produits plus abondants de la terre foncièrement améliorée. Les avantages de ce système sont si bien compris que plusieurs sociétés d'agriculture, notamment celle de Chartres (Eure-et-Loir), ont mis au concours des médailles d'honneur pour ceux des propriétaires qui accordent à leurs fermiers les baux les plus longs, aux conditions les plus favorables à l'accroissement progressif des forces productives du sol.

Lorsqu'il doit entrer dans une ferme, le fermier ne doit pas négliger de prendre des informations sur l'état de fortune de celui qui va devenir son propriétaire; faute de cette précaution, il peut se trouver dans de très-graves embarras; en voici un exemple. Un fermier arrivé à la fin de son bail prend en location une nouvelle ferme; les conditions du bail et la nature du sol ainsi que la situation lui conviennent; il ne s'est pas informé d'autre chose. Or, le propriétaire, complétement ruiné, est exproprié, et bien que le bail signé par lui quelques jours avant l'expropriation soit obligatoire pour l'acquéreur futur, le fermier ne peut pas entrer en jouissance en sortant de la ferme qu'il doit quitter parce que son successeur ne peut pas attendre; il se trouve donc sur le pavé, avec ses attelages, son gros bétail, son troupeau et son matériel. Cet état de choses ne dure pas; mais il n'en cause pas moins au preneur un très-grave préjudice. En outre, il connaissait le propriétaire auquel il a loué, il ne connaît pas celui qui va lui succéder; il peut avoir à regretter de s'être lié vis-à-vis d'un inconnu avec lequel les relations pourront **ne pas** être agréables.

Les baux de 12 années consécutives sont ceux qui s'accordent le mieux avec l'assolement alterne quadriennal, l'un des meilleurs et des plus usités dans les pays de grande culture. La forme de ces baux varie peu ; voici un modèle de bail d'une grande ferme à blé dans Eure-et-Loir ; on fait observer que les baux les plus simples, les moins chargés de clauses restrictives, sont à tous égards les meilleurs.

Modèle de bail à prix d'argent.

Entre les soussignés :

Dupuis (Charles-Armand), propriétaire, domicilié à Paris, rue de l'Arcade, d'une part ;

Et Chenu (François-Jérôme), cultivateur, domicilié à Bullion, canton de Limours, arrondissement de Rambouillet, département de Seine-et-Oise, d'autre part ;

Il a été convenu ce qui suit :

M. Dupuis donne à bail à M. Chenu, qui l'accepte, pour un terme de douze années consécutives, sa ferme des Carnaux, sise en la commune de Moustier, canton de Dourdan, arrondissement de Rambouillet, département de Seine-et-Oise.

Les douze années commenceront à courir le 1er janvier 1863, et finiront le 1er janvier 1875.

Désignation des bâtiments. — Logement du fermier ; — cour carrée avec porte charretière ; — grange ; — écuries ; — étables ; — porcherie ; — fournil ; — pressoir à cidre ; — poulailler ; — tour ronde isolée servant de colombier.

Dépendances. — Jardin potager, jardin fruitier et verger, le tout d'une contenance d'un hectare 72 ares, y compris l'emplacement des bâtiments et la cour.

Limites. — Tenant du levant à M. X..., du couchant à M. X..., du nord à Mme veuve X..., et du midi à M. X...

Désignation des terres. — 80 hectares 72 ares de terres arables et prés naturels consistant en 14 pièces dont le détail suit :

(Ici les noms des pièces, leur étendue d'après le cadastre, et leurs tenants et aboutissants.)

Ainsi que ces biens s'étendent, se poursuivent et comportent, sans en rien réserver, et sans garantie de mesure.

Ce bail est fait et consenti aux charges, clauses, et conditions suivantes, que le preneur s'oblige à exécuter sans pouvoir prétendre aucune diminution du prix fixé ci-après :

1º De garnir la ferme et la tenir garnie de chevaux, bestiaux et matériel d'exploitation suffisant pour répondre des fermages ;

2º De faire en temps utile toutes les réparations locatives, et de rendre, à l'expiration du bail, les bâtiments en bon état de réparations, selon l'état des lieux qui sera dressé à son entrée en jouissance ;

3º De souffrir les grosses réparations et de fournir les charrois pour l'apport à pied d'œuvre des matériaux nécessaires ;

4º De labourer, fumer et ensemencer les terres par soles et saisons convenables, sans pouvoir les dessoler ni dessaisonner ;

5º De convertir toutes les pailles en engrais pour la fumure des terres de la ferme, sans en rien vendre, et de laisser à la fin du bail toutes celles qui s'y trouveront ;

6º D'entretenir les haies et clôtures, et de curer les fossés ;

7º D'élaguer et écheniller les arbres fruitiers, et de remplacer ceux qui viendraient à mourir pendant toute la durée du bail ;

8º De donner avis en temps utile au bailleur des usurpations et dégâts qui pourraient être commis à son préjudice ;

9º De payer, en sus des fermages, l'impôt foncier ;

11º De ne pouvoir céder ni transporter son droit au présent bail sans le consentement exprès et par écrit du bailleur ;

10º De payer au bailleur un fermage annuel de 8,000 francs en sa demeure ou chez le fondé de pouvoir par lui désigné, en quatre payements égaux, savoir : 1er terme, le 1er avril ; 2me terme, le 1er juillet ; 3me, le 1er octobre ; 4me, le 31 décembre de chaque année de la durée du présent bail.

Fait double entre nous, à Paris, le 1er juillet 1862.

Signé: DUPUIS (Charles–Armand). CHENU (François-Jérôme).

Rien de plus facile pour le fermier que d'entretenir de bons rapports avec son propriétaire, quand il remplit exactement ses obligations, et que le propriétaire est animé d'un esprit conciliant ; mais c'est ce qui peut ne pas avoir lieu. C'est alors surtout, quand le fermier a affaire à un propriétaire exigeant et tracassier, qu'il doit être, comme on dit, à cheval sur ses devoirs. Il en est un qu'il néglige trop souvent, et dont l'oubli peut entraîner pour lui des conséquences très-graves. S'il arrive que pendant la durée de son bail il soit porté atteinte aux droits du propriétaire par empiétement, dérangement de bornes, ou de toute autre manière, le fermier n'a pas le droit de poursuivre en son nom ; mais la loi lui impose l'obligation d'avertir le propriétaire *en temps utile*, c'est-à-dire avant que l'action judiciaire du propriétaire soit devenue impossible par prescription. S'il manque à ce devoir, c'est lui-même qui devient responsable et qui doit réparer le tort fait par des tiers à son propriétaire, qu'il a négligé de prévenir.

Lorsque le propriétaire se refuse à faire exécuter les grosses réparations à sa charge, le fermier est en droit de demander la résiliation du bail, mais il en vient rarement à une pareille extrémité. Les contestations à ce sujet doivent être en premier lieu portées devant le juge de paix. Si le fermier, son bail à la main, prouve son droit d'une manière incontestable, la sentence du juge de paix qui condamne le propriétaire à faire les réparations à sa charge devient exécutoire, même quand la somme à dépenser est de beaucoup supérieure à la compétence des juges de paix. Dans le cas où, par défaut de précision dans les termes du bail, le droit du fermier et les obligations du propriétaire peuvent donner lieu à contestation, l'affaire doit être portée devant le tribunal de première instance. Mais la porte reste toujours ouverte à la conciliation ; quand le fermier et le propriétaire comprennent bien leurs intérêts, ils s'arrangent entre eux, sans procès ; un arrangement est d'autant plus facile que le fermier est mieux éclairé sur son droit et sur ses vrais intérêts, qui ne sont jamais de se brouiller sans remède avec son propriétaire en plaidant contre lui, fût-il certain de gagner.

Dans beaucoup de baux actuels, on supprime la clause qui défend de dessoler, laissant le fermier libre de cultiver comme il l'entend. Près de Paris et des villes de garnison, les baux permettent aussi au fermier de vendre ses pailles en partie, et de rapporter de la ville du fumier de caserne, ce qui augmente la quantité d'engrais donné aux terres, au lieu de la diminuer.

MÉTAYAGE.

Dans celles de nos régions agricoles dont les terres sont exploitées par métayage, on commet, en général, par incurie de part et d'autre, la faute de ne pas faire d'écrit, de ne passer aucun contrat de *colonage partiaire*, titre sous lequel la loi définit ce qu'on nomme vulgairement métayage. C'est toujours un tort de ne point écrire les conditions d'un contrat quelconque, même quand ceux qui doivent l'exécuter vivent entre eux sur le pied d'une cordialité réciproque. Le métayer qui n'est locataire que par *tacite réconduction*, d'année en année, pouvant toujours être congédié d'un moment à l'autre, ne s'attache point assez à ses cultures et est, à son insu, un peu trop porté à tirer à lui ; aussi, toute son ambition est-elle de passer de la situation dépendante du métayer à celle beaucoup plus libre de fermier à prix d'argent. Mais, pour cultiver comme fermier une métairie, même de peu d'étendue, il faut un capital. Celui qui n'en a pas, ou qui ne peut en emprunter un qu'à des conditions désastreuses, se ruine et retombe bien vite dans la classe des simples travailleurs agricoles, vivant d'un salaire quotidien. Un métayer intelligent, dont la position est assurée par un bail de colonage partiaire à de bonnes conditions, peut, en restant métayer, faire de très-bonnes affaires ; il ne doit demander à échanger le métayage contre le fermage à prix d'argent que quand il a gagné assez d'argent pour pouvoir faire marcher son exploitation sans entraves, et sans être obligé de recourir à des emprunts ruineux. C'est un but qu'il finit toujours par atteindre, quand il a affaire directement au propriétaire, et que celui-ci a le goût de l'agriculture et des connaissances suffisantes pour s'entendre avec son métayer, dans leur intérêt commun. Malheureusement, dans plusieurs départements, spécialement dans ceux de l'ancienne Bourgogne, le métayer ne voit jamais le propriétaire. Celui-ci habite la ville et possède plusieurs métairies contiguës les unes aux autres, dont l'ensemble est désigné sous le nom de *domaine*. Le domaine est affermé en entier, pour une somme déterminée à un principal locataire qui prend le nom un peu ambitieux de *fermier général*. C'est d'ordinaire un bourgeois de petite ville qui tire le meilleur parti qu'il peut de la moitié des produits des métairies; c'est à lui seul que les métayers ont affaire. On comprend qu'un métayer dans cette situation a l'intérêt le plus évident à ce que les conditions du colonage partiaire soient bien et strictement déterminées par écrit. Nos pères disaient proverbialement : « Dieu vous garde de quiproquo d'apothicaire, et de *et cætera* de notaire. » En effet, si le quiproquo d'apothicaire peut vous tuer, le *et cætera* du notaire peut vous ruiner.

Le propriétaire, par une sorte de suspicion permanente envers le métayer, stipule dans le contrat (lorsqu'il y a un contrat) que chaque pièce de terre sera affectée à telle ou telle culture, sans qu'il soit loisible au métayer d'en changer la destination; ou bien, il est dit simplement que le métayer cultivera *selon les usages du pays*.

Rien de plus élastique et de plus vague que les usages du pays. Le propriétaire ou le principal locataire peut faire revivre une foule d'usages surannés, non entièrement abolis, et imposer ainsi au métayer des entraves et des vexations. Le contrat de colonage partiaire doit définir clairement et nettement les obligations du métayer, afin qu'après les avoir loyalement remplies, personne n'ait le droit de lui rien demander au delà. On fait observer que le propriétaire, s'il croit le métayer honnête et intelligent peut sans danger lui laisser, quant à l'exercice de son métier de cultivateur, une certaine latitude, sans laquelle aucun progrès agricole n'est possible. S'il ne croit le métayer ni honnête, ni intelligent, il ne doit lui louer sa terre à aucune condition. C'est dans cet esprit que doivent être écrites les clauses du colonage partiaire.

Modèle de bail à moitié fruits.

Entre les soussignés,

Dupuis (Charles-Armand), demeurant à Paris, rue de Rivoli, d'une part,

Et Lerond (Antoine-Clément), cultivateur à Neuvy, canton de Briare, arrondissement de Gien, département du Loiret, d'autre part;

Il a été convenu ce qui suit :

M. Dupuis donne à ferme à moitié fruits, pour trois années consécutives, commençant au 1er mars 1863, à M. Lerond, qui l'accepte :

La métairie de Vauversant, située commune de Neuvy, canton de Briare, arrondissement de Gien, département du Loiret.

A l'exploitation de cette métairie sont attachés les bestiaux et le matériel agricole désignés dans l'état estimatif ci-joint, dressé en présence des parties contractantes, et signé par elles. Le tout ainsi qu'il se poursuit et comporte, sans exception ni réserve, et dans l'état vérifié par le preneur, lequel déclare le bien connaître.

Ce bail est fait aux charges, clauses et conditions suivantes, que le preneur s'engage à exécuter fidèlement et loyalement.

1° (Clauses générales énoncées selon la formule des baux à ferme à prix d'argent, page   )

2° Le preneur remplacera les arbres fruitiers morts par d'autres que lui fournira le bailleur ; il greffera les jeunes arbres et profitera des branchages des arbres morts ; le tronc appartiendra au propriétaire, qui le fera abattre et couper à ses frais.

3º Le preneur pratiquera au besoin et selon les usages du pays l'élagage des arbres et des haies ; sur le produit de l'élagage il prélèvera les échalas nécessaires pour les vignes dépendant de la métairie ; *le reste sera partagé par moitié* entre le bailleur et le preneur. L'enlèvement de la part du bailleur sera faite par le preneur.

4º Les grains pour les semailles de froment et de seigle seront fournis en entier par le bailleur, qui *les reprendra avant tout partage* sur le produit de la récolte ; le bailleur et le preneur fourniront chacun la moitié des autres grains pour les semailles.

5º Tous les travaux de la fenaison, de la moisson, des vendanges, et généralement de toute espèce de récolte des produits de la métairie, seront faits par le preneur ; le bailleur s'oblige seulement à fournir pour la fenaison, la moisson et les vendanges, quatre hommes de journée payés par lui et nourris par le preneur.

6º Les foins, pailles et fourrages récoltés, seront employés à la nourriture des bestiaux ; en cas d'insuffisance, chacune des deux parties fournira la moitié du supplément nécessaire ; en cas d'excédant, la vente en sera faite par le preneur, du consentement du bailleur, et ils en partageront le produit par moitié.

7º La rentrée en grange, la mise en meule et le battage des céréales récoltées seront effectués par le preneur, après prélèvement de la portion nécessaire à l'entretien du bétail ; le surplus, vanné et criblé par le preneur, sera partagé entre le bailleur et lui, par moitié.

8º Les raisins et autres fruits seront partagés par moitié au moment de la récolte ; la part du bailleur lui sera remise, au lieu désigné par lui, par le preneur.

9º Les herbages et pâturages dépendant de la métairie ne pourront être employés qu'à la nourriture du bétail dont elle est garnie.

10º Le lait appartiendra en entier au preneur, le croît et la laine seront partagés par moitié entre le bailleur et le preneur ; le preneur fera faire à ses frais la tonte des bêtes à laine en présence du bailleur ou de son délégué ; il portera au domicile du bailleur sa part des laines provenant de la tonte.

11º Aux époques déterminées de gré à gré par les parties contractantes, le bétail sera estimé par des experts ; ce qui manquera sera remplacé par le croît ; le surplus du croît sera partagé par moitié ; s'il y a diminution de la valeur, le preneur payera au bailleur la moitié de la différence.

12° A la fin du bail, le bailleur, sur une nouvelle estimation, prélèvera des bêtes de chaque espèce, à son choix, jusqu'à concurrence du montant de la première estimation. L'excédant, s'il y en a, sera partagé par moitié; s'il y a déficit, le preneur payera au bailleur la moitié de la différence.

13° Tous les fumiers produits à la métairie seront employés à la fumure des terres; le preneur y laissera tous ceux qui s'y trouveront à l'expiration du bail.

14° Le preneur rendra le matériel agricole, d'après l'état joint au bail, sans autre dégradation que celle résultant de son emploi; il remplacera les ustensiles et instruments aratoires brisés ou endommagés par sa faute par d'autres de même valeur.

15° Le preneur remboursera au bailleur la moitié de l'impôt foncier, y compris les centimes additionnels.

Pour la perception des droits d'enregistrement, et sans qu'il en résulte aucune obligation pour le preneur, les produits éventuels sont estimés comme suit :

Céréales	hectolitres	litres
Foins	bottes	
Raisins	hectolitres	litres

La part des produits revenant au bailleur est, dans le même but, et sans autre conséquence, évaluée à la somme de   fr.   c.

Fait double et de bonne foi entre nous.

Paris, 1er août 1862.

Signé, DUPUIS (Charles-Armand).   LEROND (Antoine-Clément).

Le modèle qui précède est celui d'un contrat de colonage partiaire, tel qu'il est pratiqué dans les pays où le métayage est le mieux compris. On fait observer que ces conditions peuvent varier à l'infini, selon que le vin, l'huile, la soie et une foule d'autres denrées font ou ne font pas partie des produits du sol exploité par métayage.

On ne peut trop insister sur la nécessité d'un contrat et sur cette vérité que des conditions, fussent-elles un peu rigoureuses, dès qu'elles sont écrites, valent mieux pour le métayer que des conditions verbales beaucoup plus favorables, mais qui peuvent toujours être contestées. Il arrive assez souvent que, par suite de partages ou de perte de procès, un domaine passe en tout ou en partie entre d'autres mains, de sorte que les métayers se trouvent avoir à compter avec un autre propriétaire que celui avec lequel ils ont contracté. S'il y a contrat écrit, leur position n'en est pas sensiblement modifiée ; s'il n'y en a pas, le nouveau propriétaire peut les mettre dehors, et c'est ce qu'il fait souvent, soit qu'il veuille cultiver lui-même, soit qu'il désire confier ses terres à d'autres métayers. Dans ce cas, la loi donne aux métayers évincés recours contre celui qui leur a loué, et qui doit leur garantir la jouissance de la chose louée ou les indemniser. Mais quand celui qui leur doit cette garantie est un homme ruiné par la perte d'un procès, il ne peut pas remplir cette obligation ; il n'y a rien à gagner à plaider contre lui pour l'y contraindre. L'existence d'un contrat de colonage partiaire bien cimenté met le métayer parfaitement à l'abri de tout revers de cette nature en cas de changement de propriétaire.

CHEPTEL.

L'absence de capitaux entre les mains du métayer le place dans la nécessité absolue de recevoir du propriétaire ses instruments de travail, dont les plus indispensables sont les bestiaux. Le propriétaire lui délivre le nombre de vaches laitières, bœufs ou chevaux d'attelages et bêtes à laine que, d'un commun accord, ils jugent utiles à la bonne exploitation du sol. Le lait des vaches et le travail des attelages sont pour le métayer sans partage ; il partage par moitié la laine du troupeau et le *croît* de tout le bétail, c'est-à-dire la valeur de tous les veaux, poulains ou agneaux qui peuvent naître à la métairie pendant la durée de la location. Ces conditions sont celles qui constituent ce que la loi nomme le *cheptel simple.*

La loi, en ce qui touche le cheptel, a prévu le cas où le métayer qui n'a rien étant à la discrétion du propriétaire, qui seul, dans les pays de métayage, possède à la fois la terre et l'argent pour la faire valoir, accepterait des conditions trop onéreuses pour lui ; elle les déclare nulles d'avance, et il est permis au métayer de ne pas les tenir. Mais quand, par nécessité, pour ne pas être privé de tout moyen de travail, le cultivateur reçoit un cheptel à des clauses iniques, il les tient sans invoquer le bénéfice de la loi, et il se ruine. Ce malheur ne peut lui arriver quand le contrat de cheptel est un acte notarié ; le notaire se refuserait forcément à stipuler des conditions interdites par la loi. La loi défend au propriétaire des bestiaux donnés à titre de cheptel de faire supporter au preneur, en cas de revers, plus de la *moitié* des pertes, par ce motif que, dans le cas contraire, il n'a droit qu'à la moitié des produits. Lorsqu'à l'expiration du terme fixé par le contrat de cheptel le bétail se trouve être plus nombreux qu'au début, le preneur ne doit, dans aucun cas, rendre plus de bestiaux qu'il n'en a reçu ; les clauses contraires à ces deux défenses de la loi sont nulles de plein droit.

Il peut arriver qu'un fermier à prix d'argent prenne à titre de cheptel un certain nombre de bestiaux appartenant à un autre qu'au propriétaire de sa ferme. Si le fermier fait mal ses affaires, et que ses bestiaux soient saisis pour le payement des fermages, ceux qu'il tient à titre de cheptel n'étant pas sa propriété ne peuvent être saisis. Mais il faut pour cela que le contrat de cheptel auquel, d'ailleurs, le propriétaire n'a pas le droit de s'opposer, lui soit notifié. Faute de cette formalité, tout le bétail trouvé dans la ferme au moment de la saisie est supposé appartenir au fermier et peut être vendu, comme le reste, au profit du propriétaire. Néanmoins, la notoriété publique peut être invoquée et la bonne foi du propriétaire aussi ;

car il ne peut, en conscience, saisir et faire vendre pour se payer ce qu'il sait ne pas appartenir à son débiteur. On comprend qu'il vaut mieux ne pas donner lieu à une pareille éventualité en notifiant légalement au propriétaire de la terre le contrat de cheptel.

Un autre mode de cheptel, également usité dans une grande partie de nos pays de petite et de moyenne culture, est désigné sous le nom de cheptel *de fer*, qui paraît être l'abrégé de cheptel *de ferme*, parce qu'il ne peut avoir lieu qu'entre un fermier à prix d'argent et son propriétaire. Le fermier, par exemple, possède en propre ses attelages, ses instruments de labour et un petit capital suffisant pour faire assez bien marcher son exploitation. S'il dépense ce capital en achat de bestiaux, il ne lui restera plus de fonds de roulement pour faire valoir. Le propriétaire lui garnit sa ferme du nombre nécessaire de bestiaux dont il ne partage pas les produits. Le fermier les reçoit à titre de cheptel de fer et les rend de même sur estimation à la fin du bail. S'il y a plus-value, elle profite au fermier seul; s'il y a perte, il en tient compte au propriétaire. La loi suppose, ce qui a lieu en réalité, que quand un propriétaire loue à un fermier une terre garnie de bestiaux, il la lui loue en conséquence, et comprend dans le loyer le prix de la location du bétail. C'est pourquoi, à l'expiration du bail, si le bétail donné en cheptel de fer a péri en totalité ou en partie, le propriétaire peut en exiger le remboursement, même en employant la contrainte par corps, absolument comme si le fermier lui avait souscrit une lettre de change. Le cheptel de fer, en dehors de ces conditions qui lui donnent son caractère légal, peut être entre les deux parties contractantes l'objet de diverses stipulations qui leur conviennent à tous deux. Il est souvent convenu que le fermier sortant pourra garder et emmener avec lui le bétail reçu en cheptel de fer en en payant au propriétaire la valeur sur

estimation. En tout cas, si le prix du fermage est équitablement calculé et que le fermier soit solvable, l'argent
dépensé par le propriétaire en achat de bestiaux qu'il donne
en cheptel de fer est un capital placé dont il touche les intérêts et qui doit lui être intégralement remboursé ; il est
à cet égard dans la même position que s'il avait prêté au
fermier, à l'intérêt légal, la même somme remboursable à
l'expiration de son bail.

Tous les animaux utiles à l'homme peuvent être confiés
par leur propriétaire à un tiers à titre de cheptel. C'est ce
qui a lieu pour les abeilles dans la partie du Loiret où l'on
en élève beaucoup et où l'on récolte l'excellent miel connu
dans le commerce sous le nom de miel du Gâtinais. Les
conditions du cheptel d'abeilles sont celles du cheptel simple; le propriétaire des ruches a droit à la moitié du miel,
de la cire, et des essaims nouveaux qui naissent tous les
ans ; en cas de pertes, chacune des deux parties contractantes en supporte la moitié.

On mentionne à la suite du cheptel véritable une autre
convention d'un genre analogue, usitée dans quelques cantons du centre de la France sous le nom de *cheptel de
vaches*, bien que ce ne soit pas un cheptel dans le vrai
sens de cette expression ; voici en quoi elle consiste : Un
propriétaire de bestiaux se trouvant, par une cause quelconque, en possession de plus de vaches qu'il ne peut en
bien nourrir, les confie à un cultivateur à la condition que
celui-ci les nourrira, et qu'il aura pour lui le lait et le fumier. Quand une vache aura vêlé, le veau appartiendra au
propriétaire de la vache, et ne pourra lui être remis qu'après
qu'il aura été allaité pendant un mois. Si les vaches tombent malades et meurent, le propriétaire seul supporte la
perte. On voit qu'il n'y a pas là réellement cheptel, ce
sont des vaches mises en subsistance et qui payent leur
pension avec leur lait et leur fumier, moins la quantité;

requise pour l'allaitement de leur veau pendant un mois.

La durée du temps pendant lequel doit être continué le cheptel de vaches est calculée de manière à ce que les deux parties puissent y trouver leur compte. Il est clair que le propriétaire des vaches serait lésé si ses vaches lui étaient rendues quand elles sont sur le point d'*ameiller*, selon l'expression reçue, c'est-à-dire quand, vers la fin de la gestation, leur lait est sur le point de tarir. C'est le contraire qui aurait lieu si celui qui contracte un cheptel de vaches devait les rendre un mois après le vêlage, ayant eu leur nourriture à sa charge, alors qu'elles ne donneraient que très-peu de lait. Mais quand il y a bonne foi de part et d'autre, cet arrangement peut être réciproquement avantageux.

BORNAGE DES CHAMPS.

Une source fréquente de disputes et de procès dans les campagnes, c'est le défaut de fixité des limites des champs, quand ces limites ne sont pas indiquées par des signes bien visibles qu'on nomme bornes. Le déplacemeut des bornes est puni par la loi, et il arrive rarement qu'elles soient volontairement déplacées ; mais il arrive souvent qu'elles sont cassées par le choc des charrettes ou des charrues, et que leur base est recouverte de terre par les labours. De là, des empiétements inaperçus qui finissent avec le temps par prendre de grandes proportions. Quand ceux qui ont ainsi laissé usurper leur terrain veulent se le faire rendre, le dommage est très-difficile à réparer. Il ne peut l'être qu'au moyen du *bornage* qui peut être judiciaire ou à l'amiable. Les frais du bornage judiciaire sont très-élevés ; ceux du bornage à l'amiable sont nuls ou à peu près, et ce mode de bornage a la même valeur que l'autre. Mais il faut pour cela que tous les intéressés soient d'accord d'avance pour accepter le résultat du bornage à l'amiable fait par le géomètre-arpenteur du canton. Le maire préside à l'opération en présence des intéressés ; on compulse les vieux titres ; on remplace par des bornes neuves et très-visibles celles que le temps peut avoir fait disparaître, et il n'en coûte que le salaire peu élevé du géomètre-arpenteur. Seulement, on est prévenu qu'*un seul opposant* peut rendre nuls les effets du bornage à l'amiable de toute une commune ; tout est alors à recommencer, et l'on ne peut lever les difficultés que par le bornage judiciaire. C'est pourquoi, avant de faire procéder au bornage à l'amiable des champs de la commune, le maire doit bien s'assurer que le résultat, quel qu'il soit, ne sera récusé par personne.

USAGE DES COURS D'EAU.

Quand tous les riverains d'un cours d'eau qui n'est ni navigable ni flottable ont le bon esprit de s'entendre pour l'usage des eaux appliquées à l'irrigation des prairies, cet usage, qui peut donner des résultats inappréciables pour la production des fourrages, n'entraîne pas de difficultés graves. Les contestations ne peuvent naître que des droits de prise d'eau appartenant à des gens qui, de temps immémorial, n'en ont point usé. Le droit de prise d'eau pour l'irrigation étant un droit *facultatif*, dont on n'est pas obligé d'user pour le constater et le conserver, ne peut se perdre par le non-usage ; voici ce qui en résulte assez souvent. Le propriétaire d'une grande terre possède sur un grand développement le droit de prise d'eau sur un cours d'eau non navigable ni flottable ; il meurt sans jamais avoir songé à user de ce droit. Sa terre est partagée entre deux héritiers, de telle sorte que l'un des deux a toute la partie qui touche le ruisseau. Le droit de prise d'eau et le droit d'appui pour les ouvrages d'art nécessaires subsistent en leur entier au profit de celui des deux héritiers dont la part ne touche pas au ruisseau. Il est seulement obligé, s'il veut irriguer sa part, d'indemniser son cohéritier pour le passage sur son terrain. On comprend combien de difficultés peuvent en résulter, surtout dans celles de nos régions agricoles où la pratique des irrigations n'est pas dans les usages du pays. Il faut, si les intéressés ne peuvent se mettre d'accord, solliciter de l'autorité supérieure le *règlement des eaux* sur le territoire de chaque commune riveraine d'un cours d'eau disponible pour les irrigations. Ce règlement, promulgué sous forme de décret, a force de loi, de sorte qu'il n'y a plus à y revenir. La difficulté, c'est de réussir à obtenir ce décret.

Il faut d'abord adresser au préfet du département une demande en règlement des eaux. Cette demande doit être accompagnée d'un Mémoire exposant l'importance des eaux à distribuer, l'étendue des terres irrigables, le nombre des intéressés, et toutes les circonstances de nature à éclairer l'autorité supérieure, afin que la demande puisse être admise ou rejetée en parfaite connaissance de cause. Le préfet, s'il juge qu'il y a lieu d'y donner suite, renvoie la demande et le Mémoire au sous-préfet avec son avis motivé. Le sous-préfet examine à son tour la demande et la renvoie au maire avec son avis motivé. De retour à la mairie, la demande y reste affichée pendant 20 jours, après quoi le maire réunit le conseil municipal à l'effet d'aller avec lui parcourir les rives du cours d'eau ; il reçoit les observations de chacun et en dresse procès-verbal. Cette pièce, avec la demande en règlement, est renvoyée au sous-préfet, qui la renvoie au préfet, qui la transmet à l'ingénieur en chef du département, qui la transmet à l'ingénieur de l'arrondissement en le chargeant d'examiner l'affaire ; celui-ci vient inspecter les localités et recevoir les observations des intéressés ; il en dresse procès-verbal, qu'il remet au maire ; ce procès-verbal, avec les autres pièces relatives à l'affaire, doit rester à la mairie pendant 15 jours, puis le tout, en suivant la même filière, retourne du maire au sous-préfet, du sous-préfet au préfet, et du préfet à l'ingénieur en chef du département. Sur l'avis favorable de cet ingénieur, le préfet prend un arrêté réglant la distribution des eaux et le fait notifier aux intéressés. L'arrêté n'est qu'une formalité qui, le plus souvent, ne termine rien. Le ministre, sur la demande du préfet lui-même qui désire mettre à couvert sa responsabilité et couper court aux réclamations ultérieures, renvoie l'affaire au conseil d'État. Enfin, l'avis du conseil d'État donne lieu à la promulgation d'un décret portant règlement des eaux et l'affaire est terminée. Tout cela, comme disent les gens de la campagne, n'est pas large, mais c'est long, très-long, et ceux qui, au lieu de s'entendre pour l'usage des eaux à l'amiable, ont provoqué le règlement des eaux par l'autorité supérieure, ont le temps de mourir de vieillesse avant la solution définitive de l'affaire.

Les eaux des étangs desséchés et celles que réunissent les tuyaux collecteurs du drainage peuvent aussi donner lieu à diverses contestations. Quoique, lorsqu'un propriétaire d'étang le fait dessécher pour en convertir le sol en terre labourable ou en prairie, le pays y gagne sensiblement tant au point de vue agricole que sous le rapport de la salubrité, il se rencontre des gens qui exhument de vieux titres et s'opposent au desséchement ou intentent des procès, prétendant avoir le droit d'abreuvoir pour leurs bestiaux dans les étangs qu'on veut mettre à sec pour toujours. De pareilles contestations, si les réclamants ne sont pas évincés par le motif qu'ils gagnent au desséchement plus qu'ils ne peuvent perdre à la suppression de leur droit d'abreuvoir, sont résolues dans tous les cas par le payement d'un léger rachat. Quant aux eaux du drainage, il s'est rencontré et il se rencontre encore quelquefois des gens assez peu réfléchis pour refuser le passage sur leur terrain aux tuyaux qui conduisent les eaux vers un ruisseau; mais cette opposition est facilement levée par des arbitres qui règlent l'indemnité à payer s'il y a lieu; le plus souvent, il n'y a pas lieu; le passage d'un tuyau de conduite des eaux du drainage ne peut qu'être avantageux au propriétaire du terrain qu'il traverse.

REBOISEMENT ET DÉFRICHEMENT DES BOIS.

Le boisement des terrains incultes, surtout celui des terrains en pente rapide, est une opération tellement utile à celui qui l'exécute ainsi qu'au pays tout entier, qu'une loi récente met des avances de fonds, outre toute sorte de facilités de la part de l'administration, à la portée des propriétaires disposés à réaliser cette importante amélioration. De plus, quand le boisement est effectué, avec ou sans le concours de l'autorité, le propriétaire du terrain boisé, si ce terrain est un sol inculte, en pente ou non, a droit à une exemption d'impôt foncier pendant dix ans. Mais il est bon de savoir qu'il faut, pour profiter de cette faveur, produire la preuve que le terrain boisé était en friche depuis dix ans au moins quand on a commencé à le boiser. Un certificat légalisé par le maire est considéré comme preuve sufhsante; faute de cette démarche, le propriétaire d'un sol reboisé ne peut réclamer le bénéfice de la loi qui l'exempte pendant dix ans du payement de l'impôt foncier pour ce terrain.

Personne ne peut arracher un bois pour en convertir le sol en terre labourable ou en prairie, sans avoir sollicité et obtenu une autorisation préalable qui peut lui être refusée si l'intérêt public paraît exiger la conservation du bois. Il n'y a d'exception que pour les bois d'une étendue de moins de 4 hectares, et pour les bois enclos de murs, quelle que soit leur étendue. Ces derniers bois sont considérés comme parcs d'agrément, dont le propriétaire peut disposer à son gré sans que personne ait le droit de s'en mêler.

Quand le propriètaire d'un bois qui n'est pas placé dans l'une de ces deux conditions s'avise de défricher sans autorisation préalable, il est passible d'une amende, qui peut être de 500 à 1,500 fr. par hectare de terrain déboisé, selon les circonstances. Ensuite, il a à payer les frais d'un jugement qui le condamne à reboiser le terrain dans un délai de trois ans. Si, dans ce délai, le terrain n'est pas reboisé, le reboisement en est fait par les soins de l'administration forestière, qui envoie au préfet la note des frais. Le préfet la fait signifier par huissier au délinquant, et le recouvrement en est effectué au besoin par voie de saisie et de contrainte par corps.

Quand la demande de défrichement d'un bois est adressée à l'administration des eaux et forêts, et qu'elle reste pendant six mois sans réponse, le propriétaire peut passer outre au défrichement. Mais quand l'autorisation a été refusée par l'administration, que le propriétaire s'est adressé au ministre, et que celui-ci a laissé sa réclamation sans réponse, le silence du ministre est un refus formel et définitif. Celui qui, dans le délai de six mois, n'ayant pas reçu de réponse, passerait outre au défrichement de ses bois, serait en contravention, et aurait à en subir à la rigueur toutes les conséquences.

DROITS D'USAGE SUR LES FORÊTS. — DEVOIRS DES USAGERS.

Les forêts couvrent encore en France 23 *hectares sur cent* (1862) ; si cette proportion tend à décroître par le déboisement des forêts en plaine et en sol fertile, que la force des choses doit rendre à la production des denrées alimentaires, elle tend d'autre part à se rétablir par le reboisement des hauteurs et des terrains en pente rapide, avec le concours actif de l'autorité. Il n'y a donc pas lieu de craindre pour la France un déboisement aussi complet que celui de la Grande-Bretagne, qui n'a pas plus d'*un pour cent* de sa surface en forêts. Les habitants des communes voisines des forêts appartenant soit à l'État, soit à des particuliers, ont fréquemment à exercer sur ces forêts des *droits d'usage*, consistant en des prises de provisions de chauffage prélevées sur les coupes, et en *pacage* pour leur gros bétail, dans les bois d'un âge assez avancé pour qu'ils n'aient point à en souffrir. L'*usager* ne peut donner à sa provision de bois une destination autre que son usage personnel ; il lui est interdit de la vendre. Il a de plus le devoir, en cas d'incendie, d'accourir à l'appel du tocsin, pour contribuer à arrêter l'élément destructeur. Les usagers qui, tandis que l'incendie dévore les bois sur lesquels s'étend leur droit d'usage, restent tranquillement chez eux, perdent leur droit pendant un temps dont la durée peut varier selon les cas, d'un à cinq ans. Ils sont en outre passibles d'une peine personnelle que leur inflige le tribunal correctionnel, devant lequel le maire de la commune, après constatation de leur absence au moment du danger sur le lieu du sinistre, doit les renvoyer.

En général, les propriétaires des forêts regardent avec raison comme une servitude fort gênante le droit de pacage des bestiaux des usagers. La loi autorise le rachat de cette servitude à prix d'argent; ce rachat est prononcé par le tribunal, *hors le cas d'absolue nécessité*. Cette expression de la loi n'est pas très-précise. Récemment, dans Seine-et-Oise, les usagers d'une forêt privée ont obtenu gain de cause et conservé le droit de pacage pour leur bétail dans la forêt par le motif que, privés de cette ressource pour l'entretien de leurs vaches, ces usagers auraient dû être secourus par le bureau de bienfaisance auquel ils n'avaient, en conservant leur droit, aucun secours à demander. Le tribunal a admis cette circonstance comme constituant pour les usagers l'absolue nécessité telle que l'entend la loi, et leur droit de pacage a été maintenu,

CANTONNEMENT.

Il y a, pour obvier aux graves inconvénients des droits d'usage, un moyen radical; c'est le *cantonnement*. Il consiste à évaluer d'un commun accord entre les intéressés la quantité de bois nécessaire à l'approvisionnement annuel des usagers, et à leur abandonner en toute propriété une portion de forêt pouvant fournir cette quantité. Les usagers devenus propriétaires de cette portion de forêt la font aménager pour leur compte et s'en partagent les produits; ils n'ont plus rien à prétendre sur le reste. Mais l'État seul, pour les forêts qui lui appartiennent, a le droit d'imposer le cantonnement aux usagers contre leur gré; les particuliers propriétaires de bois peuvent obtenir de gré à gré le cantonnement; quand les usagers s'y refusent, ils ne peuvent les contraindre à l'accepter.

PLANTATIONS LIMITROPHES. — FOSSÉS DE CLÔTURE.

Les plantations d'arbres sur l'extrême limite d'un héritage peuvent porter préjudice au propriétaire du terrain limitrophe ; ces plantations, pour cette raison, sont interdites à une distance moindre de 2 mètres.

Mais quand la plantation existe depuis plus de 30 ans, bien qu'elle ne soit pas à la distance légale, le voisin n'a pas le droit de faire abattre les arbres ; il y a prescription. Une disposition particulière de la loi donne lieu assez souvent à des erreurs quant à la durée du temps nécessaire pour la prescription. Par exemple, un propriétaire, sommé d'avoir à faire abattre des arbres plantés trop près du bord d'héritage, prouve par le témoignage des anciens du pays que ces arbres sont plantés depuis plus de 30 ans ; il semble que le procès tombe de lui-même. Son adversaire ne se tient pas pour battu. La loi dit que le temps nécessaire pour la prescription ne commence à courir que du jour où les arbres plantés dépassent la hauteur d'une haie vive, selon les usages du pays. Si les arbres ont été plantés déjà forts, pas de difficulté ; le temps fixé pour la prescription court à partir du jour de la plantation. Mais, dans l'exemple cité, il s'agissait de peupliers plantés de bouture en place ; ces boutures, une fois enracinées, avaient été, selon l'usage, rabattues pour leur faire donner un seul jet destiné à devenir le tronc du jeune arbre. Ce tronc avait mis deux ans à atteindre la hauteur légale d'une haie vive ; d'où il résultait que la plantation, bien que faite de bouture depuis 31 ans, n'avait que 28 ans selon la loi , il n'y avait pas prescription ; les peupliers durent être abattus.

Qu'il soit permis à l'auteur de ces notions usuelles de droit rural de placer ici une réflexion et un conseil. Ne plaidez jamais avant d'avoir épuisé tous les moyens de conciliation et d'accommodement. Regardez autour de vous les gens ruinés par des procès qu'ils ont gagnés : qu'est-ce donc quand on perd ? Et l'on n'est jamais assuré de ne pas perdre, parce qu'on ne pense jamais à tout, sans parler de ceux qui ne pensent à rien, et qui intentent procès sur procès à tort et à travers par la conviction où ils sont que des gens de leur sorte ont toujours droit contre tout le monde, et qu'ils ne sauraient avoir tort. Ne plaidez pas, je le répète, quand il y a moyen de faire autrement ; les huissiers y perdront ; le débit de papier timbré y perdra bien aussi un peu ; la bonne harmonie et la concorde y gagneront, et bien des familles que les procès auraient ruinées conserveront à la fois leur bien-être et leur repos.

POLICE RURALE.

Une bonne police, c'est-à-dire, l'exécution rigoureuse des lois et règlements qui assurent la sécurité des personnes et le respect des propriétés, n'est pas moins nécessaire à la campagne qu'à la ville. Dans les communes rurales, la police est entre les mains du maire, ayant pour agent le garde champêtre. La loi interdit au garde champêtre le droit de porter un fusil ; il ne peut être armé que d'un sabre dit *briquet* ; cette disposition de la loi est des plus sages, non pas qu'une arme à feu soit jugée dangereuse entre les mains du garde champêtre, mais parce que, s'il se promenait son fusil sous le bras, il serait trop exposé à céder à la tentation de tirer sur une pièce de gibier. S'il chassait, le garde champêtre serait bientôt le camarade indulgent de tous les braconniers, lesquels sont en même temps plus ou moins maraudeurs, et il n'y aurait pas de police. On fait observer qu'à part la crainte du garde champêtre, il importe au plus haut degré que les habitants des campagnes connaissent bien les obligations qui leur sont imposées par les lois et règlements sur la police rurale, et qu'ils s'y conforment volontairement, dans l'intérêt

public comme dans leur propre intérêt; c'est pourquoi
l'on en résume ici les dispositions les plus essentielles;
car, moins le garde champêtre a de délits ruraux à constater, mieux cela vaut, et si tout le monde, à la campagne,
était pénétré de la nécessité de concourir en toute circonstance au maintien de l'ordre, le garde champêtre n'aurait
rien à faire.

SALUBRITÉ PUBLIQUE.

Il est bien peu de communes rurales où les règlements
de police qui concernent la salubrité publique soient rigoureusement observés; le plus souvent, les maires, qui ont
dans leurs attributions ces règlements, négligent d'en faire,
ou de faire exécuter ceux qui existent. On rappelle à ce
sujet que celui qui laisse du fumier en tas près de sa maison sur la voie publique, dans une localité où il n'y a pas
de règlement de police qui le défende positivement, n'en
commet pas moins une contravention, que l'autorité municipale a le droit de faire constater et de punir d'une peine
de simple police, en prononçant contre les délinquants une
amende de une à trois journées de travail.

Une autre mesure de salubrité publique bien autrement
importante, c'est l'enfouissage des animaux morts de maladie à la profondeur d'un mètre 30 centimètres, avec la
précaution de taillader leur peau avant l'enfouissage. Le but
de ces dispositions de la loi, c'est d'abord d'empêcher les
loups et les chiens errants de déterrer les cadavres des
animaux et d'en faire une cause d'infection, en les mettant
à découvert alors qu'ils sont en putréfaction; ensuite,
c'est d'ôter à leur peau toute valeur, afin que personne ne
soit tenté d'aller les déterrer pour les écorcher et vendre
leur peau aux corroyeurs. Le défaut d'observation de cette
prescription de la loi peut donner lieu à des malheurs

irréparables surtout en temps d'épizootie, quand les animaux à enfouir sont morts de maladies contagieuses; en
voici un exemple récent.

En 1860, dans une commune de Seine-et-Marne, un
fermier, ayant perdu deux vaches mortes d'une affection
charbonneuse, les fit simplement enterrer à fleur de terre;
il omit de faire taillader leur peau. Pendant la nuit, les
corps furent déterrés et écorchés. L'un de ceux qui avaient
pris part à cette dangereuse opération, s'étant fait une
légère égratignure avec son couteau, s'inocula la maladie
du charbon; il en mourut peu de jours après. Ce n'est
pas tout: les écorcheurs ne s'étaient pas donné la peine de
remettre en terre les corps dépouillés; les mouches s'a-
battirent dessus par milliers; une de ces mouches piqua
au visage un enfant de sept ans; la maladie du charbon se
déclara, et l'enfant mourut en trois jours, sans qu'il fût
possible de le sauver. Assurément, le fermier cause de
ce double malheur aurait pu être poursuivi pour homicide
par imprudence; dans tous les cas, il était, aux yeux de la
loi, civilement responsable envers les parents du malheureux enfant auquel, par sa faute, une piqûre de mouche
avait inoculé le charbon. Les caractères du mal sont, en
pareil cas, tellement évidents que la cause première ne
saurait être douteuse. Cet exemple montre combien il
importe que les règlements de police rurale en ce qui
concerne l'enfouissage des cadavres d'animaux à la profondeur légale, de quelque maladie qu'ils soient morts,
soient exécutés à la rigueur.

CONTAGION.

Quant aux mesures à prendre en temps d'épizootie pour
prévenir la contagion, on rappelle aux propriétaires de
bestiaux les peines prononcées contre eux par les arti-

cles 459, 460, et 461 du Code pénal, quand la contagion
se propage par leur faute. Celui dont les bestiaux sont
soupçonnés d'être atteints d'une affection contagieuse, de
l avis du vétérinaire, s'il néglige de tenir ces animaux sé-
questrés, et d'avertir le maire de la commune, est passible
d'une amende de 16 à 200 francs, et d'un emprisonnement
de six jours à deux mois.

Si, sans avoir égard aux mesures prescrites par l'autorité locale, il a laissé les animaux malades communiquer
avec d'autres, en les envoyant au pâturage ou de toute
autre manière, l'amende encourue est de 100 à 500 francs,
et l'emprisonnement de deux mois à six mois. Enfin, dans
le cas où la contagion s'est propagée par la négligence du
propriétaire des animaux malades, l'amende peut être de
100 fr. à 1,000 francs, et l'emprisonnement de *deux à
cinq ans*. Il est vrai qu'en raison même de leur sévérité,
ces articles de loi sont rarement appliqués; mais il est bon
qu'on soit averti qu'ils peuvent toujours l'être, et qu'en fait
ils le sont quelquefois.

GARDE DES BESTIAUX.

Jamais les bestiaux au pâturage ne doivent être laissés
à l'abandon, non-seulement à cause des dégâts qu'ils peuvent commettre, mais encore en raison des accidents auxquels ils peuvent donner lieu. C'est pourquoi il y a délit
passible d'une peine plus ou moins grave selon les cas
lorsque des bestiaux non gardés entrent sur le terrain
d'autrui, même s'ils n'y commettent aucun dégât. Plusieurs
arrêts de la cour de cassation ont fixé cette interprétation
de la loi. Si des bestiaux à l'abandon ont causé un dommage
quelconque sur la propriété d'autrui, le dégât est estimé; le
propriétaire des bestiaux rembourse d'abord le dommage,
puis il paye à titre d'amende une somme égale à la valeur

du dégât déjà commis par ses bestiaux. Mais si c'est volontairement et avec l'intention de nuire que des bestiaux non abandonnés ont été conduits sur le terrain d'autrui, et qu'ils y aient commis des dégâts, le délit rentre dans les attributions de la police correctionnelle.

Le simple passage des bestiaux dans un champ avant l'enlèvement de la récolte est puni, par l'article 471 du Code pénal, d'une amende d'un franc à cinq francs ; quand c'est volontairement que les animaux ont été conduits à travers un champ non dépouillé de sa récolte, l'amende peut être de six à dix francs. Laisser aller ou introduire des bestiaux dans les bois soumis au régime forestier constitue un délit du ressort de la police correctionnelle.

Quand les conducteurs de bestiaux qui vont aux foires ou qui en reviennent introduisent les animaux dans des champs ensemencés, ou non dépouillés de leur récolte, ou bien dans des enclos fermés de haies ou de fossés, le propriétaire lésé est autorisé par la loi à saisir les bestiaux et à les faire vendre pour en employer le prix à se rembourser des dégâts commis sur son terrain, ainsi qu'au payement de l'amende et des autres frais encourus par le délinquant. En pareil cas, on a rarement recours à l'autorité ; à moins qu'il n'y ait récidive, méchanceté évidente, auquel cas la punition doit être rigoureuse, le propriétaire fait mieux de s'entendre avec le conducteur des bestiaux mal gardés, et de se faire dédommager équitablement, sans pousser les choses à la rigueur.

LE BERGER ET SES CHIENS.

Le berger ne peut conduire ses troupeaux au pâturage dans les champs moissonnés que deux jours complets après l'enlèvement de la récolte, sous peine d'une amende d'une journée de travail, et de deux journées si le terrain moissonné est un enclos. Cette mesure est une simple menace de la loi ; elle ne trouve jamais son application ; les bergers sont gens d'expérience, qui connaissent les règlements et ne manquent guère de s'y conformer. Le seul délit rural assez fréquemment commis par les bergers, quand leurs troupeaux sont au pâturage dans un champ voisin d'un chemin public, c'est de ne pas se hâter de rappeler leurs chiens, quand ceux-ci, souvent hargneux et plus ou moins féroces, attaquent les passants. Le passant attaqué par un chien de berger ou autre, que son maître n'a pas rappelé, peut faire condamner le maître du chien à une amende de six à dix francs, même quand il n'y a eu ni morsure ni blessure, parce que le chemin appartient à tout le monde, et que chacun doit pouvoir y circuler en toute sécurité. On fait observer à ce propos que celui qui s'introduit dans une cour ou dans un lieu clos dépendant d'une habitation, s'il lui arrive d'y être mordu par un chien de garde, n'a rien à réclamer, même dans les communes où un règlement de police locale ordonne de tenir les chiens muselés ; ils ne doivent l'être que dehors ; celui qui entre sans précaution dans une cour gardée par un chien, lequel nécessairement, pour pouvoir faire son service de gardien, ne doit pas être muselé, s'il est mordu, ne doit s'en prendre qu'à son imprudence ; il n'a rien à réclamer contre le propriétaire du chien, soit que l'animal ait ou n'ait pas été tenu à l'attache. La diminution sensible du nombre des cas d'hydrophobie, dans les pays où la police exige que les chiens ne puissent sortir que muselés, à la campagne aussi bien qu'à la ville, montre combien il est nécessaire que chacun se conforme exactement à cette prescription.

DÉGATS COMMIS PAR LES VOLAILLES.

Deux genres de volailles, les dindons et les pigeons,

commettent souvent, lorsqu'ils ne sont pas surveillés, des dégâts considérables, dont la réparation est due par celui qui a négligé de faire garder ses dindons et d'enfermer ses pigeons aux époques des semailles. Dans les départements où l'on élève beaucoup de dindons, si leurs bandes nombreuses envahissent un champ de sarrasin, il ne leur faut que quelques heures pour n'y pas laisser un seul grain. Le propriétaire du champ a le droit de tuer les dindons pris en flagrant délit, mais il n'a pas celui de se les approprier; il ne peut que faire avertir le propriétaire des dindons de venir enlever leurs corps; après quoi il fait évaluer le dommage, et adresse ses réclamations à qui de droit. Il peut, de même, tirer sur les bandes de pigeons qui dévastent ses champs ensemencés, mais il ne peut faire son profit des pigeons abattus. Ce sont là de ces droits dont on doit conseiller aux habitants des campagnes de ne pas user: celui qui en userait à la rigueur soulèverait contre lui des haines irréconciliables; il vaut beaucoup mieux s'arranger avec les auteurs du mal, commis le plus souvent par simple négligence, et dont ils sont tout disposés à accorder à l'amiable une juste réparation. Il est bon de faire remarquer, quant aux pigeons en particulier, que la permission de tirer dessus n'existe qu'à une condition, c'est que l'autorité locale aura pris un arrêté ordonnant de les tenir renfermés à des époques déterminées. Il est entendu que, hors ce temps et dans toute autre circonstance, il n'est pas plus permis de tuer les pigeons d'autrui que toute autre espèce de volaille.

DESTRUCTION DES ANIMAUX NUISIBLES.

De tous les animaux qui peuvent faire du tort aux habitants des campagnes, les plus nuisibles sont assurément les loups, qui, lorsqu'ils sont nombreux dans un canton, dévorent beaucoup de moutons et en tuent encore plus qu'ils n'en consomment. Un règlement du 29 août 1814, toujours en vigueur, réorganisant la louveterie en France, dit que les primes de 18 fr. pour une louve pleine, 15 fr. pour une louve non pleine, 12 fr. pour un loup et 5 francs pour un louveteau, pourront être augmentées selon les circonstances qui auront accompagné la prise ou la mort de ces animaux. Il est certain que, malgré les encouragements offerts pour leur destruction, les loups sont encore très-nombreux sur les parties boisées de notre territoire; la race en devrait être à peu près éteinte, si les battues générales prescrites par la loi, et qui sont obligatoires tous les ans, étaient faites avec zèle et intelligence. Le maire a le droit, on peut ajouter le devoir, de noter pour les mettre à l'amende ceux qui, dans sa commune, lorsqu'une battue aux loups est ordonnée, se dispensent d'y prendre part. Les préfets, sous-préfets et maires peuvent, indépendamment des battues annuelles obligatoires d'après la loi, ordonner d'autres battues tant contre les loups que contre les bandes de sangliers qui viennent ravager les champs, et contre les ours, souvent nombreux et dangereux dans les pays de hautes montagnes. C'est un devoir rigoureux pour quiconque possède une arme et sait s'en servir de contribuer de son mieux à la destruction des loups, comme à celle des autres animaux nuisibles ou dangereux.

Le lapin sauvage, en raison de l'excessive rapidité de sa multiplication, est considéré à la fois comme animal nuisible et comme gibier. On sait que, pour cette raison, il peut être chassé en tout temps; c'est le seul gibier dont le transport et la vente soient permis quand la chasse est fermée. Les cultivateurs qui ont le maheur d'avoir des champs contigus à des bois peuplés de légions de lapins ont le droit de faire constater les dégâts causés dans leurs cultures par ces animaux, et de réclamer à ce sujet des dommages-intérêts. Il suffit aux propriétaires de bois, pour n'avoir pas à encourir cette responsabilité, de chasser ou faire chasser dans leurs bois assez souvent pour que le lapin n'y puisse multiplier dans des proportions désastreuses.

ÉCHENILLAGE.

La loi attache avec raison une telle importance à la destruction des chenilles, qu'elle prescrit d'en publier tous les ans, le 20 janvier, les articles 6 et 7 qui rendent les maires et adjoints des communes rurales responsables de toute négligence apportée dans son exécution. Une amende de 1 à 5 francs est imposée à ceux qui négligent d'écheniller en temps utile leurs arbres, haies ou buissons ; ils sont exposés à une seconde amende de 3 journées de travail si, ayant échenillé, ils ont négligé de jeter au feu sans retard les bourses ou toiles dans lesquelles les chenilles ont hiverné. L'époque de l'échenillage est déterminée tous les ans dans le courant du mois de février. Quand cette époque est passée, le maire peut faire écheniller d'office, adresser la note des frais au juge de paix, et la faire signifier aux négligents, qui sont tenus de la payer en même temps que l'amende qu'ils ont encourue. Enfin, comme les chenilles se déplacent pour aller exercer leurs ravages d'un arbre à l'autre, celui qui n'a pas fait écheniller est exposé à des poursuites en payement de dommages-intérêts de la part de ses voisins, dont les jardins ont été envahis par les chenilles qu'il aurait dû faire détruire. Cette loi est une de celles qu'on observe le moins exactement dans les campagnes ; à peine échenille-t-on les arbres voisins des habitations ; il ne devrait pourtant jamais être nécessaire d'user de contrainte pour forcer les gens à faire une chose qu'il est si évidemment de leur intérêt de ne pas négliger.

DÉGATS COMMIS DANS LES RÉCOLTES.

La loi protége par des dispositions spéciales les produits de l'agriculture, notamment les blés, tant à cause de l'impossibilité de les garder avec le même soin que beaucoup d'autres objets, qu'en raison de l'intérêt général attaché à leur conservation. C'est ainsi que la dévastation des blés sur pied est punie par l'article 444 du Code pénal d'un emprisonnement de deux à cinq ans ; le coupable, à l'expiration de sa peine, est placé pendant le même temps sous la surveillance de la police. Celui qui vole dans les champs des blés déjà coupés ou mis en meule est passible d'une amende de 10 à 200 fr. et d'un emprisonnement de quinze jours à deux ans.

Le passage avec une charrette à travers un champ ensemencé en blé n'est puni que d'une amende de 2 journées de travail ; mais si le blé, sans être encore en épis, est déjà en tuyaux, le délinquant doit rembourser le dégât, payer au propriétaire des blés dévastés un dédommagement égal à leur valeur, et enfin une amende égale à la somme qu'il a payée à titre de dédommagement.

Le jet de pierres dans un champ cultivé, un enclos ou un jardin, n'est puni que d'une amende de 6 à 10 francs, et, en cas de récidive, de cinq jours de prison, par les articles 475 et 478 du Code pénal. Mais quand on jette par malveillance dans un champ cultivé une quantité de pierres capable d'en dévaster la récolte, alors il y a lieu d'appliquer l'article 444 et la peine encourue est de deux à cinq ans de prison.

ANTICIPATION.

Si la loi protége efficacement les fruits des travaux de l'agriculture, elle protége également la propriété rurale contre toute usurpation désignée par elle sous le nom d'*anticipation*. L'anticipation diffère de l'usurpation de propriété ; elle a lieu quand un laboureur empiète sur une propriété limitrophe, celle-ci étant couverte d'une récolte sur pied. Le garde champêtre est tenu d'en donner avis au propriétaire lésé, pour qu'il se mette en mesure de se faire rendre justice. Il y a dans ce cas évaluation du dommage, dédommagement, et amende égale à la valeur du dédommagement. La loi ne regarde donc l'anticipation ainsi définie que comme un simple délit rural ne pouvant donner lieu qu'à une simple action en dommages-intérêts ; il en serait autrement s'il y avait volonté de conserver la propriété de la portion de terre sur laquelle on aurait anticipé ; ce serait une atteinte directe à la propriété, et le délit serait du ressort de la police correctionnelle. Plusieurs arrêts de la cour de cassation ont décidé que des anticipations commises graduellement aux champs ne peuvent être couvertes par la prescription. La loi considère la possession ainsi acquise de fait comme clandestine et occulte. L'anticipation est regardée comme une simple erreur quand elle résulte de l'absence de bornes entre deux héritages et que l'erreur reconnue est volontairement réparée ; en pareil cas, les dédommagements sont toujours réglés à l'amiable entre les parties intéressées.

INCENDIES.

Depuis que le système des assurances contre l'incendie

s'est constitué en France sur des bases solides, et que les compagnies d'assurances contre l'incendie offrent aux habitants des campagnes toutes les garanties désirables de solvabilité, l'assurance des bâtiments ruraux et des récoltes en grange ou en meule est de nécessité morale pour tout fermier soigneux de ses intérêts. Beaucoup de propriétaires, en renouvelant les baux, après avoir assuré les bâtiments du corps de ferme, exigent que le fermier en fasse autant pour son matériel et ses récoltes dans l'intérêt commun de celui qui possède la terre et de celui qui l'exploite. On sait avec quelle juste sévérité la loi punit le crime d'incendie; elle punit aussi les imprudences qui peuvent donner lieu à des incendies, même quand il n'en est résulté aucun malheur. Celui qui allume du feu dehors à moins de 100 mètres d'une meule de foin ou de grains, d'une récolte de céréales mûre ou déjà coupée, ou de tout autre produit inflammable de l'agriculture, s'il ne s'en est suivi aucun accident, est néanmoins punissable d'une amende de 12 journées de travail. Quand l'imprudence d'allumer du feu aux distances prohibées a pour conséquence un incendie, l'auteur du mal est puni d'une amende de 50 à 500 fr.; il doit, en outre, des dommages-intérêts aux propriétaires des objets incendiés. Le fait d'allumer du feu dans l'intérieur d'une forêt ou à une distance de moins de 200 mètres de sa lisière, est puni d'une amende de 20 à 200 francs par l'article 148 du Code forestier. Ce délit est malheureusement fréquemment commis par de jeunes pâtres pour lesquels leurs maîtres sont nécessairement responsables, et qui doivent être surveillés de très-près pour que leur imprudence ne donne pas lieu à de déplorables malheurs.

CHEMINS. — VOIRIE VICINALE.

Le bon état d'entretien des chemins est d'un puissant

intérêt pour l'agriculture ; dans les cantons où ils sont impraticables une grande partie de l'année, les charges de l'agriculture sont doublées par la difficulté du transport des fumiers dans les champs et des récoltes à la ferme. Ceux des chemins publics dont la viabilité intéresse le plus toutes les classes de cultivateurs sont les chemins vicinaux, dont la loi met l'entretien à la charge des communes. L'autorité locale, d'après un règlement émané de la préfecture, doit pourvoir à l'entretien des chemins vicinaux au moyen de prestations dues par tous les habitants portés aux rôles des contributions. Ceux qui doivent ces prestations ont le droit de les fournir en nature ou d'en payer l'équivalent en argent. Malheureusement le devoir de concourir de son mieux à l'entretien des chemins vicinaux est si mal compris des habitants des campagnes que, trop souvent, c'est à qui fournira pour les prestations en nature son plus mauvais cheval et sa charrette la plus détraquée, et, quant au travail personnel, beaucoup de contribuables s'en acquittent comme pour l'amour de Dieu, c'est-à-dire le moins activement possible. C'est agir contre leur propre intérêt, car tout le monde a besoin de se servir des chemins vicinaux, et, quand ils ne sont pas praticables, tout le monde en souffre.

La loi punit d'une amende de 11 à 15 francs la dégradation des chemins vicinaux et l'empiétement par les riverains sur leur largeur légale ; elle punit d'une amende de 1 franc à 5 francs le délit d'obstruer un chemin public et d'y entraver la circulation par des dépôts de matériaux. La loi est muette à l'égard des chemins *privés*, c'est-à-dire établis par des particuliers pour le service particulier de leurs exploitations, le fait de dégrader ces chemins n'est donc pas un délit du ressort de la police rurale ; le propriétaire d'un chemin privé, quand ce chemin est dégradé par des tiers, a seulement le droit de réclamer en justice la réparation du dommage souffert. Souvent, quand un chemin privé abrége le trajet pour atteindre un chemin public ou pour desservir une exploitation voisine, le propriétaire du chemin permet à ses voisins de s'en servir, à la condition qu'ils contribueront à son entretien : s'ils s'y refusent, il peut fermer son chemin par des barrières et s'en réserver l'usage exclusif.

CARRIÈRES ET MARNIÈRES.

Tout propriétaire peut ouvrir sur son terrain des excavations à ciel ouvert dans le but d'en extraire de la pierre destinée à la construction ou à l'entretien de ses bâtiments, du sable ou de la marne pour l'amendement de ses terres ; mais il faut pour cela qu'il se conforme aux prescriptions de l'autorité locale, qui, dans l'intérêt de la sûreté publique, doit veiller à ce que les excavations des carrières, si elles sont à proximité d'un chemin public, soient garnies de garde-fous sur leurs bords. Si la carrière en exploitation est contiguë à un chemin, ses bords intérieurs doivent en être assez éloignés et d'une pente assez inclinée pour que leur éboulement ne puisse occasionner celui du chemin. Les mêmes précautions sont prescrites à celui qui exploite une carrière, quant aux héritages environnants : s'il survient par sa faute des éboulements sur le terrain d'autrui, il en est responsable et peut être poursuivi par les intéressés pour le payement de dommages-intérêts, sans qu'il soit nécessaire pour cela qu'il existe un arrêté du maire déterminant la distance du bord d'héritage où doit commencer l'ouverture d'une carrière ou d'une marnière.

Ce qui précède résume les principales dispositions de la police rurale, du moins celles auxquelles il importe le plus que chacun se conforme de bonne volonté, et que, par conséquent, tout le monde doit connaître. La loi n'a pas pu tout prévoir; il y a des délits ruraux, même très-graves, qui échappent à son action directe et ne sont mentionnés dans aucun texte de loi. Tel est, entre autres, le délit de semer dans le champ de blé d'un ennemi de la graine de chardon ou d'autre mauvaise herbe. Mais le silence de la loi n'assure nullement l'impunité du coupable. Son action, s'il en est reconnu l'auteur, bien qu'elle ne puisse le faire renvoyer devant le tribunal de police correctionnelle, l'expose à des poursuites en dommages-intérêts, qui peuvent, en raison de la gravité du fait, être fixées à une somme élevée, pour le recouvrement de laquelle il y a saisie et contrainte par corps. Aussi, de semblables délits, bien qu'ils ne soient pas sans exemple, sont-ils heureusement très-rares. Pour tous les actes odieux de basse vengeance qui peuvent être ainsi commis contre les propriétés en éludant la loi, il y a par-dessus tout la réprobation universelle, qui fait faire aux plus haineux de salutaires réflexions.

CHAPITRE IV.

DESTRUCTION DES INSECTES NUISIBLES

Aux produits des champs et des jardins.

Il importe beaucoup au cultivateur de préserver les produits de ses champs et de son jardin des attaques de sinsectes auxquels le plus souvent il n'oppose, quand il y songe, que des moyens préservatifs insuffisants. On a dit avec vérité que si Dieu permettait qu'un seul insecte, le plus petit, le plus insignifiant, multipliât sans obstacle, la terre cesserait d'être habitable : rien n'est plus exact. Il n'entre pas dans le plan de cet ouvrage de retracer, même sommairement, les mœurs et les instincts des insectes dont le cultivateur doit arrêter ou limiter autant que possible la multiplication. On fait seulement observer que tous subissent diverses transformations avant d'arriver à l'état d'insecte parfait, qu'en général ils sont surtout nuisibles sous leurs divers états transitoires, et que toutes les femelles d'insectes, sans exception, assurent de la même manière l'existence de leur postérité. Un instinct qui ne leur fait jamais défaut leur enseigne à déposer leurs œufs, à portée des aliments dont les larves nées de ces œufs devront se nourrir. C'est ainsi que la femelle du hanneton, qui ne mange pas de racines, accomplit un travail prodigieux pour creuser en terre des trous au fond desquels elle dépose ses œufs à portée des racines que les vers blancs, première forme du hanneton, mangent en naissant. C'est encore ainsi que les femelles de tous les papillons qui ne mangent pas sous leur forme définitive, ou qui, lorsqu'ils prennent quelques aliments, se bornent à sucer les nectaires des fleurs, sans jamais attaquer le feuillage d'aucun végétal, déposent néanmoins leurs œufs sur les plantes dont les feuilles doivent soutenir l'existence de leurs chenilles.

Les insectes nuisibles aux récoltes sont, dans l'ordre de leurs facultés de nuire : 1° le *charançon* ; 2° l'*alucite* ; 3° la *teigne des blés* ; 4° le *chlocops* ; 5° la *cecidomye* ; 6° la *tipule*. Tous ces insectes nuisent à divers degrés aux céréales, soit avant, soit après la moisson.

D'autres insectes nuisent particulièrement à certains genres de plantes cultivées ; ce sont : 1° le *hanneton*, dont la larve attaque les racines d'une foule de végétaux utiles ; 2° l'*altise*, qui détruit, dans la première période de leur croissance toutes les plantes cultivées de la famille des crucifères ; 3° les *puccrons*, spécialement nuisibles à la fève, au colza de printemps et aux arbres fruitiers.

La vigne et ses produits ont pour ennemis : 1° la *pyrale* ; 2° l'*eumolpe* ; 3° le *rhynchite* ; 4° le *cochylis*.

Dans les jardins on rencontre, outre le redoutable ver blanc, larve du hanneton : 1° la *courtilière* ; 2° la *fourmi* ; 3° la *guêpe* ; 4° la *bruche* , 5° le *forficule* ou *perce-oreille* ; 6° le *carpocapsa*, ou pyrale des fruits. Les haies et les vergers ont de plus à redouter la voracité des *chenilles*, larves de tous les papillons ou insectes lépidoptères du climat européen.

Enfin, les animaux domestiques, indispensables auxiliaires des travaux du cultivateur, ont pour ennemis les *mouches* et les *œstres*, dont il est à propos de les préserver. Les moyens (quand il en existe de réellement efficaces) de détruire ces divers insectes, méritent de fixer l'attention des cultivateurs : le temps qu'ils emploieront à suivre nos conseils à ce sujet ne sera pas du temps perdu.

INSECTES NUISIBLES AUX CÉRÉALES.

On a vu précédemment dans le chapitre consacré à la conservation des grains, quels procédés peuvent être mi en usage contre le charançon dans les greniers. Ces procédés s'emploient avec le même succès contre l'alucite et la teigne des grains. Le point capital, c'est de battre les céréales le plus tôt possible après la moisson, et de ne pas les laisser en gerbes dans les meules ou dans les granges en butte aux ravages des insectes, sans moyens praticables de les en préserver. Le charançon, l'alucite et la teigne n'attaquent sérieusement les grains qu'après la récolte ; c'est donc dans les greniers qu'il y a lieu de les combattre et de les détruire. Le chlorops, la cecidomye et la tipule ne nuisent aux céréales que tandis qu'elles sont sur pied.

Le chlorops est une jolie mouche luisante, facile à distinguer par ses deux gros yeux d'un vert brillant et les deux lignes jaunes qui se dessinent sur son corps noir. Sous sa forme d'insecte parfait, elle ne fait d'autre mal que de propager sa race. La femelle de cet insecte dépose ses œufs un à un dans le cœur des jeunes plantes de céréales semées en automne. L'œuf ne tarde pas à donner naissance à un ver excessivement petit, qui se nourrit de la substance de la plante sans la détruire, parce qu'en raison de sa petitesse, il a besoin de très-peu de nourriture à la fois. Pendant l'hiver, la larve du chlorops ne mange pas ; elle reste dans un état d'engourdissement, et sa présence dans les céréales ne se trahit par aucun indice. Au printemps, quand la végétation redevient active et que les céréales commencent à former leur épi, la larve du chlorops arrête leur croissance, beaucoup de plantes avortent, et les cultivateurs disent que leurs blés, selon l'expression reçue, *ont le ver ;* la larve du chlorops est le ver des blés. Dans les années où les premiers froids de l'automne devancent leur époque habituelle, rien ne contrarie la ponte des œufs du chlorops, et l'année suivante les blés sont fortement endommagés du ver ; quand l'hiver est tardif, le ver des blés se montre à peine en rares échantillons. Il semble alors que la race des chlorops soit éteinte, et, pendant plusieurs années, ils ont presque complétement disparu : c'est que le chlorops arrive assez tard à l'état d'insecte parfait. Si l'hiver est précoce, l'hirondelle, avertie par son instinct, part plus tôt que d'habitude et ne détruit pas les femelles de chlorops, qui pondent alors en toute liberté; si l'hiver est tardif, l'hirondelle retarde son départ, et comme, pendant les derniers temps de son séjour parmi nous, il n'y a presque plus d'insectes à sa disposition, elle recherche les chlorops, dont, pour ainsi dire, pas un ne lui échappe, et l'on est pour plusieurs années délivré du ver des blés.

Il faut donc respecter et faire respecter l'hirondelle, la fauvette, la mésange et les autres oiseaux insectivores, qui font, pour ne pas mourir de faim eux et leur famille, une besogne impossible à l'homme, en détruisant à son profit le chlorops comme les autres insectes, leur unique nourriture. On ne peut trop recommander aux chefs de famille et à tous ceux qui exercent, à un titre quelconque, une autorité réelle sur les enfants dans les campagnes, de leur interdire absolument la recherche des nids des oiseaux insectivores et la destruction des œufs, espoir de leur postérité.

Des expériences récentes, couronnées d'un succès décisif prouvent que l'homme n'est pas dépourvu de ressources pour s'opposer aux dégâts commis par la larve du chlorops, si redoutée sous le nom de ver des blés. Si l'on répand en mars ou avril, de 200 à 600 kilogrammes par hectare de sulfate d'ammoniaque grossièrement pulvérisé, sur les blés en proie au ver, on les voit se refaire à vue d'œil, et l'on peut compter sur un rendement en grains aussi élevé que si la larve du chlorops n'existait pas. Ce n'est pas que le sulfate d'ammoniaque détruise cette larve; il ne peut rien contre elle ; il ne l'empêche pas de réduire à rien l'épi central renfermé dans le chaume du froment; mais, il imprime à la plante une vigueur de végétation qui lui fait émettre autour du collet un cercle de nouvelles racines et un nombre considérable de pousses latérales dont chacune donne son épi bien constitué ; c'est ce qu'on nomme le *tallage* du blé. Le sulfate d'ammoniaque, en forçant le froment à taller, compense et au-delà les pertes résultant des ravages de la larve du chlorops, ou ver des blés.

La *cécidomye*, qui ne porte pas de nom vulgaire, est parmi les insectes ennemis des céréales l'un des plus petits, mais non des moins dangereux. Cette mouche, d'une petitesse extrême, d'une forme assez analogue à celle du cousin, dépose ses œufs dans les épis, alors que les grains sont encore intérieurement à l'état laiteux qui procède la formation de la farine. Bientôt ces œufs donnent naissance à de très-petits vers qui se nourrissent de la substance du grain, sans nuire d'ailleurs à la croissance des plantes : de là, nombre d'épis complétement vides et de sérieux mécomptes sur le rendement des céréales après une moisson qui présentait la plus riche apparence.

Dans les années où la température est particulièrement favorable à la multiplication de la cécidomye, on voit souvent, un peu avant la moisson, des nuées de petits oiseaux hanteurs insectivores s'abattre sur les champs de céréales pour dévorer, non pas les grains impropres à leur nourriture mais les larves des cécidomyes. Les cultivateurs qui voient ces bandes d'oiseaux voltiger autour des épis et les becqueter leur envoient des coups de fusil, les prenant pour des déprédateurs, alors qu'ils sont au contraire les défenseurs les plus utiles des céréales, en détruisant un ennemi si petit et si nombreux, que l'homme ne peut pas même songer à lui opposer un moyen efficace de destruction. La multiplication de la cécidomye est si rapide que, dans l'espace de six semaines, elle peut donner 5 à 6 générations.

La *tipule* ressemble tellement au cousin qu'elle est souvent prise pour une grande espèce de cet insecte, dont elle a la forme et les allures, quoiqu'elle soit cinq à six fois plus grande. Ceux qui redoutent les piqûres de la tipule ont tort; elle n'a pas même d'aiguillon pour piquer si elle en avait envie, mais elle n'y songe pas. La tipule dépose ses œufs en terre, dans les champs de céréales, particulièrement dans les avoines. A mesure que la végétation s développe, les larves nées des œufs pondus sous terre par la tipule rongent les extrémités inférieures des racines de l'avoine. On voit alors, sans cause extérieure apparente, les champs d'avoine se dégarnir et les plantes fondre à vue d'œil. Il n'y a malheureusement rien à faire pour arrêter les ravages de la tipule. Mais si, après la récolte de l'avoine, le champ est immédiatement labouré, puis ensemencé en navets ou en spergule pour en obtenir une récolte dérobée, les larves des tipules, n'y trouvant plus la nourriture qui leur convient, meurent d'inanition, et lorsque ensuite le sol est de nouveau ensemencé en avoine, cette céréale n'y est plus exposée aux attaques de la tipule, dont la larve est désignée sous le nom vulgaire de *ver des avoines.*

INSECTES NUISIBLES A LA VIGNE.

Quatre insectes nuisent particulièrement à la vigne; ce sont : 1° la *pyrale;* 2° l'*eumolpe;* 3° le *rhynchite;* 4° le *cochylis.* Les ravages des deux premiers de ces insectes sont comparables à ceux qu'exercent sur les céréales l'alucite et le charançon.

Pyrale. La pyrale, à l'état parfait, est un très-petit insecte lépidoptère (papillon) aux ailes marbrées de gris et de brun, d'autant moins remarqué que, comme l'alucite et les teignes, il tient habituellement ses ailes repliées sur son corps, ce qui le rend à peu près invisible. La pyrale ne nuit qu'à l'état de larve; c'est alors une très-petite chenille née des œufs déposés par plaques à la surface des feuilles de la vigne : ces œufs sont tellement petits qu'ils est difficile de les apercevoir distinctement sans le secours d'une loupe. La chenille de la pyrale subit très-rapidement ses transformations, et produit, par conséquent, pendant le cours de la belle saison, plusieurs générations successives. Quand elles sont sur le point de s'enfermer dans leur chrysalide, les chenilles de la pyrale enlacent de leurs fils innombrables les feuilles de la vigne, les crispent, les sucent, les dessèchent, provoquent leur chute, de sorte qu'au milieu de l'été, la vigne se trouve dépouillée comme si le feu y avait passé. Alors la végétation de la vigne se trouve entravée, la récolte est perdue, et les sarments sur lesquels on doit tailler pour la récolte de l'année suivante sont tellement affaiblis qu'une récolte médiocre succède à une récolte nulle. On a d'abord opposé aux ravages de la pyrale, dans nos vignobles, les *feux crépusculaires ;* de petits tas de sarments ou de broussailles sèches étaient allumés de distance en distance le long des vignes à la chute du jour. Ce moyen, généralement pratiqué lorsqu'on n'en connaissait pas de meilleur, n'avait pas une grande efficacité ; la femelle de la pyrale, fécondée aussitôt après sa sortie de sa chrysalide, commence immédiatement sa ponte : ainsi, celles qui venaient se brûler, attirées par les feux crépusculaires, avaient déjà fait, avant de périr, à peu près tout le mal qu'elles pouvaient faire, et le vigneron n'avait guère d'intérêt à les faire mourir quelques heures plus tôt qu'elles ne seraient mortes naturellement. On en était là lorsque le remède efficace fut trouvé par un vigneron du Beaujolais (Ain), qui s'avisa d'échauder à l'eau bouillante les ceps de vigne pendant le sommeil de leur végétation. Son procédé, pratiqué partout où se montre la pyrale, est d'une exécution des plus faciles. On porte dans la vigne un trépied de fer sur lequel on pose une marmite remplie d'eau. Un feu clair de sarments ou de broussailles est allumé sous la marmite ; tandis que l'eau bout, on y plonge un gros pinceau qu'on promène rapidement sur les ceps où la pyrale s'est montrée l'année précédente. La chaleur est assez forte pour tuer les chrysalides de pyrale logées dans les gerçures de l'écorce ; le refroidissement est assez prompt pour que les ceps ne souffrent pas du passage de l'eau bouillante sur leur surface. Il est prudent d'échauder de même les échalas, dont les gerçures peuvent recéler des chysalides en assez grand nombre pour perpétuer la race destructive de la pyrale. Depuis que l'échaudage des ceps de vigne a été généralement pratiqué dans nos vignobles les plus éprouvés par la pyrale, cet insecte a presque complétement disparu : il était temps. La valeur du raisin détruit par la pyrale dans les dix ans qui ont précédé la destruction de cet insecte par l'eau bouillante dépasse 120 millions.

L'*eumolpe*, connu dans nos vignobles sous les noms vulgaires de *lisette* et d'*écrivain*, n'appartient par comme la pyrale aux lépidoptères ; c'est un insecte coléoptère dont les ailes sont recouvertes d'étuis ou élytres de couleur bronzée. Cet insecte nuit à la vigne de deux manières différentes ; il est de ceux qui mangent sous leur forme difinitive aussi bien qu'à l'état de larve. La femelle dépose au pied des ceps de vigne des œufs desquels naissent des larves ou vers blancs qui rongent le collet des racines, et, lorsqu'ils sont nombreux, peuvent faire périr les ceps. Les insectes ayant subi toutes leurs transformations se répandent sur les feuilles de la vigne ; ils n'ont pas moins d'appétit que sous leur précédent état. En premier lieu, les eumolpes ne mangent que les feuilles, dont ils sucent la substance, en laisssant à la surface des traces dont la forme rappelle celle des caractères d'écriture, d'où leur surnom de lisette et d'écrivain. Plus tard, quand le raisin bien formé approche de sa maturité, l'eumolpe quitte les feuilles pour s'en prendre aux grappes : c'est donc un ennemi trèssérieux de la vigne. Dans nos pays vignobles, à partir de ceux des bords de la Loire jusqu'à ceux des rives du Rhin et de la Moselle, l'eumolpe se montre rarement en nombre incommode ou dangereux ; les larves, enterrées à quelques centimètres de profondeur au pied des ceps, y sont atteintes par la gelée; elles ne peuvent résister à la rigueur des hivers. Au sud de la vallée de la Loire, il gèle trop peu et pendant un temps trop court pour que les larves de l'eumolpe meurent de froid. Dans les vignes du Mâconnais, celles de toutes qui ont le plus à souffrir des ravages de l'eumolpe, on fait tous les ans une chasse assidue à cet insecte; les sarments, détachés de l'échalas, sont secoués au-dessus d'une corbeille où tombent les eumolpes, qui, bien qu'ils soient pourvus d'ailes, ne peuvent les déployer instantanément pour s'échapper. On fait aussi usage pour la même chasse d'un entonnoir de fer-blanc à goulot très-large fendu sur le côté. Le cep de vigne est introduit dans la fente du goulot de l'entonnoir et vivement secoué. Les eumolpes glissent sur la surface unie du fer-blanc, et tombent dans un sac attaché à la partie inférieure du goulot de l'entonnoir.

Le *rhynchite* est connu dans tous nos vignobles sous les noms de *becmare*, *gribouri* et *coupe-bourgeon*. C'est un insecte coléoptère d'un beau vert, du genre charançon, proche parent du charançon des blés. Pour le distinguer des autres espèces de rhynchites qui n'attaquent pas la vigne, les naturalistes ont donné à celui-ci le surnom de *rhynchite-Bacchus*. Cet insecte déploie un instinct singulier lorsque approche le moment où il doit subir sa dernière transformation. Sa larve s'enveloppe alors dans une feuille de vigne, qu'elle roule comme un cigare. Mais comme la feuille, dans son état naturel, lui offrirait trop de résistance, elle commence pas couper à la moitié seulement de son épaisseur la queue de la feuille, qui, sans se détacher, se flétrit, se ramollit, et facilite ainsi le dernier travail de l'insecte. Quand le vigneron voit dans sa vigne un grand nombre de feuilles pendantes ou roulées, dont chacune renferme un rhynchite, il met à l'œuvre sa femme et ses enfants et leur fait ramasser toutes ces feuilles, qu'il brûle sans retard; l'année suivante, quand cette chasse a été bien faite, il n'est plus question des rhynchites.

Le *cochylis*, heureusement moins connu dans nos vignobles que les précédents insectes, est un lépidoptère parent de la pyrale, mais d'une excessive petitesse. La femelle pond dans les fentes de l'écorce des œufs, dont une partie est détruite par le froid. Ceux qui résistent éclosent quand le printemps est déjà assez avancé et que les grappes de la vigne sont bien formées. Les larves, invisibles à l'œil nu, se logent à l'intérieur des grappes; elles y vivent longtemps, parce que leur développement est lent et qu'elles mangent peu à la fois, Quand le grain est bien formé, les larves du cochylis en rongent la substance; elles dévorent même les pepins qui ne sont pas encore ligneux, puis elles enlacent tout l'intérieur de la grappe dans une multitude de fils, d'où sortent les papillons à l'état d'insectes parfaits vers l'époque des vendanges. Le cochylis ne donne ainsi qu'une génération par an; mais cette génération est très-nombreuse. Dans les vignes de Champagne, quand le cochylis est assez nombreux pour être sérieusement nuisible, on le détruit en faisant brûler au pied des ceps attaqués une petite quantité de soufre, dont on dirige la vapeur sur les grappes endommagées. On peut aussi, sur les treilles destinées à la production du raisin de table, combattre le cochylis en répandant sur les grappes une forte infusion de tabac.

INSECTES NUISIBLES A DIVERSES CULTURES.

Un grand nombre d'insectes, sans exercer des ravages comparables à ceux des insectes ci-dessus indiqués, nuisent à divers degrés aux produits des champs et des jardins, et il est au pouvoir de l'homme d'arrêter leurs ravages. La liste en est assez étendue; elle comprend : 1° le *han-*

neton; 2° l'*altise;* 3° le *puceron;* 4° le *carpocapsa;* 5° la *courtilière;* 6° la *bruche;* 7° la *fourmi;* 8° la *guêpe;* 9° le *perce-oreille.* Les cinq premiers insectes de cette liste sont de beaucoup les plus nuisibles.

Hanneton. Le hanneton est un des insectes les plus volumineux de l'ordre des coléoptères. Ce qui le rend particulièrement nuisible, c'est la lenteur de son développement. Les œufs déposés en terre par la femelle du hanneton au fond d'un trou de forme cylindrique donnent naissance à des larves qui ne mettent pas moins de trois ans à subir leurs transformations. La larve du hanneton, bien connue sous les noms vulgaires de *truie, man* ou *ver blanc,* est souterraine; elle se nourrit des racines qu'elle trouve à sa portée, sans jamais venir au dehors. Tous les ans, à l'entrée de l'hiver, elle s'enfonce assez avant dans le sol pour que la gelée ne puisse l'atteindre; là, elle s'endort d'un sommeil léthargique pour se réveiller au printemps de l'année suivante, à l'époque de la reprise de la végétation. Bien des moyens ont été proposés pour la destruction du ver blanc, ou larve du hanneton; tous sont inefficaces ou impraticables. Un seul aurait des résultats certains : ce serait la recherche des hannetons, qui, le soir, s'accrochent par leurs pattes à l'envers des feuilles des arbres, où ils restent engourdis jusqu'au lendemain vers 10 ou 11 heures du matin sans pouvoir prendre leur vol. En secouant les arbres, on fait tomber à terre les hannetons, qu'il est facile de ramasser pour les détruire. Mais il faudrait que cette chasse au hanneton fût rendue obligatoire par la loi, comme l'échenillage, et qu'elle fût pratiquée partout les mêmes jours avec ensemble; autrement le hanneton, qui peut voler longtemps, se répandrait pour opérer la ponte de ses œufs dans les champs et les jardins d'où il aurait été chassé, et ce serait toujours à recommencer.

La luzerne et le sainfoin, dont les longues racines offrent au ver blanc une abondante nourriture, sont fréquemment ravagés par cette larve d'une incroyable voracité; il n'y a qu'un seul moyen de l'en écarter. Le chou, le colza, le navet, et en général toutes les plantes de la famille des crucifères, sont épargnés par le ver blanc; s'il est en contact avec les mêmes plantes en décomposition, il meurt en quelques minutes. Dans un champ qu'on se propose d'ensemencer en luzerne, on sème, à la fin d'août ou dans les premiers jours de septembre, de la graine de colza sans la ménager. Quand la plante atteint la hauteur de 25 à 30 centimètres, elle est enfouie par un labour profond. Tous les vers blancs qui se trouveront dans le sol en contact avec le colza enfoui seront tués; il ne restera dans le sous-sol que ceux de la dernière ponte, mais la prairie artificielle à créer sera toujours débarrassée de ses plus dangereux ennemis. La navette et les diverses espèces de navets peuvent être cultivées de la même manière comme engrais végétal, et opérer de même la destruction partielle des vers blancs.

C'est encore au même procédé qu'il faut avoir recours pour préserver dans les pépinières les racines des jeunes arbres. Quand le sol d'une pépinière est infesté de vers blancs, comme ce sol est parfaitement nettoyé, les vers blancs n'y trouvent pas d'autre nourriture que les racines des jeunes arbres; ils les dévorent jusqu'au collet. Si l'on a pris la précaution d'enfouir préalablement dans le sol du colza ou des navets obtenus en récolte dérobée, outre l'avantage de donner à la terre un supplément d'engrais végétal, le pépiniériste y trouve celui de faire périr le plus grand nombre des vers blancs, ce qui permet aux jeunes arbres de se développer et de former leurs racines. Il arrive aussi trop souvent qu'une plantation de jeunes pommiers de paradis périt en entier lorsqu'elle est faite dans un terrain où les vers blancs fourmillent ; on en écarte l'ennemi en mêlant à la terre qu'on rejette sur les racines des pommiers des feuilles de chou ou des navets grossièrement hachés.

Le fraisier est parmi les plantes cultivées dans le potager celle dont le ver blanc attaque les racines de préférence à toute autre. Quand il s'agit d'établir une grande fraisière, on opère, pour réduire le nombre des vers blancs, comme pour le sol de la pépinière. Mais, quand la fraisière ne doit pas occuper un grand espace, on peut recourir à un autre procédé d'une efficacité plus certaine. La plate-bande que les fraisiers doivent occuper est défoncée à la profondeur d'un fer de bêche ; toute la terre en est enlevée et déposée sur les côtés. On étend au fond de la fosse un lit d'un décimètre d'épaisseur de feuilles sèches de châtaignier qu'on piétine fortement ; puis la terre est remise par-dessus, et les fraisiers y sont plantés à la distance ordinaire. La feuille coriace du châtaignier est la seule qu'on puisse employer pour cet usage avec la certitude du succès. Sa substance solide reste des années en terre sans se décomposer ; elle offre aux mandibules du ver blanc une résistance telle qu'il lui est impossible de franchir cet obstacle et d'arriver jusqu'aux racines du fraisier. Le châtaignier est assez commun en France pour que ce moyen de conservation soit applicable à peu près partout aux fraisières de peu d'étendue. A défaut de feuilles de châtaignier, on peut se servir des feuilles sèches de l'orme, en en mettant quelques centimètres de plus ; mais la garantie contre les attaques du ver blanc n'est pas aussi complète.

Chaque fois qu'on se propose d'établir une culture jardinière sur un terrain qu'on sait être infesté de vers blancs, avant d'y semer de la graine de colza ou de navets, on doit y amener, au moment où il est labouré à la bêche, un troupeau de dindons affamés. Les dindons recherchent les vers blancs avec un soin minutieux ; ils n'en laissent pas subsister un seul de ceux que le labour à la bêche met à découvert. Si tous les moyens qui viennent d'être indiqués étaient mis en usage avec ensemble et persévérance, les ravages des vers blancs, dont le chiffre représente annuellement un grand nombre de millions, seraient sensiblement réduits. Mais, on le répète, ce n'est pas le ver blanc qu'il faut tâcher de détruire, c'est le hanneton, auquel il faudrait, tous les printemps, faire une chasse assidue et obligatoire partout où il se montre ; en quelques années, il aurait complétement disparu et il ne serait plus question du ver blanc.

Altise. L'insecte que les naturalistes nomment Altise est connu dans les campagnes sous les noms vulgaires de *tiquet* et de *puce de terre*. Cet insecte, de l'ordre des coléoptères, doit son second surnom à la facilité qu'il possède de sauter comme la puce à l'approche d'un danger, pour se laisser tomber sur le sol et se tenir blotti sous une motte de terre, où il est très-difficile de l'apercevoir. Les ravages, souvent très-sérieux, exercés par l'altise dans les champs cultivés tiennent à cette particularité, qu'elle vit exclusivement aux dépens des plantes de la famille des crucifères, spécialement aux dépens des choux, du colza et des navets. L'altise suffirait à elle seule pour rendre impossible la culture de ces plantes, si elle pouvait s'en nourrir à toutes les périodes de leur végétation ; heureusement il n'en est rien. L'altise ne peut attaquer les plantes de la famille des crucifères que dans les quinze premiers jours qui suivent leur sortie de terre ; une fois qu'elles ont pris un certain développement, les mandibules de l'altise n'ont plus la force de les entamer, et ces plantes n'ont plus rien à craindre de leurs attaques.

La vie de l'altise présente un phénomène qui ne manque jamais d'exciter l'étonnement des cultivateurs, et dont en effet, il semble assez difficile de se rendre compte. Au moment où l'on sème, par exemple, de la graine de navet, le champ qu'on vient d'ensemencer, exploré avec le plus grand soin, ne présente pas une seule altise ; au bout de quelques jours, quand la graine de navet commence à lever, les altises s'y montrent en grand nombre ; bientôt elles y pullulent à tel point que le jeune plant est dévoré sans qu'il en reste de traces : les semis sont à recommencer. Ce fait, réellement extraordinaire, n'a reçu que de nos jours son explication, par suite des observations d'un entomologiste doué de beaucoup de patience, M. le Keux, qui a fait une étude particulière des mœurs et de la manière de vivre de l'altise.

De même que le hanneton et quelques autres coléoptères, l'altise est au nombre des insectes qui mangent sous leur forme définitive d'insecte parfait comme sous celle de larve. L'observation démontre que la durée de l'existence de tous les insectes sous leur dernière forme est proportionnée au temps qu'il faut à la femelle pour effectuer la ponte de ses œufs ; les papillons femelles, par exemple, pondent tous leurs œufs à la fois, et meurent de leur mort naturelle dès que la ponte est terminée : ces insectes n'ont donc aucun besoin d'aliments et, en effet, ils ne mangent pas. La femelle de l'altise ne pond qu'un œuf à la fois, et n'en pond qu'un seul par jour ; il y en a même qui ne pondent que tous les deux jours, ainsi que l'a vérifié M. le Keux. La ponte ne dure pas moins de vingt à vingt-cinq jours ; il a fallu trente jours à l'insecte pour passer par toutes ses métamorphoses : les œufs éclosent environ dix jours après qu'ils ont été pondus, de sorte que l'altise donne au plus quatre ou cinq générations pendant le cours de la belle saison. Ce qui a rendu pendant si longtemps les œufs et les larves de l'altise si difficiles à découvrir, c'est que la femelle les pond toujours *à l'en-*

vers des feuilles des plantes crucifères, et qu'en outre ces œufs, excessivement petits, sont du même vert que la feuille sur laquelle ils ont été déposés. La larve se loge dans l'épaisseur des côtes de la feuille sur laquelle elle est née ; et, comme elle est fort petite et qu'elle mange fort peu, sa présence n'arrête pas la croissance de la plante. Celle qui lui sert le plus souvent d'asile est la moutarde, ou sénevé sauvage, plante très-commune à l'état de mauvaise herbe dans les champs de céréales, particulièrement dans ceux d'avoine. Lorsque l'altise, soit au moment de sa renaissance à l'état d'insecte parfait, soit pendant la durée de sa ponte, ne trouve pas à sa portée des aliments qui lui conviennent, elle s'enterre et s'endort, ce qui lui permet de supporter assez longtemps la disette. Quand la faim la réveille, elle sort de terre, et, si les vivres lui manquent encore, elle meurt de faim ; mais ce malheur doit lui arriver rarement. La sanve, la roquette et une foule de plantes sauvages de la famille des crucifères suffisent pour perpétuer sa race dans le voisinage des champs cultivés ; et comme, chez cet insecte, le sens de l'odorat paraît être très-développé, l'altise accourt de très-loin, en sautant, vers les champs de plantes crucifères récemment levées, où elle vient se dédommager d'un long jeûne forcé. M. le Keux a observé un champ de navets en proie à des milliers d'altises ; celles-ci sortaient d'un champ de trèfle, à peu de distance du premier. Le trèfle avait crû dans un seigle où il se trouvait beaucoup de sanve (sénevé, moutarde sauvage) ; la graine de sanve avait levé sous le trèfle, qui n'avait pas tardé à l'étouffer : mais, avant de périr, la sanve avait alimenté des légions d'altises qui, sentant des navets à peu de distance, s'étaient jetées en masse sur cette nouvelle pâture. L'invasion subite d'un champ de plantes crucifères par l'altise a toujours pour explication quelque fait de cette nature.

Dans les cantons où l'altise attaque habituellement les champs de plantes crucifères, il n'y a qu'un moyen de la combattre, et ce moyen ne manque jamais son effet. On fume largement le sol qui doit recevoir la semaille, et, pour faire la part des altises, on répand environ un quart de graine de plus que de coutume. Dans ces conditions, le plant pousse si vite qu'il est bientôt assez ferme pour défier les mandibules de l'altise ; celle-ci en a dévoré une partie, mais elle n'a fait qu'éclaircir le plant, et la récolte n'est pas compromise. Elle ne peut être complétement détruite par l'altise que quand le sol ensemencé est maigre, mal fumé et que la semaille est trop claire. Dans ce cas, les plantes végètent pauvrement, lentement, et les altises ont le temps de tout dévorer.

Dans la culture jardinière, s'il arrive que les semis de graine de chou, de chou-fleur, de navet, ou d'autres plantes de la famille des crucifères, soient envahis par l'altise, ces semis n'occupant jamais une bien grande surface, on y peut tuer les altises en répandant dessus quelques arrosoirs d'une forte infusion de gros tabac à fumer dit *tabac de caporal.*

Le puceron, remarquable entre tous les insectes par la rapidité prodigieuse de sa multiplication, commet dans les champs, les vergers et les jardins des dégâts sérieux, souvent difficiles à prévenir. L'agriculture compte au nombre de ses ennemis le *puceron vert*, le *puceron noir* et le *puceron lanigère*. Le puceron vert est le plus commun des trois ; c'est celui qu'on rencontre le plus fréquemment dans les jardins, où il attaque de préférence les jeunes pousses des rosiers et celles de quelques arbres fruitiers. S'il bornait là ses dégâts, le mal ne serait pas grand ; quelques bouffées de tabac suffiraient pour empêcher les pucerons de pulluler. Mais, quand il envahit des champs de colza de plusieurs hectares de superficie, il ne faut plus songer aux fumigations pour le combattre. Le puceron vert n'attaque pas le colza d'hiver, parce que cette plante, à moins que la température ne soit tout à fait exceptionnelle, fleurit et forme sa graine à une époque de l'année où il n'y a pas encore de pucerons ; il envahit au contraire le colza de printemps, dont la floraison coïncide avec la saison la plus favorable à la multiplication de toute espèce d'insectes, à celle du puceron vert en particulier. Si cette particularité n'était pas parfaitement connue, la culture du colza de printemps serait impossible; elle ne peut réussir que quand on a semé assez tard pour que la saison des pucerons soit passée quand le colza de printemps entre en fleurs. Les prévisions des cultivateurs à ce sujet les trompent encore assez souvent, et beaucoup de champs de colza de printemps, quoique semés assez tard , sont de temps à autre la proie des pucerons verts, qui sucent les tiges et les siliques ; celles-ci restent vides, de sorte que le colza ne vaut pas la peine d'être récolté. Dans tout le nord de la France, on dit qu'un colza de printemps est perdu *quand il a vu le soleil de mai*. Ce dicton n'a pas raison tous les ans ; quand on sème trop tard, on craint moins le puceron, il est vrai, mais la graine du colza de printemps n'arrive pas à maturité, et son produit est presque nul.

Ainsi, un seul insecte, si petit, si faible qu'un souffle suffit pour le tuer, s'oppose, par la seule puissance de sa reproduction, à une culture qui, sans lui, serait une des plus avantageuses pour nos départements au nord de la Loire. Le remède contre l'invasion du puceron vert dans les champs de colza de printemps est encore à trouver.

C'est une question non encore résolue par les naturalistes, que celle de savoir si le *puceron noir*, qui se montre exclusivement sur la fève de marais et sur la fève à cheval, ou féverole, est le même que le puceron vert ou s'il constitue une espèce distincte. La forme des deux insectes est la même; leur mode de reproduction rapide est le même : ils semblent ne différer que par la couleur. On sait qu'en se desséchant, les siliques et les feuilles de toutes les variétés de fèves se colorent en noir violet; il n'y a rien d'impossible à ce que le suc de la plante communique au puceron vert la même nuance. Quoi qu'il en soit, quand un champ de fèves est attaqué du puceron et qu'on s'en aperçoit à temps, il faut sans tarder mettre à l'œuvre des femmes et des enfants, et leur faire couper et mettre dans des paniers les sommités des tiges chargées de pucerons. C'est toujours au sommet des plantes que le puceron noir se montre en premier lieu. S'il n'y a pas eu de temps perdu, l'opération peut faire disparaître les pucerons ; si l'on a commencé cette chasse seulement quelques heures trop tard, la plante entière est envahie en si peu de temps qu'il n'y a pas de remède. Dans les jardins, où la fève n'occupe jamais un grand espace, des fumigations de tabac ou des arrosages avec une forte infusion de tabac ont facilement raison du puceron noir.

Le *puceron lanigère* porte très-improprement le nom de puceron, car il n'appartient pas, comme les deux précédents, au genre *aphis*, nom que porte en histoire naturelle le puceron véritable. Le puceron lanigère, qui doit son surnom à la laine blanche dont son corps est couvert, appartient aux *gallinsectes* ; c'est une sorte de punaise dont le mode d'existence et de reproduction n'est pas encore très-exactement connu : on sait seulement qu'il multiplie avec une prodigieuse rapidité, c'est tout ce qu'il a de commun avec les autres pucerons. Chaque année, après la chute des feuilles, ce puceron descend le long du tronc des pommiers et s'enterre, en se cramponnant à l'écorce des racines, à une assez grande profondeur pour que le froid ne puisse l'atteindre. Le pommier est le seul des arbres fruitiers de nos vergers aux dépens duquel le puceron lanigère puisse vivre, et même, parmi les pommiers, il n attaque que les pommiers à fruit doux ou peu acide ; les pommiers à fruits aigres ou acerbes ne lui conviennent pas. Au printemps, le puceron lanigère remonte au dehors ; il suce l'écorce, sur laquelle il fait naître des plaies qui finissent par causer infailliblement la mort de l'arbre. L'Europe n'a pas toujours été en proie aux ravages de ce pernicieux insecte ; sa première apparition a été signalée en Angleterre dès 1787 ; on a constaté sa présence dans les vergers du nord de la France en 1812 ; six ans après, en 1818, on l'observait dans les environs de Paris. Ce n'est qu'en 1822 que le puceron lanigère a tout à coup envahi les riches vergers de la Seine-Inférieure, de l'Eure et du Calvados ; il y fit périr en quelques années un dixième de tous les pommiers. Si la Normandie n'avait eu que des pommiers à fruit doux ou légèrement acides, c'en était fait de la production du cidre. Heureusement, après de nombreux essais sans résultat, le procédé du *coulinage*, qui consiste à flamber les pommiers comme des volailles avant la reprise de leur végétation, vint mettre un terme aux dégâts causés par le puceron lanigère. (Voyez *Arbres fruitiers.*)

Courtilière. La grande culture n'a rien à démêler avec la courtilière, aussi nommée *taupe-grillon*, qui exerce exclusivement ses ravages dans les jardins potagers. En vieux français, les potagers étaient désignés sous les noms de *cortils* ou *courtilles*, d'où dérive le nom de la courtilière. Son surnom de *taupe-grillon* est justifié par cette particularité, que la courtilière habite sous terre, où elle creuse des galeries comme la taupe, et que, par le froissement de ses ailes contre ses élytres, elle fait entendre ce bruissement nommé par les naturalistes *stri-dulation*, que produisent également, comme moyen d'appel, la cigale, la sauterelle et le grillon.

La courtilière est un insecte hideux de l'ordre des *orthoptères*, qui ne ressemble que de loin aux autres insectes. Au lieu d'être distincte du corps, sa tête est emboîtée dans le corselet presque à la manière de celle de l'écrevisse ; ses deux premières pattes sont deux pinces dentées, très-solides, qui lui servent à creuser ses galeries, aboutissant, comme celles de la taupe, à une sorte de salle centrale dans laquelle la courtilière dépose ses œufs au nombre d'environ 300. Les petits naissent blancs ; ils deviennent promptement bruns, puis noirs, et ils restent noirs toute leur vie. La courtilière ne met pas moins de trois ans à acquérir son développement complet, et pendant tout ce temps elle semble tourmentée par une faim que rien ne peut rassasier. Ses galeries, comme celles de la taupe, ont pour but la recherche des vers de terre et des larves d'insectes, sa principale ressource alimentaire; cependant, faute de mieux, elle se contente quelquefois de ronger des racines tendres et de saveur douce, comme celles de la laitue et de la raiponce. La courtilière, dans le potager, habite de préférence l'intérieur des couches, dont la chaleur lui convient, et qui recèlent ordinairement beaucoup de vers et d'insectes. Quand une couche est infestée de courtilières, aucune végétation ne peut s'y maintenir ; la courtilière, qui pousse ses galeries droit devant elle, coupe toutes les racines qui lui font obstacle, et cause ainsi la mort des plantes cultivées sur les couches, quoiqu'elle ne se nourrisse de racines que par exception. Quand la couche ne doit servir qu'à élever du plant de choux précoces, de brocolis, de choux-fleurs ou d'autres plantes également rustiques, on l'inonde de plusieurs seaux d'urine de vache chauffée à 30 ou 40 degrés. Cet arrosage envahit les galeries des courtilières, et fait périr les insectes, leurs œufs et leur postérité de divers âges. Mais, quand la couche doit servir à la culture du melon ou à celle d'autres plantes également délicates, en la saturant d'urine tiède de vache, on en détruirait la chaleur propre, et ces plantes ne pourraient plus y croître. On ne peut, dans ce cas, opposer aux courtilières que le procédé suivant. Des pots à fleurs ordinaires sont enterrés dans la couche, à la moitié ou au tiers de son épaisseur ; la courtilière, en creusant ses galeries, rencontre les bords des pots, elle y tombe et ne peut plus en sortir. Ce moyen de destruction n'atteint pas toutes les courtilières que contient une couche, et ne peut rien contre l'éclosion de leurs œufs ; mais il permet d'en détruire assez pour que la culture des melons **sur** la couche ne soit pas rendue impossible.

Fourmi. La fourmi ne nuit point aux produits principaux de l'agriculture au même degré que les insectes décrits ci-dessus ; mais elle est avec raison rangée parmi les insectes à la fois les plus nuisibles et les plus incommodes. Quoiqu'elle ne pique pas, dans le vrai sens du mot, car elle est dépourvue d'aiguillon, son suçoir produit l'équivalent d'une vraie piqûre ; celui de la grosse fourmi brune des bois (*fourmi polyergue*) donne lieu à une petite plaie très-douloureuse. Les fourmis, grosses ou petites, sont surtout nuisibles par leur nombre ; dans les jardins, elles attaquent les plus beaux fruits au moment de leur maturité : dans les habitations, où elles pénètrent souvent à la campagne, l'odeur qu'elles communiquent à tout ce qu'elles touchent est cause qu'elles gâtent les mets et les provisions, et, quoiqu'elles ne puissent pas donner lieu à de véritables empoisonnements, si l'on mange par mégarde des aliments dans lesquels des fourmis se sont noyées, on peut en être sérieusement incommodé. Heureusement, tout aliment dans lequel sont tombées des fourmis devient par cela seul d'une saveur et d'une odeur tellement répugnantes, qu'on est suffisamment averti de n'en pas manger. C'est que la fourmi contient tout formé le principe isolé de nos jours par la chimie sous le nom de *chloroforme*, dont on connaît les propriétés dangereuses.

La fourmi appartient à l'ordre des *hyménoptères* et au groupe des hyménoptères sociaux. Comme l'essaim des abeilles, la fourmilière contient trois classes distinctes : les *femelles*, les *mâles*, et les *ouvrières* privées de la faculté de se reproduire. Les femelles et les mâles sont ailés; la fécondation des femelles ne peut avoir lieu que pendant le vol. Les femelles fécondées, lorsqu'elles rentrent à la fourmilière pour commencer leur ponte, sont attendues à l'entrée par les ouvrières, qui leur ôtent leurs ailes. Cet organe des fourmis femelles adhère peu ; la privation de ses ailes ne paraît pas être douloureuse pour la fourmi femelle : il en résulte seulement qu'elle ne pond qu'une fois, car, ne pouvant plus être fécondée, il est probable qu'elle meurt naturellement après avoir terminé sa portée. Tel est aussi le sort des mâles, qui meurent d'épuisement aux alentours de la fourmilière quand les femelles sont fécondées.

Sans entrer dans les détails, fort curieux du reste, des mœurs des fourmis, on en signale seulement deux traits principaux, savoir : le souci qu'elles prennent de nourrir les vers, ou larves, improprement nommés œufs de fourmis, qui sont l'espoir de leur colonie, et la peine qu'elles se donnent pour l'éducation des jeunes fourmis. On voit, en effet, dans la saison de l'éclosion, chaque vieille fourmi ouvrière accompagnée d'une fourmi nouvellement née, reconnaissable à sa petitesse et à sa couleur moins foncée que celle des anciennes ; la jeune fourmi fait sous la conduite d'une ancienne un véritable apprentissage : elle est conduite dans tous les recoins de l'habitation commune, puis instruite à aller aux provisions et à donner à manger aux larves, après quoi elle s'acquitte toute seule de ces diverses fonctions.

Dans les bois, les forestiers ne détruisent les grandes fourmilières de fourmis polyergues que pour les utiliser, ainsi que les larves qu'elles contiennent, à la nourriture des jeunes couvées de perdreaux et de faisans. A cet effet, le soir, après le coucher du soleil, toutes les fourmis étant rentrées au logis, on pose sur la fourmilière un sac renversé dont les bords sont maintenus écartés par de grosses pierres. Cela fait, deux hommes armés chacun d'une pelle fouillent dans la fourmilière par-dessous, ce qui réveille en sursaut les fourmis. Toutes, cherchant à fuir, montent dans le sac emportant les larves avec elles ; le sac est alors enlevé avec précaution, solidement fermé, et porté dans un four dont le pain vient d'être retiré. Les fourmis et leurs larves y sont promptement étouffées et desséchées; en cet état, elles peuvent être conservées indéfiniment pour le service de la faisanderie.

Dans les jardins, on peut, le soir à la nuit tombante, verser dans les galeries souterraines pratiquées par les petites fourmis noires de l'eau bouillante mêlée d'un peu d'huile à brûler, ce qui en fait périr un grand nombre à la fois. Mais, le plus souvent, ce procédé n'est pas praticable, parce que les fourmis ont creusé leurs galeries dans des plates-bandes occupées par des cultures, que l'eau bouillante contrarierait encore plus que la présence de la fourmi noire. Le vrai remède consiste à rechercher dans la campagne et à installer dans le jardin, où ils ne tardent pas à multiplier, des *carabes dorés*, très-bel insecte aux élytres vert et or, connu sous le nom vulgaire de *jardi-*

nière. Les jardinières, dont les fourmis noires et leurs larves sont la principale nourriture, leur font une guerre acharnée et ne tardent pas à en délivrer le potager.

Guêpe. La guêpe est plus nuisible à l'homme que la fourmi, dans ce sens qu'elle est pourvue d'un formidable aiguillon dont elle fait assez souvent usage aux dépens de nos visages et de nos mains. Une seule piqûre de guêpe ne cause qu'une enflure locale douloureuse mais passagère; mais, si l'on met imprudemment, selon l'expression vulgaire, la tête dans un guêpier, si l'on attire contre soi la colère de tout un essaim de guêpes et que l'on soit atteint de piqûres nombreuses, on peut en être sérieusement malade. Pour une piqûre isolée, le seul remède efficace consiste à laver la plaie avec de l'eau mêlée de quelques gouttes d'ammoniaque liquide. Quand les piqûres sont nombreuses et que la fièvre survient, il faut suivre un traitement que le médecin seul peut convenablement appliquer.

Dans les jardins, les dégâts commis par les guêpes, qui attaquent particulièrement le raisin sur les treilles, prennent quelquefois des proportions déplorables. Il n'est pas difficile, avec un peu d'attention apportée à observer les allures des guêpes, de découvrir le guêpier, soit dans le jardin, soit aux environs. Quand le quartier général de l'ennemi est reconnu, on y verse le soir, après le coucher du soleil, de l'eau bouillante mêlée de quelques cuillerées d'huile à brûler ; la destruction des guêpes s'opère ainsi complétement et sans danger.

Comme la fourmi, la guêpe fait partie des insectes hyménoptères sociaux. Les sociétés de guêpes sont annuelles; la guêpe mère, plus grosse du double que les ouvrières et les mâles, survit seule aux premiers froids de l'arrière-saison : les ouvrières et les mâles naissent et meurent dans le courant de la belle saison. La guêpe mère, demeurée seule, va s'enfermer dans quelque trou à l'exposition du midi, et s'y engourdir jusqu'au retour du printemps. A son réveil, il faut que, seule, sans le secours de personne, elle construise le guêpier, opère la ponte des œufs fécondés qu'elle a gardés de l'année précédente, nourrisse les larves nées de ces œufs, et attende la naissance des premières guêpes ouvrières, pour pouvoir obtenir un peu de relâche à des travaux qui semblent au-dessus de ses forces.

La guêpe fait du miel aussi bon que celui de l'abeille tant qu'elle trouve des fleurs ; à défaut de fleurs, elle tue divers insectes, et les réduit en pâte pour nourrir ses larves. Qnand elle fait du miel, elle n'en fait jamais que pour les besoins du moment, parce que, ne devant pas manger elle-même, et ne devant avoir personne à nourrir pendant l'hivernage, elle n'éprouve pas le besoin de faire des provisions. Une grande partie des guêpes mères périt par le froid pendant l'hiver ; une autre est la proie des oiseaux insectivores ; le peu qui subsiste ne serait pas bien difficile à détruire, et cet insecte nuisible disparaîtrait complétement, si l'on apportait assez de soin et d'attention dans la recherche et la destruction des guêpiers.

Bruche. Les naturalistes désignent sous le nom de *mylabre* l'insecte connu sous son nom vulgaire de *bruche*, de l'ordre des coléoptères. Cet insecte, d'un gris brun, marqué d'une croix blanche très-visible à la loupe, mais qu'on distingue très-difficilement à l'œil nu, attaque tout spécialement les plantes de la famille des légumineuses, et les attaque toutes de la même manière. La femelle, par suite de cet instinct particulier dont toutes les femelles d'insectes sont douées au même degré, pique avec la pointe qui termine son corps, et qu'on nomme *oviducte*, la cosse ou silique des pois, des fèves, des vesces et des lentilles, tandis que cette cosse est encore verte et que le grain commence à s'y former. Dans chaque grain, dont elle reconnaît très-bien la place à travers l'épaisseur de la cosse, elle dépose un seul œuf, comme si elle craignait, en en déposant plusieurs, d'exposer les larves qui naîtront de ces œufs à s'affamer réciproquement. L'œuf éclôt au bout de quelques jours ; le ver, ou larve, qui en sort donne une singulière preuve d'instinct ; il ronge peu à peu, et sans l'empêcher de continuer à croître, la substance de la graine sans jamais attaquer le germe qu'elle contient, sans la priver par conséquent de la faculté de germer. Il en résulte que les pois, par exemple, quand ils sont verreux, c'est-à-dire attaqués de la bruche, s'ils ne sont plus bons pour la cuisine, sont encore bons pour le jardin ; on peut les semer avec la certitude qu'ils lèveront comme les autres. Quand la larve de la bruche est sur le point de subir sa dernière transformation, elle perce, avant de s'engourdir en passant à l'état de nymphe, la peau du pois et la paroi de la cosse qui le contient. Si la nature n'avait pas donné cet instinct à la larve de la bruche, l'insecte parfait, n'ayant pas la force d'accomplir ce dernier travail, périrait étouffé et la race des bruches serait éteinte.

Lorsqu'on bat ou qu'on écosse des pois secs, on y trouve toujours plus de pois attaqués de la bruche qu'il n'y en avait au moment de la récolte ; beaucoup de pois contenaient des œufs ou des larves récemment écloses dont, en raison de leur excessive petitesse, rien ne signalait la présence, et qui ont passé plus tard à l'état de nymphes, puis à celui d'insectes parfaits : c'est ce qu'il est impossible d'empêcher. S'il s'agit seulement d'une petite provision de pois, fèves ou lentilles pour la consommation d'un ménage, on peut passer ces légumes secs à l'eau bouillante pendant quelques secondes, les en retirer aussitôt, et les faire sécher. Cette opération, rapidement exécutée, aura suffi pour faire périr les œufs et les larves naissantes des bruches.

Forficule, ou *Perce-oreille*. Les naturalistes nomment *forficule* l'insecte qu'on nomme vulgairement *perce-oreille*. Ce nom ne vient pas de l'habitude qu'on attribue bien à tort à cet insecte de s'introduire dans l'oreille de l'homme et de lui percer le tympan (méfait dont il est parfaitement incapable), mais uniquement des deux appendices par lesquels il se termine, et qui offrent une certaine ressemblance avec l'instrument dont les orfévres se servent pour percer les oreilles afin d'y suspendre des pendants d'oreilles ou des anneaux. Il demeure donc prouvé que le perce-oreille est inoffensif par rapport à l'homme, auquel il ne fait ni ne peut faire aucun mal personnel; mais il commet des dégâts considérables dans le jardin fruitier, où il endommage les plus beaux fruits, sans même attendre qu'ils soient parfaitement mûrs, et dans le parterre, où il dévore, lorsqu'on le laisse faire, les boutons des œillets près de s'épanouir : c'est ce qui lui donne droit à une place parmi les insectes nuisibles.

Bien des gens qui n'ont observé le perce-oreille que superficiellement et pendant le jour ne se doutent même pas de la présence des ailes chez cet insecte. Les ailes du forficule, ou perce-oreille, sont longues et fortes ; il ne s'en sert que la nuit, mais alors il vole longtemps, rapidement, et peut franchir en volant de grandes distances. Le reste du temps, ses ailes membraneuses sont repliées sous ses élytres comme les plis d'un éventail, et rien ne décèle leur présence. On fait observer à ce sujet que le perce-oreille, appartenant comme la courtilière à l'ordre des *orthoptères*, ne subit pas ses transformations de la même manière que les coléoptères et les papillons. A sa naissance, le jeune perce-oreille ressemble tout à fait, sauf la taille, au même insecte adulte; avant de le devenir, il change trois fois de peau, et c'est seulement après le troisième changement de peau qu'il prend ses ailes. C'est pourquoi l'on peut observer fréquemment des perce-oreilles ayant à peu près toute leur grosseur, et qui sont dépourvus d'ailes, cet organe étant seulement sur le point de se développer.

L'un des traits de l'instinct de la femelle du perce-oreille mérite d'être signalé. Quand elle a, selon son habitude, déposé ses œufs sous une pierre ou dans quelque autre situation qu'elle juge favorable à leur éclosion, elle ne les perd pas de vue, comme le font les femelles des autres insectes, qui d'ailleurs, pour la plupart, meurent de leur mort naturelle aussitôt après avoir pondu. Le perce-oreille femelle, doué de plus de longévité, surveille assidûment ses œufs. Si le lieu où ils ont été primitivement déposés ne lui semble pas suffisamment sûr, la femelle les prend, les emporte, et va leur chercher un autre asile qui lui semble offrir plus de chances de sécurité. Il n'est pas vrai, comme l'ont affirmé quelques auteurs, que la femelle du perce-oreille se préoccupe, après l'éclosion de ses œufs, du sort de sa postérité ; elle cesse de s'en occuper, et, en effet, ses petits n'ont aucun besoin des soins maternels.

Dans les jardins, on détruit les perce-oreilles en suspendant aux branches des arbres fruitiers en espalier chargés de fruits près de mûrir des sabots de veaux ou de moutons récemment abattus ; les forficules, jeunes ou vieux, y sont attirés par l'odorat et s'y réfugient en foule pour passer la nuit. On peut, de grand matin, avant qu'ils soient éveillés, les y surprendre pour s'en défaire. Le même procédé réussit également pour préserver les boutons des œillets des attaques du perce-oreille.

Carpocapsa. L'insecte auquel les naturalistes donnent le nom de carpocapsa n'a pas de nom vulgaire. On doit d'autant plus s'en étonner que c'est un des plus répandus dans tous les vergers de l'Europe, et l'un de ceux qui commettent le plus de dégâts. Quelques naturalistes, com-

parant les dommages causés aux arbres fruitiers à ceux
que la pyrale cause dans les vignobles, ont proposé pour
le carpocapsa le nom de *pyrale des fruits*; mais ce nom
n'a pas prévalu. Le carpocapsa appartient à l'ordre des
lépidoptères (papillons); à l'état d'insecte parfait, c'est un
très-petit papillon gris, d'autant moins remarqué qu'il tient,
comme l'alusite et les teignes, ses ailes habituellement
repliées sur son dos, ce qui lui fait occuper très-peu de
place, et qu'il reste constamment, pendant sa courte existence, accroché à l'envers des feuilles des arbres fruitiers.
Si le carpocapsa ne vit pas longtemps comme papillon,
il vit fort longtemps au contraire à l'état de larve ou de
chenille, car c'est une véritable chenille, comme toutes
les larves qui doivent donner naissance à un papillon. L'époque de la ponte des œufs du carpocapsa coïncide avec celle
où le plus grand nombre des arbres à fruits à pepins commencent à passer en fleur. La femelle du carpocapsa dépose
un œuf dans la tête de chaque fruit naissant parvenu à la
grosseur d'un pois. L'œuf ne tarde pas à éclore; la chenille,
excessivement petite, se creuse immédiatement une galerie
qui pénètre jusqu'au cœur du fruit, ce qui ne l'empêche
pas de grossir. Quand le fruit approche de sa maturité, la
chenille, déjà grosse, reprend le même chemin en sens contraire: elle part du centre du fruit pour arriver à sa circonférence, en sortir par un trou circulaire, et aller subir ses
dernières transformations dans un lieu à sa convenance.
Le plus souvent, le fruit qui renferme une chenille de carpocapsa tombe avant sa maturité; il y a des années où ces
chenilles sont en si grand nombre que les arbres à fruits
à pepins ne conservent pas un seul fruit.

Quoique les chrysalides du carpocapsa résistent facilement au froid des hivers les plus rigoureux du climat européen, cet insecte disparaît pour plusieurs années à la suite
d'un hiver rude et prolongé, et ne se montre plus qu'en

rares échantillons. C'est que, dans les hivers doux, les roitelets, les grimpereaux et les autres petits oiseaux insectivores, trouvant d'autres insectes en abondance, négligent de rechercher les chrysalides du carpocapsa dans les crevasses de l'écorce des arbres fruitiers ; ils n'en laissent pas une seule, au contraire, quand l'hiver est dur et que les vivres leur manquent.

Quand les circonstances ont été favorables à la multiplication du carpocapsa et de ses larves, on dit vulgairement que les fruits sont attaqués des vers, quoique la larve du carpocapsa ne soit point un ver dans le vrai sens de cette expression. La multiplication de cet insecte éminemment nuisible serait contenue dans des limites tolérables si les cultivateurs s'imposaient la loi de faire ramasser matin et soir les fruits qui tombent avant leur maturité. Ces fruits tombent presque tous avant que la chenille du carpocapsa en soit sortie ; en les sacrifiant, on se débarrasserait à la fois de ces ennemis de nos fruits et de leur postérité. Mais c'est ce qu'on néglige de faire habituellement, parce qu'on ignore en général que c'est après la chute du fruit véreux que la chenille du carpocapsa en sort pour aller s'enfermer dans sa chrysalide, et s'y transformer en papillon au printemps de l'année suivante.

Mouche. La mouche, surnommée à si juste titre par les naturalistes *mouche importune* (*musca importuna*), appartient à l'ordre des *diptères*, dans lequel elle figure comme type du groupe des *muscidés*. La mouche n'a pas d'aiguillon ; elle ne pique pas, dans le vrai sens de ce terme ; mais elle a une trompe, ou, pour parler plus exactement, une pompe aspirante, dont elle se sert pour absorber toute espèce de liquide. L'action de la pompe de la mouche sur la peau y produit fréquemment la sensation d'une piqûre, et, si la mouche, avant de se poser sur vos mains et sur votre visage, s'est abattue, afin d'y déposer ses œufs, sur ne charogne en putréfaction, elle peut vous inoculer la maladie, le plus souvent mortelle, du charbon. Dans les étables, les mouches, en tourmentant les bestiaux, s'opposent à l'engraissement des bœufs ainsi qu'à la formation du lait des vaches, ces animaux ayant besoin avant tout de la plus parfaite tranquillité. Pour les en délivrer, on ne peut employer de moyen plus simple et plus sûr que le procédé suivant. On ferme exactement toutes les ouvertures par lesquelles la lumière peut pénétrer dans l'étable. Au bout de quelques minutes, on entr'ouvre un volet du côté où le jour est le plus vif. Toutes les mouches, attirées par le rayon de lumière, sortent de l'étable par l'ouverture, qu'on a soin de refermer derrière elles.

Dans les cuisines et les chambres habitées, les mouches, à la campagne, sont souvent réunies en nombre intolérable. Rien de plus dangereux que les papiers empoisonnés et les poudres dont on se sert fréquemment pour tuer les mouches. Ces insectes, gonflés de poison, ne meurent pas sur-le-champ ; les mouches mortellement atteintes vont tomber dans les mets et les liquides, et peuvent donner lieu à de véritables cas d'empoisonnement. Il vaut beaucoup mieux recourir au moyen suivant.

On se procure une vieille couverture de registre hors de service ; on enduit de miel commun les deux surfaces intérieures du registre, qu'on pose debout, légèrement écartées, sur une table, dans le local où les mouches abondent. Bientôt les surfaces emmiellées sont littéralement noires de mouches ; on les rapproche brusquement, et toutes les mouches sont tuées d'un seul coup. Après quelques exécutions semblables, il ne reste plus de mouches dans l'appartement, sans qu'il ait été nécessaire de recourir à l'emploi dangereux des divers genres de *mort-aux-mouches.*

18*

OEstres. De même que la mouche commune, les *œstres* appartiennent à l'ordre des *diptères ;* ils attaquent les bestiaux, non pas tous indistinctement, mais chacun s'attaque à une espèce particulière : de sorte qu'il y a l'*œstre du bœuf*, l'*œstre du mouton* et l'*œstre du cheval.* Dans les pays où les animaux herbivores domestiques sont tenus proprement, les œstres multiplient peu, et causent peu de dommage. Dans les étables, les bergeries et les écuries tenues avec négligence, les œstres multiplient sans obstacle et font beaucoup souffrir les bestiaux, aux dépens desquels ils vivent à l'état de larve. Les œstres, à l'état d'insecte parfait, vivent tout juste le temps nécessaire pour la fécondation et la ponte des œufs, temps fort court ; de sorte qu'ils n'ont pas besoin de manger, et ne sont doués d'aucun organe servant à leur faire absorber une nourriture quelconque. L'œstre du bœuf dépose ses œufs dans la peau du dos de l'animal. La larve qui naît de l'œuf s'établit dans la substance de la peau ; elle y cause un bouton douloureux et une petite plaie qui finit par se cicatriser ; mais la place où la larve de l'œstre a vécu reste plus mince que le reste de la peau. Quand l'animal est abattu, si le tanneur qui achète sa peau y remarque un grand nombre de *clairs* causés par les larves des œstres, il en donne un prix beaucoup moindre que si la peau était exempte de ce genre de tare. La plus grande propreté, au besoin le soin de *bouchonner* les bestiaux, comme on le fait régulièrement en Belgique et dans tout le nord de la France, suffit pour écarter les œstres du bœuf, recherchés avec soin sur le dos même des bestiaux par la *mésange bergeronnette*, bien connue et respectée des vachers et vachères, qui apprécient ses services gratuits.

L'*œstre du mouton* pique, afin d'y déposer ses œufs, les naseaux de l'animal. Si on laisse faire la petite larve née de l'œuf de l'œstre, elle se creuse une galerie dans la chair de la joue du mouton, et elle en sort, non sans l'avoir rendu sérieusement malade, pour se laisser tomber sur le sol, s'enterrer et subir ses transformations. Heureusement la piqûre de l'œstre sur les naseaux du mouton y détermine un bouton très-visible au bout de quelques jours. Tout berger qui sait son métier ouvre, par une légère incision pratiquée avec un canif, le bouton produit par l'œstre ; il en fait sortir la larve, et la plaie se cicatrise d'elle-même. Si l'opération était faite par un maladroit, il en pourrait résulter une plaie plus dangereuse que ne l'est la présence de la larve de l'œstre dans la joue des bêtes à laine.

L'œstre du cheval présente dans son existence à l'état de larve des phénomènes imparfaitement expliqués. La femelle dépose des œufs, non pas *dans*, mais *sur* la peau du cheval, à la base des poils, ce qui donne lieu à des démangeaisons qui forcent l'animal à se lécher. Sa langue emporte les œufs des œstres, qui sont ainsi entraînés dans les voies digestives du cheval. Comment n'y sont-ils pas digérés ? C'est ce qu'on ne s'explique pas. Le fait est que ces œufs ainsi avalés donnent naissance à des larves qui se nourrissent aux dépens de la membrane muqueuse du cheval, non sans le faire beaucoup souffrir, et qui sortent avec ses déjections pour subir en terre leurs transformations et devenir insectes parfaits. Le soin apporté dans le pansage régulier des chevaux suffit pour prévenir le mal que peuvent leur faire les œstres ; ceux qui sont pansés avec négligence, et dans le corps desquels les larves des œstres sont souvent très-nombreuses, peuvent en être sérieusement malades. Dans ce cas, c'est au vétérinaire seul qu'il appartient de traiter le cheval, et de tuer les larves d'œstre dans ses voies digestives par une médication qui ne compromette pas la vie du cheval lui-même.

On voit par ce qui précéde que l'homme n'est jamais complétement désarmé contre les insectes ennemis des produits du travail agricole ou des animaux qui constituent sa principale richesse ; s'il les laisse multiplier au point d'en éprouver de sérieux dommages, il ne peut le plus souvent s'en prendre qu'à lui-même.

TABLE DES MATIÈRES.

CHAPITRE Ier.

	Pages.
TENUE D'UNE FERME	1
Choix d'une ferme	2
État des lieux	6
Direction de la ferme	7
Attributions de la fermière	9
Le pain de ménage	9
Le lard et le porc salé	10
Choucroûte	12
Boissons	14
Lessive	15

CHAPITRE II.

LAITERIE	17
Le lait et la crème	17
Le beurre	20
Barattes diverses	23
Fromages	30
Préparation des divers fromages	33
Fromage frais	33
— affiné	34
— de Neufchâtel	35
— de Brie	36
— d'Époisses	37

	Pages.
Fromage d'Auvergne	38
— du Mont-Dore	39
— de Hollande	40
— de Gruyères	42
— de Roquefort	46
Conservation des produits de l'agriculture	47
Conservation des grains	48
— du lin et du chanvre	52
— des laines	53
— des huiles	55
Huile d'olive	56
— de colza	57
— d'œillette	59
— de lin	60
— de noix	61
Conservation des vins	61
Caves et celliers	62
Futailles	63
Soins aux vins en cave	65
Remplissage	66
Clarification des vins	66
Maladies des vins	68

CHAPITRE III.

INDUSTRIES RATTACHÉES A L'AGRICULTURE	73
NOTIONS GÉNÉRALES	73
Meules	75
Mouture	77
Préparation des grains pour la mouture	80
Moulins	83
— à bras	83
— à vent	84
— à eau	88
— à vapeur	90
Blutage	90
Greniers conservateurs	92
Ensilage des grains	95

	Pages.
Conservation des farines	97
Féculerie	99
Avantages des féculeries agricoles	99
Époque des travaux	100
Appareils	101
Procédé d'extraction de la fécule	102
Transport des pommes de terre	102
Lavage des tubercules	103
Déchirage à la râpe	104
Enlèvement de la pulpe	105
Décantation	105
Lavage de la fécule	106
Séchage au haloir	106
— à l'étuve	107
Batage	109
Rendement	109
Féculerie économique	110
Distillerie	111
Notions générales	111
Eau-de-vie	113
Esprit-de-vin	113
Eau-de-vie de marc	116
— de grains	118
— de pommes de terre	122
Distillation de la fécule	123
— des betteraves	126
Système Kessler	129
— Leploy	130
— Champonnois	131
Sucre indigène	132
Procédés Rousseau	144
Raffinage du sucre	147

CHAPITRE IV.

COMPTABILITÉ AGRICOLE	153
Notions générales	153
Première partie	160

Pages.

Recettes et dépenses en nature........................... 160
Modèle de la main courante............................... 168
Feuille des ouvriers..................................... 170
Dépenses en nature...................................... 175
Feuille de travail des attelages......................... 192
Seconde partie.. 201
Recettes et dépenses en argent........................... 201
Dépenses en argent...................................... 209

CHAPITRE V.

COMMERCE DES DENRÉES AGRICOLES.................... 212
NOTIONS GÉNÉRALES....................................... 212
Céréales... 213
Froment... 213
Seigle... 215
Avoine.. 216
Orge.. 217
Sarrasin... 217
Maïs.. 218
Usages du commerce des grains......................... 218
Farines.. 220
Graines légumineuses................................... 222
—   oléifères... 223
—   fourragères,...................................... 226
Vins... 228
Usages du commerce de vins............................ 231
Commerce des huiles................................... 232
—   du lin....................................... 233
—   du chanvre................................... 234
—   des fourrages................................ 234
—   des bestiaux................................. 235
—   des bêtes bovines............................ 235
—   des chevaux.................................. 237
—   des bêtes ovines............................. 239
—   des porcs.................................... 240

Pages

Commerce des laines 241
—   du beurre 242
—   des œufs 243
—   de la soie 244
—   du miel 245
—   de la cire 246

CHAPITRE IV.

DROIT RURAL ET POLICE RURALE 247
NOTIONS PRÉLIMINAIRES 247
Rapports entre le cultivateur et le propriétaire 248
Modèle de bail à prix d'argent 250
Métayage 255
Modèle de bail à moitié fruit 255
Cheptel simple 258
—   de fer ou de ferme 263
—   de vaches 262
—   d'abeilles 261
Bornage des champs 261
—   à l'amiable 262
—   judiciaire 263
Usage des cours d'eau 259
Reboisement et défrichement des bois 266
Droits d'usage sur les forêts. — Devoirs des usagers 268
Cantonnement 269
Plantations limitrophes 269
Fossés de clôture 269
Police rurale 271
Salubrité publique 272
Contagion 273
Garde des bestiaux 274
Le berger et ses chiens 275
Dégâts commis par les volailles 276
Destruction des animaux nuisibles 277
Echenillage 279
Dégâts commis dans les récoltes 280

	Pages.
Anticipation	281
Incendies	281
Chemins	282
Voirie vicinale	282
Carrières et marnières	284

CHAPITRE VII.

DESTRUCTION DES INSECTES NUISIBLES	286
Insectes nuisibles aux céréales	288
— à la vigne	291
— à diverses cultures	295
Hanneton	296
Altise	299
Puceron	302
Courtilière	305
Fourmi	307
Guêpe	310
Bruche	311
Forficule, ou perce-oreille	313
Carpocapsa	314
Mouche importune	316
Œstre du bœuf	318
— du mouton	318
— du cheval	319

Clichy. — Impr. Paul Dupont, 12, rue du Bac-d'Asnières.